"中观经济学"系列教材

陈云贤 主编

JINGJI ZENGZHANG XIN YINQING

经济增长新引擎

李建平 编著

中山大学出版社
SUN YAT-SEN UNIVERSITY PRESS
·广州·

版权所有　翻印必究

图书在版编目（CIP）数据

经济增长新引擎/李建平编著. —广州：中山大学出版社，2022.7
"中观经济学"系列教材/陈云贤主编
ISBN 978 - 7 - 306 - 07538 - 3

Ⅰ.①经…　Ⅱ.①李…　Ⅲ.①经济增长—教材　Ⅳ.①F061.2

中国版本图书馆 CIP 数据核字（2022）第 085082 号

出 版 人：王天琪
策划编辑：嵇春霞
责任编辑：潘惠虹
封面设计：曾　斌
责任校对：周昌华
责任技编：靳晓虹
出版发行：中山大学出版社
电　　话：编辑部 020 - 84110283，84113349，84111997，84110779，84110776
　　　　　发行部 020 - 84111998，84111981，84111160
地　　址：广州市新港西路 135 号
邮　　编：510275　传　真：020 - 84036565
网　　址：http://www.zsup.com.cn　E-mail：zdcbs@mail.sysu.edu.cn
印 刷 者：佛山市浩文彩色印刷有限公司
规　　格：787mm×1092mm　1/16　17.25 印张　299 千字
版次印次：2022 年 7 月第 1 版　2022 年 7 月第 1 次印刷
定　　价：68.00 元

如发现本书因印装质量影响阅读，请与出版社发行部联系调换

"中观经济学"系列教材
编委会

主　编　陈云贤

副主编　李善民　徐现祥　鲁晓东

编　委　（按姓氏笔画排序）

　　　　　才国伟　王贤彬　王顺龙　刘　楼

　　　　　李建平　李粤麟　陈思含　顾文静

　　　　　顾浩东　徐　雷　徐现祥　黄秋诗

"中观经济学"系列教材

总　序

1955年，威廉·阿瑟·刘易斯（William Arthur Lewis）面对世界各国的经济发展情况，指出了一个矛盾的现象，即著名的"刘易斯悖论"——"政府的失败既可能是由于它们做得太少，也可能是由于它们做得太多"[①]。如今，面对中国经济改革开放的成功，新制度经济学者运用产权理论、交易费用理论、制度变迁理论和县际竞争理论等进行了解释；新古典经济学者做出了政府有针对性地选择新古典的"药方"，并采取渐进的实施方式等的解释；发展经济学者做出了对外开放论、后发优势论、"二元经济"发展论和经济发展阶段论等的解释；转轨经济学者做出了由易到难推进、通过利益补偿化解改革阻力、通过"价格双轨制"演绎市场关系、通过分权转移改革成本和由局部制度创新带动全局制度创新等的解释。[②] 笔者认为，关于政府与市场的关系，或政府在中国经济改革开放进程中的作用，经济学同人做出了积极的探讨和贡献，但不管是刘易斯还是各主流经济学者，他们的研究仍然存在碎片化和外在性问题。[③] 纵观经济学说发展的历程，不难发现以下三点：第一，19世纪及以前的经济学基本上把市场作为配置资源的唯一力量，认为政府只是维护市场自由竞争的政府，是在经济生活中无所作为的政府；第二，20世纪以来的经济学对市场配置资源的唯一性提出了质疑，并开始探讨政府在市场失灵时的相关作用，以及应当采取的措施和策略；第三，在世界各国经济得到发展尤其

[①] Lewis W A. "Reflections on Unlimited Labour". in Marco L E (ed.). *International Economics and Development*. New York: Academic Press, 1972, p. 75.

[②] 黄剑辉：《主要经济学流派如何阐释中国改革开放》，载《中国经济时报》2018年6月14日第A05版。

[③] 陈云贤：《市场竞争双重主体论——兼谈中观经济学的创立与发展》，北京大学出版社2020年版，第16～31页。

是在中国经济改革开放取得显著成效的今天，经济学理论的研究仍然远远滞后于或外在于经济实践的发展。现实经济运行中反馈出来的多种问题，并没有完全表明"市场失灵"或"政府失灵"，而是更多地反映了传统经济学体系或传统市场理论的缺陷。当然，也可以这样认为，深化探讨政府与市场的关系，将开启现代经济学体系的构建或拓展现代市场理论的空间。中观经济学学科也由此产生。

中国经济改革开放的全过程，始终贯穿着如何处理好政府与市场的关系问题。20世纪50年代，中国实施高度集中的计划经济体制，把政府作为配置资源的唯一主体。1978年开始，中国实施从农村到城市的经济体制改革：一方面，扩大企业自主权，承接发达国家和新兴工业化国家及地区的产业转移，开展"三来一补"外资企业投资，等等；另一方面，开始建立股份制企业和现代企业制度，它既厘清了政府与（国有）企业的产权关系，又界定了政府与企业在资源调配中各自的作用。中国经济在继20世纪80年代劳动密集型轻纺工业迅速发展，以及90年代资本密集型的原材料、能源等基础工业和交通、市政、水利等基础设施建设迅速发展之后，21世纪开始，中国东部地区地方政府作为市场竞争主体的现象屡屡出现。战略性新兴产业在前10年也得以起步腾飞。中国经济改革开放的实践进程存在四个方面的现象。第一，其焦点集聚在使市场在资源配置中起决定性作用和更好地发挥政府作用的问题上。第二，中国经济的发展，企业是市场竞争主体，但区域政府作为市场竞争主体的现象也屡见不鲜。第三，区域政府在经济领域发挥着扶植产业发展、参与城市建设、保障社会民生的重要作用。第四，区域政府承担了三大经济角色：一是通过掌控资本，以国有企业的股东方式参与项目和市场竞争；二是通过财政政策、货币政策和法律等政策手段，调控产业发展、城市建设和社会民生；三是监督管理市场，维护市场秩序。因此，中国在实践中逐渐成长的市场经济呈现出有为政府与有效市场相融合的效果。作为有为政府，其不仅在有效保障社会民生方面促成了社会稳定、优化了经济发展环境，而且在引领、扶持和监管产业发展方面推进了市场"三公"（公开、公平、公正）原则的落实、提高了社会整体生产效率，还通过直接参与城市建设推动了经济社会的全面可持续发展。有为政府结合有效市场体现出的市场充分竞争、法制监管有序、社会信用健全的客观要求，表现出中国政府在尊重市场规律、维护经济秩序、参与市场竞争的进程中，正逐步沿着中国特色社会主义市场经济方向演进。因此，深化认识现代市场理论、破解政府与市场关系的难题以及探讨经济学体系改革,应该更加注重对系统性和内在性问题的研究。

一、现代市场经济具有纵横之分

(一)现代市场经济横向体系

传统的市场理论主要聚焦于产业经济。亚当·斯密(Adam Smith)在批判了重商主义和重农学派之后,其《国富论》①重点着笔于产业经济来研究商品、价格、供求、竞争与市场。约翰·梅纳德·凯恩斯(John Maynard Keynes),试图通过政府撬动城市基础设施投资建设来解决工人失业和有效需求的问题,但又囿于用产业经济的市场理论去解释城市化进程中的政府行为作用而难以自圆其说。② 对此,有关理论提出,应重视对生成性资源领域的研究。在世界各国城镇化进程中,城市经济的形成与发展就是一个例子。它可以解释作为公共物品提供者的政府为什么既是市场规则的维护者,又可以成为城市基础设施投资的参与者和项目的竞争者;也可以解释作为城市基础设施的公共物品,为什么有一部分能够转化为市场体系中的可经营性项目而不断地助推区域经济发展等一系列问题。③

生成性资源领域不仅涉及城市经济资源,而且涉及国际经济资源(如深海资源、太空资源、极地资源和深地资源等)的投资开发事宜。在这个高投资可能带来高回报率的领域,大国之间已经展开竞争。针对这种情况,"航天经济学"应该如何立意?如何发展?预估成效几何?可以说,在城镇化进程中以基础设施为主体的城市经济投资开发,以及深海经济、太空经济、极地经济和深地经济等的投资开发,同样面临此类问题。生成性资源具有动态性、经济性、生产性和高风险性四大特征,其投资开发受到前期投资额大、建设周期长、成本高、市场窄小以及可能面临失败或遭遇突发性事件等的影响。因此,在投资开发生成性资源的过程中,一方面需要不断地拓展市场领域,另一方面亟须有与产业经济不同的投资主体和

---

① [英]亚当·斯密:《国富论》,郭大力、王亚南译,商务印书馆1972年版。
② [英]凯恩斯:《就业、利息和货币通论:倡导减税、扩大政府财政支出》,房树人、黄海明编译,北京出版社2008年版。
③ 陈云贤:《市场竞争双重主体论——兼谈中观经济学的创立与发展》,北京大学出版社2020年版,第211~229页。

游戏规则用以解读。在现代市场经济横向体系（包括产业经济、城市经济、国际经济）中，不仅有产业经济中的市场主体——企业，而且有城市经济中的市场主体——区域政府，还有在国际经济中提供准公共物品的市场主体、在太空资源和深海资源等领域的投资开发者——政府或企业。这就是说，第一，市场不仅仅存在于产业经济中，而且存在于其他经济形态中；第二，在现代市场经济横向体系中，存在企业和区域政府双重竞争主体；第三，企业作为竞争主体，主要集中在产业经济领域，区域政府作为竞争主体主要集中在城市经济等领域；第四，产业经济是市场经济中的基础性领域，城市经济和国际经济等是市场经济中的生成性领域，二者既相互独立又相互联系，分属于现代市场经济中不同区间的竞争体系。由此可见，多区间的市场竞争体系构成了现代市场经济横向体系的内在性。

（二）现代市场经济纵向体系

与传统市场体系相比，现代市场经济纵向体系强调市场功能结构的系统性，其至少包括六个方面的内容。第一，市场要素体系。它既由各类市场（包括商品市场、要素市场和金融市场等）构成，又由各类市场的最基本元素，即价格、供求和竞争等构成。第二，市场组织体系。它由市场要素与市场活动的主体或管理机构构成，包括各种类型的市场主体、各类市场中介机构和市场管理组织。第三，市场法制体系。规范市场价值导向、交易行为、契约行为和产权行为等法律法规的整体构成了市场法制体系，它包括与市场相关的立法、执法、司法和法制教育等。第四，市场监管体系。它是建立在市场法制体系基础上的、符合市场经济需要的政策执行体系，包括对机构、业务、市场、政策法规执行等的监管。第五，市场环境体系。它主要包括实体经济基础、现代产权制度和社会信用体系三大方面。对这一体系而言，最重要的是建立健全市场信用体系和以完善市场信用保障机制为目标的社会信用治理机制。第六，市场基础设施。它是包含各类软硬件的完整的市场设施系统。其中，市场服务网络、配套设备及技术、各类市场支付清算体系、科技信息系统等都是成熟市场经济必备的基础设施。

现代市场经济纵向体系及其六个子体系具有五大特点。其一，现代市场经济纵向体系的形成是一个渐进的历史过程。其二，现代市场经济纵向体系的六个子体系是有机统一的。其三，现代市场经济纵向体系的六个子体系是有序的。其四，现代市场经济纵向体系的六个子体系的功能是脆弱的。其原因在于：首先是认识上的不完整，其次是政策上的不及时，最后是经济全球化的冲击。其五，现代市场经济纵向体系六个子体系的功能将全面作用于现代市场横向体系的各个领域。这就是说，在历史进程中逐渐完整的现代市场体系，不仅会在世界各国的产业经济中发挥作用，而且伴随着各类生成性资源的开发和利用也会逐渐在城市经济、国际经济（包括深海经济和太空经济等）中发挥作用。区域政府作为城市经济的参与主体，在资源生成领域的投资、开发、建设中首先成为第一投资主体，同企业作为产业经济的参与主体一样，必须同时受到现代市场经济纵向体系六个子体系功能的约束，并在现代市场经济不断提升与完善的过程中逐渐发挥作用。

二、成熟的有为政府需要超前引领

成熟的有为政府应该做好超前引领，即企业做企业该做的事，政府则做企业做不了、做不好的事。二者都不能缺位、虚位。政府的超前引领，就是遵循市场规则，依靠市场力量，做好产业经济的引导、调节、预警工作，做好城市经济的调配、参与、维序和民生经济的保障、托底、提升工作。这需要政府运用规划、投资、消费、价格、税收、利率、汇率、法律等政策手段，进行理念、制度、组织、技术等创新，有效推动供给侧或需求侧结构性改革，形成经济增长的领先优势，推动企业科学可持续发展。

在理论上，政府超前引领与凯恩斯主义的政府干预有着本质性区别：一是行为节点不同，二是调节侧重点和政策手段不同，三是政府的职能角色不同，四是运行模式不同，等等。

现实中，世界各国多数区域正处于经济转轨、社会转型或探索跨越"中等收入陷阱"的关键时期，中国政府通过超前引领促进产业转型、城市升级，已为世界各国区域发展探索出一条成功的路径。

每个国家或区域都存在非经营性、可经营性、准经营性三类资源，而如何配置这三类资源则界定了有为政府的类型。对于非经营性资源（民生经济），政府的配套政策应遵循"公平公正、基本托底、有效提升"原则；对于可经营性资源（产业经济），政府的配套政策应体现"规划、引导、扶持、调节、监督、管理"原则；对于准经营性资源（城市经济乃至太空经济、深海经济等），政府的配套政策应遵循"既是竞争参与者，又是调配、监督者"的原则。也就是说，国家或区域政府在配置上述三类资源的过程中，应根据各类资源的不同特点，配制与之相匹配的政策，以促进社会经济的均衡、高质量发展，而这类政策即政府行为就是有为政府的应有之义。中国改革开放40多年来，围绕着区域三类资源的有效配置，促进区域经济增添活力、环境优化、科学可持续发展，区域政府之间竞争与合作、超前引领、有所作为的事例比比皆是。

首先，它表现为区域政府之间开展项目竞争、产业链配套竞争和进出口竞争。这直接决定区域经济的发展水平。

第一，区域政府之间开展项目竞争。这主要包括三类：一是国家重大项目，包括国家科技重大专项、国家科技支撑计划重大项目、国家重大科技基础设施建设项目、国家财政资助的重大工程项目和产业化项目；二是社会投资项目，比如高技术产业、新兴产业、装备制造业、原材料产业以及金融、物流等服务业；三是外资引进项目，比如智能制造、云计算与大数据、物联网、智能城市建设等。区域政府之间展开项目的竞争，一则可以直接引进资金、人才和产业；二则可以凭借项目政策的合法性、公共服务的合理性来有效解决区域内筹资、融资和征地等问题；三则可以通过项目落地，引导开发区域土地、建设城市设施、扩大招商引资、带动产业发展、优化资源配置、提升政策能力，最终促进区域社会经济的可持续发展。因此，项目竞争成为我国区域政府的竞争重点和发展导向，项目意识、发展意识、效率意识、优势意识、条件意识、政策意识和风险意识成为我国区域政府竞争市场化的必然要求。

第二，区域政府之间开展产业链配套竞争。一般来说，每个区域都有自己的产业基础和特色——多数取决于本区域内的自然资源禀赋。如何保持和优化区域内的资源禀赋并汇聚区域外的高端资源，产业结构优化、产业链有效配置是其关键，向产业高端发展、形成产业集聚、引领产业集群是其突破点。我国区域政府的产业链配套竞争主要从两个方面展开：一是在生产要素方面。低端或初级生产要素无法形成稳定持久的竞争力，只有引进并投资于高端生产要素，如工业技术、现代信息技术、网络资源、交通设施、专业人才、研发智库等，才能建立起强大且具有竞争优势的产业。二是在产业集群、产业配套方面。区域竞争力理论告诉我们，以辖区内现有产业基础为主导的产业有效配套，能减少企业交易成本、提高企业盈利水平。产业微笑曲线告诉我们，价值最丰厚的地方集中在产业价值链的两端——研发和市场。培植优势产业，构建配套完整的产业链条，按照产业结构有的放矢地招商引资，是我国各区域可持续发展的重要路径。

第三，区域政府之间开展进出口竞争。在开放型的国际经济体系中，一个国家的区域进出口竞争成为影响各区域竞争力的重要环节之一。这主要体现在四个层面：一是在加工贸易与一般贸易的发展中，各个区域政府力图减少加工贸易占比、提高一般贸易比重，以增强区域商品和服务贸易的原动力；二是在对外投资上，各个区域政府力图推动企业布局海外，竞争海外项目，以促使本区域的利益布局和市场价值链条延伸至海外；三是在资本输出上，各个区域政府力图推进资本项目可兑换，即在国际经常项目投资便利化的情况下，采取各项措施以促进货币资本流通、货币自由兑换便利化等；四是在进口方面，尤其是对高科技产品、项目、产业的引进，各个区域政府全面采取优惠政策措施，予以吸引、扶持，甚至不惜重金辅助对其投入、布点和生产。进出口竞争的成效成为影响我国各个区域经济增长的重要因素之一。

其次，它表现为区域政府之间开展基础设施建设竞争，如人才、科技竞争和财政、金融竞争等。这由区域政府推动的经济政策措施决定。

第一，区域政府之间开展基础设施建设竞争。它包括城市基础设施的软硬件乃至现代化智能城市的开发运用等一系列项目建设。硬件基础设施包括高速公路、铁路、港口、航空等交通设施，电力、天然气等能源设施，光缆、网络等信息化平台设施，以及科技园区、工业园区、创业孵化园区、创意产业园区等工程性基础设施；软件基础设施包括教育、科技、医疗卫生、体育、文化、社会福利等社会性基础设施；现代化智能城市包括大数据、云计算、物联网等智能科技平台。一个区域的基础设施体系支撑着该区域社会经济的发展，其主要包括超前型、适应型和滞后型三种类型。区域基础设施的供给如能适度超前，将不仅增加区域自身的直接利益，而且会增强区域竞争力，创造优质的城市结构、设施规模、空间布局，提供优质服务，从而减少企业在市场竞争中的成本，提高其生产效益，进而促进产业发展。也就是说，我国各个区域基础设施的完善程度将直接影响该区域经济发展的现状和未来。

第二，区域政府之间开展人才、科技竞争。这一领域的竞争，最根本的是要树立人才资源是第一资源、科学技术是第一生产力的理念；最基础的是要完善本土人才培养体系，加大本土人才培养投入和科技创新投入；最关键的是要创造条件吸引人才，引进人才，培养人才，应用人才。衡量科技人才竞争力的主要指标包括该区域科技人才资源指数、每万人中从事科技活动的人数、每万人中科学家和工程师人数、每万人中普通高校在校学生人数、科技活动经营支出总额、科技经费支出占区域生产总值比重、人均科研经费、科技拨款占地方财政支出百分比、人均财政性教育经费支出、地方财政性教育支出总额、高校专任教师人数等。我国各个区域政府通过努力改善、提升相关指标来提高本土的人才和科技竞争力。

第三,区域政府之间开展财政、金融竞争。区域政府之间的财政竞争包括财政收入竞争和财政支出竞争。区域政府财政收入的增长主要依靠经济增长、税收和收费收入等的增加。财政支出是竞争的关键,包括社会消费性支出、转移性支出和投资性支出。其中,财政投资性支出是经济增长的重要驱动力。财政支出竞争发生在投资性支出领域,包括区域政府的基础设施投资、科技研发投资、政策性金融投资(支持亟须发展的产业)等。在财政收支总体规模有限的条件下,我国各个区域政府积极搭建各类投融资平台,最大限度地动员和吸引区域、国内乃至国际各类金融机构的资金、人才、信息等金融资源,为本区域的产业发展、城市建设、社会民生服务。各个区域政府在各种优惠政策上也积极开展竞争,如财政支出的侧重、吸纳资金的金融手段等。

最后,它表现为区域政府之间开展政策体系竞争、环境体系竞争和管理效率竞争。这由区域政府表现出来的经济管理效率所决定。

第一,区域政府之间开展政策体系竞争。它分为两个层次:一是各个区域政府对外的政策体系;二是各个区域政府对内出台的系列政策。由于政策本身是公共物品,具有非排他性和易效仿性的特点,因此,有竞争力的政策体系一般包含五大特征:一是求实性,即符合实际的,符合经济、社会发展要求的;二是先进性,即有预见性的、超前的、创新性的;三是可操作性,即政策是清晰的、有针对性的和可实施的;四是组织性,即由专门机构和人员负责与执行的;五是效果导向性,即有检查、监督、考核、评价机制的,包括发挥第三方作用,有效实现政策的目标。我国各个区域政府政策体系的完善程度对该区域的竞争力具有极大的影响。

第二,区域政府之间开展环境体系竞争。此处的环境主要指生态环境、人文环境、政策环境和社会信用体系等。发展投资与保护生态相和谐、吸引投资与政策服务相配套、追逐财富与回报社会相契合、法制监督与社会信用相支撑等,均是各个区域政府竞争所必需、必备的发展环境。良好的环境体系建设成为各个区域政府招商引资、开发项目、促进经济持续发展的成功秘诀,这已被我国一些区域的成功经验所证明。

第三,区域政府之间开展管理效率竞争。我国各个区域政府的管理效率是其行政管理活动、速度、质量、效能的总体反映。它包括宏观效率、微观效率、组织效率、个人效率四类。就行政的合规性而言,各个区域政府在管理效率竞争中应遵循合法性标准、利益标准和质量标准;就行政的效率性而言,各个区域政府应符合数量标准、时间标准、速度标准和预算标准。各个区域政府的管理效率竞争,本质上是组织制度、主体责任、服务意识、工作技能和技术平台的竞争。我国经济发达区域的政府运用"并联式""一体化"的服务模式,在实践中开创了管理效率竞争之先河。

在此,决定我国各个区域政府竞争的目标函数是各个区域的财政收入决定机制,决定我国各个区域政府竞争的指标函数是各个区域的竞争力决定机制。而影响各个区域政府竞争目标函数和指标函数的核心因素则是各个区域的经济发展水平,其包含三个要素——项目投资、产业链配套和进出口贸易;关键支持条件是各个区域的经济政策措施和经济管理效率,前者包括基础设施投资政策,人才、科技扶持政策和财政、金融支持政策,后者包括政策体系效率、环境体系效率和管理体系效率。笔者将其称为区域政府的"三类九要素竞争理论"①,如图1所示。

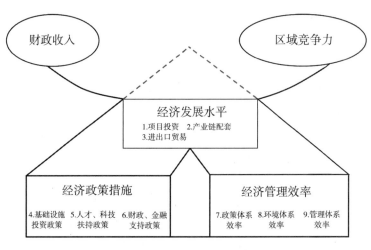

图1　各个区域政府的"三类九要素竞争理论"

---

① 陈云贤:《市场竞争双重主体论——兼谈中观经济学的创立与发展》,北京大学出版社2020年版,第108～115页。

从图1中可知，中国经济改革开放40多年的实践表明，区域政府也是现代市场经济的主体。一方面，它通过项目投资、产业链配套和进出口贸易等竞争提升区域经济发展水平，通过基础设施投资、人才科技争夺和财政金融扶持等政策措施提升区域竞争力，通过政策体系、环境体系和管理体系配套改善区域营商环境，从而推动区域的产业发展、城市建设和社会民生投入持续增长。另一方面，随着区域经济社会的发展，需要有为政府超前引领。政府超前引领是区域竞争与发展的关键。竞争需要创新，创新就是竞争力，持续的创新就是持续的竞争力，而政府超前引领则是中国乃至世界各国区域政府竞争的核心。其中，"理念超前引领"是区域经济发展处于要素驱动阶段时的重要竞争力，"管理超前引领"是区域经济发展处于投资驱动阶段时的竞争关键，"制度与技术超前引领"是区域经济发展处于创新驱动阶段时的竞争制胜点，"全面超前引领"是区域经济发展处于财富驱动阶段时的竞争必然选择。

三、市场经济存在双重主体

综上分析可知：第一，区域政府与企业都是资源调配的主体。如罗纳德·哈里·科斯（Ronald Harry Coase）所述，企业是一种可以和市场资源配置方式相互替代的资源配置机制，其对拥有的资源按照利润最大化原则进行调配。[1] 相应的，区域政府也拥有一定的公共资源，其运用规划引导、财政预算支出、组织管理和政策配套，形成区域资源调配的主体。第二，区域政府与企业都以利益最大化为初始目标。其中，区域政府作为独立的竞争主体，其主要行为目标是财政收入的最大化。区域政府通过开展理念、技术、管理和制度创新，并通过一系列政策和措施对项目投资、产业链配套和进出口贸易进行引导与调节，促使区域的投资、消费、出口等增长来发展地区生产总值和增加税收等，以达到提高区域内财政收入水平的目的。第三，区域政府竞争与企业竞争成为区域经济发展的双驱动力。企业竞争是产业经济发展的原动力，区域政府竞争则是区域经济发展的原动力。如前所述，区域政府通过项目投资、产业链配套、进出口贸易三要素的竞争来提升区域经济发展水平，通过对基础设施投资、人才科技争夺、财政金融扶持三措施的竞争来提升区域经济政策水平，通过政策、环境、

---

[1] Coase R H. "The Nature of the Firm". *Economica*, 1937, 4 (16), pp. 386-405.

管理三体系的配套竞争来提升区域经济管理效率，从而形成区域间"三类九要素"的竞争与合作，推动区域经济的可持续增长。第四，区域政府行为与企业行为都必须遵循市场规则。企业通过对市场规律的不断探索和对市场形势的准确判断来调配企业资源。区域政府对产业经济实施产业政策，在城市经济发展中充当投资者角色和对民生条件不断改善与提升的过程中，也要遵循市场规则，只有如此，才能促使该区域的经济社会不断发展，走在区域间的前沿。

为此，市场竞争"双重主体"的关系表现在三个方面。

（一）企业竞争主要在产业经济领域展开，区域政府竞争主要在以城市经济为主的资源生成领域展开

企业竞争在产业经济领域展开的过程中，任何政府都只能是企业竞争环境的营造者、协调者和监管者，从政策、制度和环境上维护企业开展公开、公平、公正的竞争，而没有权力对企业的微观经济事务进行直接干预。区域政府间"三类九要素"的竞争，是围绕着企业竞争生存的条件、环境、政策和效率等配套服务展开的。区域政府间的竞争以尊重企业竞争为前提，但不会将企业竞争纳入区域政府竞争层面。因此，在现代市场经济体系中，区域政府竞争源于现代市场体系的健全和完善过程中，政府对区域内重大项目落地、产业链完善、进出口便利和人才、科技、资金、政策、环境、效率等的配套所产生的功能。企业与区域政府共同构成市场经济双重竞争主体。企业竞争是基础，区域政府竞争以企业竞争为依托，并对企业竞争产生引导、促进、协调和监管作用，它们是两个不同层面既各自独立又相互联系的双环运作体系，如图2所示。

图2 市场竞争"双重主体"的关系

图2表明了区域政府竞争与企业竞争之间互不交叉，但二者相互支撑、紧密连接，是两个无缝衔接的独立竞争体系。区域政府竞争与企业竞

争的有效"边界划分",是我们处理好这两个竞争体系关系问题的关键。

(二)企业竞争的核心是在资源稀缺条件下的资源优化配置问题,区域政府竞争的核心是在资源生成基础上的资源优化配置问题

笔者认为,企业竞争行为及其效用研究是在微观经济运行中对资源稀缺条件下的资源优化配置的研究,其研究焦点是企业竞争中的主要经济变量即价格决定和价格形成机制问题,其研究的内容及其展开形成了供给、需求、均衡价格理论,消费者选择理论,完全竞争与不完全竞争市场理论,以及一般均衡、福利经济学、博弈、市场失灵和微观经济政策论,等等。而区域政府竞争行为及其效用研究是在中观经济运行中对资源生成基础上的资源优化配置的研究,其研究焦点是影响区域政府竞争的主要经济变量即区域财政收入决定与财政支出结构机制问题,其研究的内容及其展开形成了资源生成理论、政府双重属性理论、区域政府竞争理论、竞争型经济增长理论、政府超前引领理论、经济发展新引擎理论以及市场竞争双重主体理论和成熟市场经济"双强机制"理论等。它们与宏观经济主体——国家共同构筑成现代市场体系竞争的双重主体脉络图,如图3所示。[①]

现代市场经济的驱动力不仅有来自微观经济领域的企业竞争,而且有来自中观经济领域的区域政府竞争。它们是现代市场经济体系中的双重竞争体系,共同构成现代市场经济发展的双驱动力,推动着区域经济或一国经济的可持续发展。

(三)企业竞争与区域政府竞争的结果,都出现了"二八定律"现象

美国哈佛大学迈克尔·波特(Michael E. Porter)教授在其《国家竞争优势》一书中描绘了企业竞争发展的四阶段论,即要素驱动阶段、投资驱动阶段、创新驱动阶段和财富驱动阶段[②];有关理论清晰地阐述了区域政府竞争的递进同样存在四阶段论,即产业经济竞争导向的增长阶段、城市经济竞争导向的增长阶段、创新经济竞争导向的增长阶段和竞争与合作经

[①] 陈云贤:《市场竞争双重主体论——兼谈中观经济学的创立与发展》,北京大学出版社2020年版,前言第Ⅳ页。

[②] [美]迈克尔·波特:《国家竞争优势》,李明轩、邱如美译,中信出版社2007年版,第63~68页。

"中观经济学"系列教材
总　序

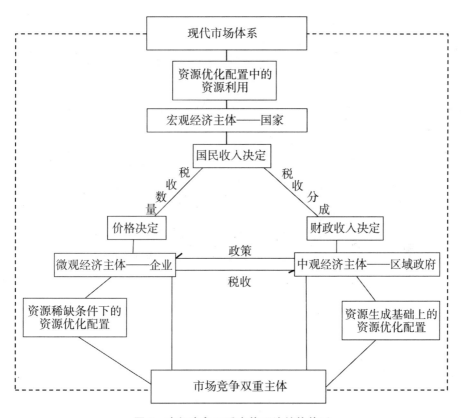

图3　市场竞争双重主体理论结构体系

济导向的增长阶段。① 从经济学理论的分析和中国乃至世界各国经济发展实践的进程看，不管是企业竞争还是区域政府竞争，其实际结果都呈现梯度推移状态，并最终表现出"二八定律"现象。即两类竞争主体在其竞争进程中围绕目标函数，只有采取各种超前引领措施，以有效地推动企业或区域在理念、技术、管理和制度创新上发展并实现可持续增长，最终才能脱颖而出，成为此行业或此区域的"领头羊"，而那些滞于超前引领和改革创新的企业或区域将会处于落后状态。此时，在经济发展的梯度结构中，处于领先地位的20%的企业或区域将占有80%的市场和获得80%的盈利，而处于产业链发展中的80%的中下游企业和经济发展中的80%的

---

① 陈云贤：《市场竞争双重主体论——兼谈中观经济学的创立与发展》，北京大学出版社2020年版，第128～152页。

滞后区域将可能只占有20%的市场或获得20%的收益。"二八定律"现象会呈现在企业竞争或区域政府竞争的结果上，如图4所示。

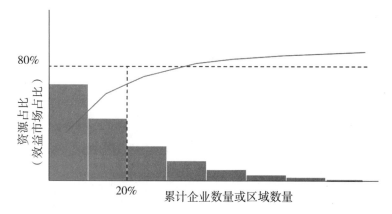

图4 "二八定律"现象

注：图中黑色方块表示资源占比份额，弯实线表示企业（区域）数量（这是一个动态的增长过程）。

当然，在现实经济发展中，随着企业竞争和区域政府竞争的双轮驱动，将在客观上历史地形成世界各国经济社会日益丰富的思想性公共产品、物质性公共产品、组织性公共产品和制度性公共产品，它们将为落后企业或区域带来更多的发展机会，并使企业或区域经济增长成果更多地体现出普惠性、共享性，即企业间发展或区域间发展都将从非均衡逐步走向均衡。但经济学理论和经济实践的发展清晰地告诉我们，此时的均衡应该是经济发展梯度结构的均衡，而非经济发展平面结构的均衡。

四、区域竞争呈现三大定律

在中国乃至世界各国，现代市场经济的双重竞争体系——企业竞争与区域政府竞争，成为一国推动产业发展、城市建设和社会民生的双驱动力。它们在实际经济运行中呈现出三大定律。

一是二八效应集聚律。二八效应集聚律是"二八定律"在区域政府竞争过程中的一个翻版。此定律表现出三大特征：第一，企业竞争与区域政府竞争同生共长。也就是说，微观经济在研究资源稀缺条件下的资源优化配置问题时企业是资源调配的主体，中观经济在研究资源生成基础上的资源优化配置问题时区域政府是资源调配的主体（宏观经济在研究资源优化配置前提下的资源利用问题时国家是资源利用的主体）；二者在现代市场经济纵横体系中，各自在产业经济和城市经济领域发挥着不同作用，在现代市场经济的竞争体系中同生共长。第二，企业竞争与区域政府竞争的发展轨迹不同。企业竞争在经济发展的要素驱动阶段、投资驱动阶段、创新驱动阶段和财富驱动阶段的运行轨迹，主要体现为企业完全竞争、垄断竞争、寡头垄断竞争和完全垄断竞争的演变与争夺过程，企业完全竞争的轨迹在区域经济发展各个阶段的递进过程中呈现出"由强渐弱"的迹象；而区域政府竞争从一开始就表现在产业经济竞争导向的增长阶段，而后逐渐进入城市经济竞争导向的增长阶段、创新经济竞争导向的增长阶段和竞争与合作经济导向的增长阶段，因此区域政府竞争的范围及其"三类九要素"竞争作用在区域经济发展各个阶段的递进过程中呈现的是"由弱渐强"的轨迹。第三，企业竞争与区域政府竞争最终形成"二八定律"现象。也就是说，在中国乃至世界各国区域经济的发展过程中，或者说在市场经济条件下，区域经济发展首先表现的是竞争型的经济增长，区域经济增长呈现出梯度发展趋势，产业链集聚、城市群集聚、民生福利提升等都主要集中在先行发展的区域中。二八效应集聚律表现为随着不同经济发展阶段的历史进程，中国和世界各国区域经济的发展在企业竞争和区域政府竞争的双轮驱动下，正逐渐出现先行发展区域或先行发达国家的产业集群、城市集群和民生福利越来越集中的现象，中国乃至世界经济发展的结果呈现出梯度格局。

二是梯度变格均衡律。此定律的作用表现在三个阶段：第一阶段，区域的资源配置领域出现资源稀缺与资源生成相配对阶段。资源稀缺是企业竞争的前提条件，资源生成是区域政府竞争的前提条件，当经济发展从企业竞争延伸到区域政府竞争、从微观经济延伸到中观经济、从产业资源延伸到城市资源，甚至逐步涉及太空资源、深海资源、极地资源的时候，世界各国区域经济均衡发展将迈出实质性的步伐。第二阶段，区域的资源生成领域出现正向性资源（原生性资源和次生性资源）与负向性资源（逆生性资源）相掣肘阶段。正向性资源领域的开发将为企业竞争和区域政府竞争提供新的平台，并助推区域经济发展和不断创造出新的区域经济增长点；而负向性资源领域的产生则给区域经济增长或人类社会的和谐带来诸多弊端。二者相互掣肘，促使区域经济均衡化发展。第三阶段，区域的经济增长目标由单一转向多元的阶段。此阶段也是实际经济运行中从要素驱动阶段、投资驱动阶段向创新驱动阶段和财富驱动阶段演进的过程。此时，经济增长的目标不仅仅是追求投资、消费和出口的均衡，而是更多地追求产业、生态、民生事业的均衡。产业发展、城市建设、社会进步的均衡和一国各区域宜居、宜业、宜游的全面均衡，对经济增长多元化目标的追求与有效配套相关政策措施的实施，将促进区域经济均衡化发展。梯度变格均衡律既表现为某一区域产业发展、城市建设和社会民生进步的均衡性趋势，又表现为区域间产业发展、城市建设和社会民生进步的均衡性趋势。区域间产业发展、城市建设和社会民生进步的均衡性趋势，在实践中表现出来的是梯度结构的均衡性，我们称之为梯度均衡，它是我们需要在经济学领域认真思考并采取有效分析方法去深化研究的课题。

　　三是竞争合作协同律。既然区域间（国家之间）经济发展的均衡性趋势呈现梯度结构的均衡状态，竞争合作协同律作为客观的必然性就将主要集中在区域间经济发展的三大协同上。第一，政策协同性。企业竞争对产业资源起调节作用；区域政府竞争对城市资源和其他生成性资源起调节作用；政府参与某一具体项目的竞争将由其载体——国有企业或国有合资企业或国有股份制企业介入其中。因此，企业竞争中的产业政策适度和竞争中性原则运用问题，区域政府竞争中的系列政策配套与措施推动问题，以及区域间（国家之间）新型工业化、新型城镇化、智能城市开发、科技项目投入、基础设施现代化和农业现代化等推进过程中的政策协同性问题，就显得特别重要。企业竞争和区域政府竞争的结果要求各竞争主体政策的协同性，是一种客观必然现象。第二，创新协同性。它表现在三个方面：一是科技重大项目的突破带来资金投入大、周期长、失败可能性高和风险大等一系列问题，需要各竞争主体的创新协同；二是科技新成果的突破需要综合运用人类智慧，需要各竞争主体的创新协同；三是跨区域、跨领域、跨国域的思想性、物质性、组织性和制度性公共产品不断出现和形成，需要各竞争主体的创新协同。在中国乃至世界各国区域经济发展模式转换和社会转型的深化阶段，区域间的创新协同性也是客观趋势所在。第三，规则协同性。区域间经济竞争规则（公平与效率）、区域间共同治理规则（合作与共赢）、区域间安全秩序规则（和平与稳定）等，也将随着区域经济发展阶段的深化而客观地出现在各竞争主体的议事日程中。竞争合作协同律，实质上就是在区域经济发展的不同阶段，各竞争主体为了共同的发展目标，依靠各种不同产业、投资、创新平台，汇聚人才、资本、信息、技术等要素，实现竞争政策的协同、创新驱动的协同和竞争规则的协同，从而突破竞争壁垒、有效合作、共同发展。该定律促进了中国和其他各国区域间的经济同生共长，发展合作共赢，并且这将成为一种客观必然趋势。

五、成熟市场经济是有为政府与有效市场相融合的经济

政府与市场的关系一直以来都是传统经济领域争论的核心问题之一，其焦点便是政府在市场经济资源配置中的作用及其对产业发展、城市建设、社会民生的影响。

当我们回到现代市场体系的市场要素、市场组织、市场法制、市场监管、市场环境、市场基础设施六大功能结构中，当我们直面当代世界各国必须要面对的可经营性资源、非经营性资源、准经营性资源的有效配置时，就会发现，政府与市场的关系并不是简单的一对一的矛盾双方的关系。"弱式有效市场""半强式有效市场"和"强式有效市场"的划分，既是可量化的范畴，更是历史的真实进程；"弱式有为政府""半强式有为政府"和"强式有为政府"的界定，既是世界各国在现实市场经济中的真实反映，又可解决迎面而来的政府与市场关系的一系列疑难杂症。有为政府与有效市场的组合在理论上至少存在九种模式，具体内容如图5所示。

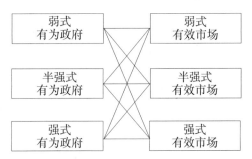

注 模式1："弱式有为政府"与"弱式有效市场"；模式2："弱式有为政府"与"半强式有效市场"；模式3："弱式有为政府"与"强式有效市场"；模式4："半强式有为政府"与"弱式有效市场"；模式5："半强式有为政府"与"半强式有效市场"；模式6："半强式有为政府"与"强式有效市场"；模式7："强式有为政府"与"弱式有效市场"；模式8："强式有为政府"与"半强式有效市场"；模式9："强式有为政府"与"强式有效市场"。

图5 有为政府与有效市场的九种组合模式

模式1中，政府对经济基本没能发挥调控作用，市场发育也不完善，市场竞争机制常被隔断，法制欠缺，秩序混乱，这类主体通常为中低收入国家。模式2在现实经济中难以存在，因为"半强式有效市场"必定存在市场法制体系和市场监管体系，它不可能由"弱式有为政府"去推动。模式3纯属理论上的一种假定，现实中世界各国并没有实际案例加以支持。模式4表明政府在非经营性资源调配上可以较好地履行职责，提供基本公共产品；同时，政府也开始具备对可经营性资源的调配和相应扶持能力，但对市场发展趋势把握不好，市场运行中出现的问题还有待成熟的市场去解决。这种模式类似于中国改革开放的1978—1984年期间，属于市场经济初期的运行调控模式。模式5属于半成熟市场经济模式，其一方面表明政府规划、引导产业布局以及扶持、调节生产经营与"三公"监管市场运行的机制和力度在加强，另一方面表明市场监管机制、法律保障机制、环境健全机制等在推进。此状况出现在市场经济发展处于中期阶段的国家。中国在加入世界贸易组织（WTO）之前就类似这一模式。模式6与现在的美国很对应。美国政府依靠市场配置资源的决定性力量来获取高效市场收益，在非经营性资源的调配中发挥着重要作用，碍于制度和理念的限制，对可经营性资源的调配和准经营性资源的开发或者界定模糊，或者言行不一，或者难以突破，整体经济增长、城市提升弱于其规划，缺乏系统性与前瞻性。模式7在目前的现实中还难以存在。"强式有为政府"的功能作用起码也是与"半强式有效市场"相对应的。计划经济国家不属于此模式类型。模式8与现阶段的中国相类似，其发展方式通常被世人看作政府主导型的逐渐成熟的市场经济，其经济成就也是世界瞩目的，但又面临着市场竞争、市场秩序、市场信用以及市场基础设施进一步提升与完善的更大挑战。模式9是政府与市场组合的最高级模式，也是最佳模式。它是世界各国经济运行中实践探索和理论突破的目标，也是真正成熟的市场经济所应体现的目标模式。

综上可见，"政府有为"是指：①能对非经营性资源有效调配并制定配套政策，促使社会和谐稳定，提升和优化经济发展环境；②能对可经营性资源有效调配并制定配套政策，促使市场公开、公平、公正，有效提高社会整体生产效率；③能对准经营性资源有效调配并参与竞争，推动城市

"中观经济学"系列教材
总　序

建设和经济社会全面可持续发展。政府有为，是对上述三类资源功能作用系统的有为，是对资源调配、政策配套、目标实现三者合一的有为。"有为政府"的标准有三个：标准一，尊重市场规律，遵循市场规则；标准二，维护经济秩序，稳定经济发展；标准三，有效调配资源，参与区域竞争。"市场有效"是指：①市场基本功能（包括市场要素体系和市场组织体系）健全；②市场基本秩序（包括市场法制体系和市场监管体系）健全；③市场环境基础（包括市场环境体系和市场基础设施）健全。市场有效，是对现代市场体系六大功能整体发挥作用的表现，是对生产竞争、市场公平、营商有序三者合一的反映。"有效市场"的标准有三个：标准一，市场充分竞争；标准二，法制监管有序；标准三，社会信用健全。

现实中，世界各国的有为政府至少需要具备三个条件：①与时俱进。这里主要强调的是政府有为亟须"跑赢"新科技。科技发展日新月异，其衍生出来的新业态、新产业、新资源、新工具将对原有的政府管理系统产生冲击。新科技带来了生产生活的新需求和高效率，同时也带来了政府治理应接不暇的问题。因此，政府如果要在产业发展、城市建设、社会民生三大职能中，或在非经营性资源、可经营性资源、准经营性资源等三类资源调配中有所作为，其理念、政策、措施应与时俱进。②全方位竞争。即有为政府需要超前引领，运用理念创新、制度创新、组织创新和技术创新等，在社会民生事业（完善优化公共产品配置，有效提升经济发展环境）、产业发展过程（引领、扶持、调节、监管市场主体，有效提升生产效率）和城市建设发展（遵循市场规则，参与项目建设）中，必须全要素、全过程、全方位、系统性地参与竞争。它以商品生产企业竞争为基础，但不仅仅局限于传统概念层面上的商品生产竞争，而是涵盖实现一国经济社会全面可持续发展的目标规划、政策措施、方法路径和最终成果的全过程。③政务公开。包括决策公开、执行公开、管理公开、服务公开、结果公开和重点事项（领域）信息公开等。政务公开透明有利于推动和发挥社会各方的知情权、参与权、表达权和监督权，优化与提升产业发展、城市建设、社会民生等重要领域的资源调配效果。透明、法制、创新、服务型和廉洁型的有为政府将有利于激发市场活力和社会创造力，造福各国，造福人类。

至此，可以说，政府和市场的关系堪称经济学上的"哥德巴赫猜想"。而有为政府和有效市场的有机结合造就了中国改革开放 40 多年来在产业发展、城市建设、社会民生方面的巨大成效，中国经济改革开放的成功，以及在实践中摸索出来的中国特色现代市场经济具有纵横体系、成熟有为政府需要超前引领、市场竞争存在双重主体、区域竞争呈现三大定律、成熟市场经济是有为政府与有效市场相融合的经济等有关理论，不仅为中国特色社会主义市场经济探索了方向，也为世界各国有效解决政府与市场关系的难题提供了借鉴。

自 2019 年以来，北京大学、复旦大学、中山大学等十多所高校先后开设了"中观经济学"课程。中山大学等高校已在理论经济学一级学科下设置"中观经济学"作为二级学科，形成相对独立的专业，划分和确定研究方向，招收硕博研究生，建设相关且独特的必修课程体系，从学科体系建设层面系统阐释和研教中观经济学原理。此外，中山大学还专门设立了中观经济学研究院。"中观经济学"系列教材的出版，必将进一步推动并完善该学科的建设和发展。

中山大学对此套教材的出版高度重视，中山大学中观经济学研究院组织编写，成立了以陈云贤为主编，李善民、徐现祥、鲁晓东为副主编的"中观经济学"系列教材编委会。本系列教材共 10 本。10 本教材的撰写分工如下：陈云贤、王顺龙负责《资源生成理论》，陈云贤、顾浩东负责《区域三类资源》，刘楼负责《产业经济概说》，陈思含负责《城市经济概说》，顾文静负责《民生经济概说》，徐雷负责《竞争优势理论》，徐现祥、王贤彬负责《政府超前引领》，李粤麟负责《市场双重主体》，才国伟负责《有为政府与有效市场》，李建平负责《经济增长新引擎》。陈云贤负责系列教材的总体框架设计、书目定编排序、内容编纂定稿等工作。

"中观经济学"系列教材是中山大学 21 世纪经济学科重点教材，是中山大学文科重点建设成果之一。它作为一套面向高年级本科生和研究生的系列教科书，力求在主流经济学体系下围绕"中观经济学"的创设与发展，在研究起点——资源生成理论、研究细分——区域三类资源（产业经济概说、城市经济概说、民生经济概说）的基础上，探索区域政府竞争、政府超前引领、市场双重主体、有为政府与有效市场相融合的成熟市场经济以及经济增长新引擎等理论，以破解世界各国理论与实践中难以解答的关于"政府与市场"关系的难题。本系列教材参阅、借鉴了国内外大量专著、论文和相关资料，谨此特向有关作者表示诚挚的谢意。

祝愿"中观经济学"系列教材的出版以及"中观经济学"学科建设与理论的发展，既立足中国，又走向世界！

2022 年 3 月

目　录

序言 ··· 1

第一章　中观经济学核心观点概述 ································· 1
　　第一节　资源稀缺与资源生成是资源配置中的一对孪生儿 ········ 1
　　第二节　从资源生成到生成性资源 ······································ 4
　　第三节　资源生成领域物品价格的确定 ······························· 12
　　第四节　区域政府竞争 ·· 14
　　第五节　现代市场经济体系 ·· 29
　　第六节　政府超前引领 ·· 40
　　本章小结 ··· 47
　　思考讨论题 ·· 47

第二章　经济发展的四个阶段 ·· 49
　　第一节　产业经济竞争主导的增长阶段 ······························· 52
　　第二节　城市经济竞争主导的增长阶段 ······························· 60
　　第三节　创新经济竞争主导的增长阶段 ······························· 66
　　第四节　共享经济驱动主导的增长阶段 ······························· 74
　　第五节　区域经济竞争梯度推移 ······································· 77
　　本章小结 ··· 80
　　思考讨论题 ·· 82

第三章　城市化主导经济增长时代来临 ··························· 84
　　第一节　城市化、基础设施投资与经济发展概述 ················· 84
　　第二节　世界各国城市化的发展 ······································· 89
　　第三节　城市化发展方式的革新 ······································ 100

第四节　驱动世界经济增长的新引擎 ………………………… 104
　　本章小结 …………………………………………………………… 126
　　思考讨论题 ………………………………………………………… 126

第四章　投资新引擎 …………………………………………………… 127
　　第一节　推进供给侧结构性改革 ………………………………… 128
　　第二节　加大城市基础设施建设 ………………………………… 130
　　第三节　城乡一体化 ……………………………………………… 132
　　第四节　智能城市开发与运用 …………………………………… 136
　　本章小结 …………………………………………………………… 146
　　思考讨论题 ………………………………………………………… 153

第五章　创新新引擎 …………………………………………………… 154
　　第一节　理念创新 ………………………………………………… 155
　　第二节　技术创新 ………………………………………………… 162
　　第三节　组织创新 ………………………………………………… 165
　　第四节　制度创新 ………………………………………………… 167
　　本章小结 …………………………………………………………… 171
　　思考讨论题 ………………………………………………………… 179

第六章　规则新引擎 …………………………………………………… 180
　　第一节　国际（或区域）规则概述 ……………………………… 181
　　第二节　国际（或区域）安全秩序规则 ………………………… 185
　　第三节　国际经济竞争规则 ……………………………………… 188
　　第四节　国际共同治理规则 ……………………………………… 190
　　第五节　构造创新、活力、联动、包容"四I"世界经济 ……… 191
　　本章小结 …………………………………………………………… 192
　　思考讨论题 ………………………………………………………… 202

第七章　人类命运共同体 ……………………………………………… 203
　　第一节　人类命运共同体概述 …………………………………… 203
　　第二节　思想性公共物品 ………………………………………… 211

第三节　物质性公共物品 ··· 214
第四节　组织性公共物品 ··· 216
第五节　制度性公共物品 ··· 217
本章小结 ··· 219
思考讨论题 ·· 231

参考文献 ··· 232

后记 ··· 238

序 言

经济增长问题一直以来都是经济学家不懈探讨的核心问题之一。相对遥远的以亚当·斯密（Adam Smith）、托马斯·罗伯特·马尔萨斯（Thomas Robert Malthus）和大卫·李嘉图（David Ricardo）等为主要代表的古典经济学派，随后的以阿尔弗雷德·马歇尔（Alfred Marshall）为代表的新古典经济学派，以保罗·迈克尔·罗默（Paul Michael Romer）和小罗伯特·艾默生·卢卡斯（Robert Emerson Lucas, Jr.）等人为代表的新经济增长理论学派，以及以道格拉斯·诺斯（Douglass North）为代表的制度经济学派，这些经济学家们对经济增长理论的探讨，为全球经济发展做出了卓越贡献。但是，他们的视野仍主要局限在产业经济领域，认为经济增长的主体只有企业，经济增长的动力只是与此相关的内生性增长机制。[①] 虽然 2001 年获得诺贝尔经济学奖的美国哥伦比亚大学约瑟夫·尤金·斯蒂格利茨（Joseph Eugene Stiglitz）教授认为，获得持续增长和长期效率的最佳方法是找到政府与市场之间的适当平衡，使得世界经济回到一个更加公平、稳定的增长进程中，但其对于这种政府与市场之间的平衡界限描述不清，对于政府的行为模式更没有做进一步的研究，这是一种遗憾。

与此同时，关于经济学研究，从约翰·梅纳德·凯恩斯（John Maynard Keynes）开始，经济学就分为了微观经济学和宏观经济学。其中微观经济学研究在资源稀缺条件下的资源配置问题，而宏观经济学则研究建立在国民收入决定基础上的资源利用问题。但是，把所有经济问题单一划分为微观经济学抑或宏观经济学就一定正确吗？宏观经济学和微观经济学能统一起来吗？宏观经济学的微观基础抑或微观经济学的宏观背景这些以前研究的课题就一定是正确的吗？宏观经济学中的政府与企业就是完全的同

[①] 参见陈云贤《市场竞争双重主体论——兼谈中观经济学的创立与发展》，北京大学出版社 2020 年版，第 129 页。

质化吗？所有政策对企业微观主体都一视同仁吗？正如樊纲所研究的那样，用现有的微观经济学和宏观经济学很难对经济学体系做到完全分类，如中国的经济体制问题（国有企业行为、政府管制等），难以在任何一本微观或宏观教科书中展开系统全面的研究。①

现在，让我们再来思考一个案例。2021年11月5日，美国众议院以228票比206票的优势通过了价值1.2万亿美元的美国基础设施投资法案。虽然该法案经过了多轮折腾且大幅缩水，但仍是美国数十年以来的最大的一揽子基础设施投资法案，而且就像现任美国总统拜登承诺的那样，该法案必将为美国创造就业机会并提高美国的竞争力。在此，我们就不得不思考，美国作为近100年以来现代化程度最高的国家，为什么远的如罗斯福政府，近的如特朗普政府以及现任的拜登政府，解决经济萧条、促进经济增长的首要措施都是投资基础设施建设？而作为罗斯福政府智囊的凯恩斯，为什么找到了一国经济增长的新领域，但是很难用产业经济理论去完善它、解释它？

通过以上分析，我们发现，要研究经济增长问题，可能需要打破现有的仅从微观经济抑或宏观经济的视角研究的做法，而应该将微观经济学和宏观经济学通过一种理论机制结合起来一起研究，这样才有可能不失偏颇，才能更好地研究人类社会经济增长问题。而同样很难用产业经济理论去解释的基础设施建设，其是一国经济增长的重要领域，我们又不能把它排除在外。所以，如果我们能找到一种理论把这两者结合，那么这将为经济学理论体系架构的完善提供坚实的基础。

所幸的是，这种理论诞生了，它植根于中国经济建设成就的伟大实践，是经历过实践检验的理论体系，即陈云贤教授提出的中观经济学理论体系。中观经济学理论从原有经济学的核心假设"资源是稀缺的"出发，通过严谨的实例论证了在经济学研究中，除了静态的资源稀缺性假设外，还应考虑历史的动态过程中资源配置的问题，即"资源生成"问题，并在此基础上开创性地提出了资源生成理论，将生成性资源细分为原生性资源、次生性资源和逆生性资源。与此同时，将生成性资源与原有经济学体系的准经营性资源联系起来，实现了两者的完美衔接，并在此基础上审视

---

① 参见樊纲《经济学中的"长期"与"短期"问题——兼论经济学的学科分类》，载《经济研究》2001年第6期，第87页。

了政府与市场的关系，发现了区域政府所存在的"准宏观"和"准微观"的双重角色属性，也正是基于区域政府的"双重角色"属性，开创性地提出了市场竞争双重主体论——企业之间、政府之间的双层竞争体系。市场存在企业竞争与政府竞争，而成熟的市场经济也必将是两者的集合，会出现两者相结合的运行体系。在此基础之上，陈云贤教授又立足于一国政府在产业发展、城市建设、社会民生方面的经济行为定律，借鉴金融领域的有效市场理论，开创性地提出了成熟市场"双强机制"理论，即"有效市场+有为政府"理论，从而成功破解了政府与市场关系这一经济学的"哥德巴赫猜想"难题。

站在现有中观经济学理论视角下，通过在微观经济学与宏观经济学研究之间加入中观经济学研究，一方面能在微观经济学与宏观经济学之间构筑联系的桥梁，另一方面可以在更深入的机制上探讨社会经济问题，包括中国经济体制问题，从而为社会经济发展探索提供新的路径。深刻认识成熟市场的"双强机制"理论，能够促进政府超前引领，在创新中竞争，在竞争中创新，不断开拓经济增长新引擎。

本书正是在中观经济学理论体系基础之上进行展开的，从区域政府竞争视角出发，研究生成性资源领域，现暂以城市基础设施开发建设为主体（未来更进一步的以如智能城市开发、深海经济、太空经济等为主体）的经济增长投资新引擎、创新新引擎和规则新引擎，并引发全球经济合作新一轮的思考。

按照现有竞争力理论体系的总体发展思路，本书从城市综合竞争力出发，将经济发展划分为四个增长阶段，即产业经济竞争主导的增长阶段、城市经济竞争主导的增长阶段、创新经济竞争主导的增长阶段和共享经济驱动主导的增长阶段。在产业经济竞争主导的增长阶段，即区域经济增长的初始阶段，产业经济占据主导地位——关于区域产业链配套和产业集群发展的问题，其实质是区域生产要素配置的竞争，是区域政府对原生性资源的一种调配与获取。在城市经济竞争主导的增长阶段，经济发展的实质是区域突破了由生产要素驱动经济增长的局限迈向由投资驱动增长的过程，是区域政府对次生性资源的开发与获取。在创新经济竞争主导的增长阶段，区域政府既要以技术创新引领经济发展，又要全面地、创造性地处置经济发展给区域社会带来的危害因素。在这一阶段，区域政府需要根据经济的实际运行状况，科学地开展理念、技术、管理、制度创新，这将促进区域经济科学、可持续发展，在创新驱动阶段取得可喜的成效，即实现基于提高"全要素生产率"的增长，其实质是区域政府对逆生性资源的一种调控与遏制。在共享经济驱动主导的增长阶段，区域产业体系已升级为具有区域竞争力的现代产业体系，区域基础设施已形成区内互联互通、区外通道顺畅的功能完善的网络。区域通过技术创新，已形成集聚创新资源的开放型区域协同创新共同体，并在客观上形成了人类社会的四种共享产品或公共产品。在此阶段，经济发展实质上是区域政府对四类公共产品的一种竞争与共享。

城市化主导经济增长的时代已经到来。近一个世纪以来，从世界范围来看，全球人口在向大城市集聚。城市的发展，为基础设施投资作为世界经济增长的新引擎提供了前提和土壤，城市为基础设施投资提供了主要载体。了解世界各国城市化的发展对于我们研究经济增长具有重要意义。总的来说，世界的城市化过程有一个相对明显的规律，即呈初始、加速和终极三个不同阶段的特征。在城市化过程中，各国基本都呈现出城市数量不断增多，城市人口占总人口比重不断上升，城市用地规模扩大，劳动力由第一产业向第二、第三产业转移的特点，后续随着科技和社会的进步，还会出现城市等级升级等新型城市化的特征。高质量的工业化决定高质量的城市化，工业化的载体是园区。区域经济发展水平中所包含的项目竞争、产业链竞争和进出口竞争，其实施载体也主要是园区。而不管是工业园区还是开发区，其本质还是园区经济，而园区经济的本质则是产业集群。区域政府要建设优质的产业园区，创新的产业园区供给方式必不可少，而PPP（public-private-partnership，政府和社会资本合作）和PPC（port-park-city，港口公园式城市）模式等为此提供了恰如其分的创新实践。

自从2008年金融危机以后，逆全球化趋势愈演愈烈，各国本土保护主义抬头，全球各个国家出口贸易总和占全球GDP的比重不断降低，贸易对于全球经济增长的促进作用已经在逐步减弱。在此种情况下，有的学者建议中国或世界继续重新启动贸易引擎，但相对来说已经不合时宜，而且对外贸易涉及的不可控因素太多，被动性强，如美国对中国发动的贸易战等。因此，要为经济可持续发展提供动力，除对外贸易以外，更需要启动新的投资引擎和消费引擎。因为本书主要是在中观经济学的理论框架中进行研究，所以我们主要讲述投资引擎。不过此投资与国民统计收入中的固定资产投资是不一样的，我们这里所说的投资主要是指城市基础设施投资及未来的智能城市开发等（后续会有太空经济、深海经济等）。城市基础设施是连接企业、社区、国民，推动经济发展、提高生活质量、保障国民健康和安全的基础，基础设施的状况会对企业生产效率、国内生产总值、居民就业、个人收入、国际竞争力等产生连锁反应，所以，我国在很长一段时间内不断加大基础设施投资，通过基础设施的投资带动产业投资和国民消费水平的提升，进而带动经济的增长。基础设施的投资是本书的研究核心，我们认为推进以基础设施开发建设为主体的投资新引擎、创新新引擎和规则新引擎将是引领全世界经济发展的新引擎。

区域经济进入投资驱动阶段，需要区域政府推进以基础设施开发建设为主体的投资新引擎，要实现这种投资驱动型增长，一方面取决于供给侧端的企业对产品和产业资源的配置与竞争状况，另一方面又取决于供给侧端的政府对城市资源的调配和推动基础设施建设的竞争表现。与此同时，推进新型城镇建设中的城乡一体化，将城市基础设施概念向全区域基础设施概念延伸，并全力推动新基建在智能城市开发建设中的使用，赋予城市基础设施建设新内容和新内涵。在区域进入经济发展更高阶段，要破除区域隔阻，消除阻碍生产要素自由流动的行政壁垒和体制机制障碍，全力推进诸如都市圈和湾区等经济形式的建设，在更高水平上整合和优化各类资源，提升产业资源和城市资源的配置效率。

区域经过投资驱动阶段的发展之后，城乡一体化和区域智能管理已经形成，同时，城市群框架体系出现，都市圈抑或湾区经济也已形成，区域经济规模效应显现。然而，在发展过程中造成了能源与环境消耗巨大等问题，资源的承载力不足以支撑经济以此种方式继续发展，同时城市的治理效能也急需提升。在此情况下，区域政府应通过理念创新、技术创新、组织创新和制度创新的手段不断革新能源生产方式，逐步发展既有节能效果又符合低碳转型发展方向的用能新技术，处理好在此阶段所产生的逆生性资源等问题，通过对其不断调控与遏制，从而不断推生新的经济增长领域，构建区域经济的新引擎。

在创新发展阶段，区域政府应加强对逆生性资源的调控和遏制，以理念创新、技术创新、组织创新、制度创新和全方位创新构成创新发展新体系。集约型、碳中和、数字经济成为创新驱动阶段的主旋律，科技创新带动全面创新与经济社会深度融合，从而形成一国经济发展新的增长极。在全球，因为地域、文化、经济、政治、意识形态等差异，形成了各个不同的经济体，这些经济体的开放会增进相互之间的交流与合作，进而实现双方共赢。然而，要实现这些经济体的相互交流与合作，一方面，必须要有相互交流的规则和标准。只有建立起这些规则和标准，相互之间的沟通和合作才能更加深入，同时好的经济发展经验可以为全球所共享。然而在现实中，各国之间经济、政治的关系非常复杂，如果没有建立起具有全球共性的规则，不要说进行深入交流，就连最基本的对话都没有办法保障。另一方面，有了这些相互交流的规则和标准之后，即使相互之间的沟通交流已无障碍，但要在行动上完全实现相互之间的更深入的交流合作，还需要完善相互之间沟通交流、实现互联互通的基础设施等。这样不仅能实现投资驱动对经济的引擎作用，而且能减少国家之间合作的成本费用，从而在更高水平上整合和优化相互之间的资源，进而提高国家之间资源配置的效率。

在经过全球规则驱动发展阶段之后，思想性公共产品、物质性公共产品、组织性公共产品和制度性公共产品已经形成，区域发展逐渐由以竞争为主导到竞争与合作再到合作共赢阶段，区域多极化、经济一体化格局也已经形成，全球经济效率达到极高的水平。与此同时，全球基础设施互为一体，新型基础设施将全球连结成一个大家庭，全球达成共识并共建美好家园，实现了人类与自然的和谐共生，同时形成了更高水平的全球经济治理体系——人类命运共同体。

李建平

2022 年 2 月

第一章 中观经济学核心观点概述

根据前文描述，我们知道，要研究经济增长问题，需要从现有的中观经济学理论视角出发，在微观经济学研究与宏观经济学研究之间加入中观经济学研究，一方面能在微观经济学与宏观经济学之间构筑联系的桥梁，另一方面可以更深入地探讨社会经济问题，包括中国经济体制问题，从而为社会经济发展探索提供新的路径。

所以，要研究经济增长问题，需要打破现有的仅从微观经济抑或宏观经济的视角研究的限制，而应该将微观经济学、中观经济学和宏观经济学结合在一起进行研究，这样才有可能不失偏颇，才能更好地研究人类社会经济增长问题。本书正是基于现有中观经济学的主要理论体系①，探讨经济增长引擎问题的理论之源，进而加深读者对经济增长引擎的思考。

第一节 资源稀缺与资源生成是资源配置中的一对孪生儿

面对20世纪20年代英国的大量工人失业和20世纪30年代美国乃至世界的经济大萧条，经济学家凯恩斯找到了解决此类问题的有效方法，即除了刺激产业经济发展外，利用基础设施投资，扩大有效需求，这样不但能有效解决失业问题，还能促进一国经济复苏和经济增长。然而，由于推行此措施的投资主体是政府，于是就有了与亚当·斯密认为的政府只是"守夜人"的观点相矛盾的争议。

为什么凯恩斯及之后的凯恩斯主义者未能在经济学原理或者说经济学

---

① 关于中观经济学的主要理论体系参见陈云贤《市场竞争双重主体论——兼谈中观经济学的创立与发展》，北京大学出版社2020年版。

范畴内去解释、解决这一问题？这还要从经济学鼻祖亚当·斯密的《国富论》说起。

作为"经济学之父"的亚当·斯密在其著作《国富论》中论述人类社会的经济活动时讲到："我们每天所需的食料和饮料，不是出自屠户、酿酒家或烙面师的恩惠，而是出于他们自利的打算。我们不说唤起他们利他心的话，而是唤起他们利己心的话。我们不说自己有需要，而说对他们有利。"① 斯密认为"利己心"是每个人从事经济活动的动机，人类如果需要得到同胞的协助，需要刺激他们的利己心，使有利于他们并同时告诉他们，这也是对他们有利的。这是一种商品经济的"主观为己、客观为他人"的利己性与利他性的有机结合，成为市场一只"看不见的手"，并进而形成商品、价格、供求、竞争体系，并最终形成市场规则。② "利己心"（"理性人"）假设已成为研究经济学的第一大假设。

研究经济学的另一大假设，我们参照经济学教材上的定义，即经济学研究的是"一个社会如何利用稀缺的资源以生成有价值的物品和劳务，并将它们在不同的人中间进行分配"③。此定义包含着经济学的两大核心思想：物品和资源是稀缺的；社会必须有效地加以利用。正是因为社会存在稀缺性资源和人们追求效益的愿望，经济学成了一门重要的学科。在社会经济发展的一定阶段内，相对于人们的需求，物品总是有限的，即资源总是表现出稀缺性，这就会使人们产生对有限的、相对稀缺的资源进行合理配置的需求，期望用最少的资源耗费，生产出最适用的商品和劳务，从而获取最佳的效益。进一步说，资源配置合理与否，已经成为决定一个国家或区域发展成败的极其重要的影响因素。

正是因为资源稀缺性的假设，经济学被视为一门选择的科学，即对相对稀缺的资源在各种不同用途上加以比较并做出选择的学问。在这里我们不得不提到，资源稀缺性假设原来主要指的是消费性资源，突出表现了既定消费品与满足人类欲望之间的脱节；后来才逐渐被用于生产性资源，即

---

① [英] 亚当·斯密：《亚当·斯密全集·第2卷：国民财富的性质和原因的研究（上卷）》，郭大力、王亚南译，商务印书馆2014年版，第15～16页。
② 陈云贤：《市场竞争双重主体论——兼谈中观经济学的创立与发展》，北京大学出版社2020年版，第53～54页。
③ [美] 保罗·萨缪尔森、[美] 威廉·诺德豪斯：《经济学》，萧琛主译，人民邮电出版社2004年版，第2页。

既定投资品与生产投资需求之间的脱节。正是在资源稀缺性假设的基础上，现在主流的经济学展开了逻辑推导，提出了一系列如古典地租理论、边际收益递减原理、比较优势原理及零和博弈困境等理论。①

经济学研究的是稀缺资源的配置问题，即稀缺资源可以为人类所利用。因此，现行经济学研究将可被人类利用的资源等同于天然资源，并进而将自然资源也视为稀缺的。显然，这一假设存在一定的逻辑问题。比如在几千年前，人类首次进入西半球之前的地质年代里，氦气就已经存在于狭长的德克萨斯北部延伸地区的地下了。直到近些年，氦气才被当作一种资源，主要是因为它可以被用于气球。②再比如一座山体矗立在那里，是静态的自然资源，被人们开发后，进入动态，即生成生产要素，而这将成为重要的经济资源。再比如现代社会的现代化基础设施建设，包括其中的一系列软硬件投资项目，以及未来更进一步的如智能城市开发等，它们是社会生产的重要经济资源，但是它们属于自然资源吗？显然不是，它们是新生成资源。最后如未来的太空资源、极地资源、深海资源等资源，在历史的长河中囿于技术水平，还没有被人类开发利用。它们是一种自然资源，却也不是经济学所说的经济资源，虽然还没有被人类配置和利用，但是未来随着技术的发展，它们很大可能都终将被人类利用，到那时它们将成为经济学所研究的配置资源。但是这种资源一直都存在，我们能说它们一直稀缺吗？可能缺的只是能配置利用它们的有效技术吧。所以，资源稀缺性这一经济学假设是基于一个相对静止和封闭的系统，是把社会经济现象割裂开来进行孤立而静态的研究，它没有动态地看到天然资源不断被开发利用的广度和深度，以及人造资源的快速增长。一方面，社会生产状况决定了消费性资源的数量，生产技术的飞速发展带来的社会生产力的提高将有利于提供越来越丰富的消费品；另一方面，人们对自然资源的利用能力及创造新资源的能力决定了生产性资源的数量，生产技术的提高及社会组织的优化将有利于提供越来越多的生产性资源。③

---

① 参见朱富强《现代消费理论三大基本假设缺陷——兼评现代主流经济学的逻辑前提》，载《东北财经大学学报》2018年第4期，第14～15页。
② 参见朱富强《现代消费理论三大基本假设缺陷——兼评现代主流经济学的逻辑前提》，载《东北财经大学学报》2018年第4期，第15页。
③ 参见朱富强《现代消费理论三大基本假设缺陷——兼评现代主流经济学的逻辑前提》，载《东北财经大学学报》2018年第4期，第15页。

所以，既然经济学研究的是资源配置问题，除了资源稀缺与资源配置的必然联系外，我们就不能不去讨论、思考、挖掘"资源生成"①的问题，即在历史的动态过程中研究资源配置的问题。首先，在亚当·斯密所处的时代，英国工业革命才刚刚开始，那个时候亚当·斯密所说的资源配置，只是指与商品生产、交换、消费相联系的产业资源中人、财、物的配置，而非其他。其次，1776年前后，英国的城市基础设施还相当落后，仅仅局限于简单的道路、桥梁、运河和港口等，根本无法像100多年后的凯恩斯所处的时代那样，基础设施承担起缓解国家大量失业和经济萧条的重要作用，而这些基础设施建设又构成了一国经济增长的新的领域、新的资源，但是它又不同于产业资源配置的原理和方法，即从资源稀缺法则出发强调资源的有效配置，围绕着均衡与非均衡做文章，因为这部分基础设施建设的实施主体往往不是企业或产业资源，而大部分的时候都是国家或政府，这又恰恰与亚当·斯密认为的政府只是"守夜人"的观点相矛盾。

为了能够解决凯恩斯理论遗留的矛盾，即凯恩斯一方面找到了一国促进经济增长的新领域，另一方面又囿于产业经济的思路方法去分析解决问题，提出资源生成概念，适逢其时。资源生成与资源稀缺，应该是经济学资源配置理论中的一对孪生儿，是经济学紧密结合经济发展和时代进步的不可分割的两个方面。

第二节　从资源生成到生成性资源

参照中观经济学中的定义，资源生成或生成性资源不是计划设定的产物，而是原已存在或随着时代进程的客观需要存在，由静态进入动态、由非生产性进入生产性，并在其中形成经济效应的产物。资源生成派生的生成性资源与产业资源一样都同属于经济资源，它具备四大特性：动态性、经济性、生产性和高风险性。

资源生成不是按计划设定的产物，而是原来已经存在或随着时代进程的客观需要而出现的事物，它由静态进入动态，直至具备经济性和生产

---

① 陈云贤：《市场竞争双重主体论——兼谈中观经济学的创立与发展》，北京大学出版社2020年版，第54页。

性。土地、矿产、森林、草原等静态景观是自然资源，动态开发则成为经济资源，属于存量的产业资源。随着时代进程的客观需要而存在和发展的城市基础设施——包括硬件、软件乃至更进一步的智能城市开发建设，也符合资源生成的范畴特性，即"城市资源"[①]。当然之后还有很多与此类似的生成资源，如太空资源：在月球、火星和小行星等天体上的丰富的矿产资源；在类木行星和彗星上的丰富的氢能源；在行星空间和行星际空间的真空资源、辐射资源、大温差资源以及轨道资源和微重力资源等。这些太空资源如果保持静止状态，则属自然资源；若得以开发利用，则变成生产要素，成为重要的、宝贵的经济资源。这类资源则为资源生成领域的原生性资源，此类资源投资规模大、开发周期长、不确定因素多，对这类高风险原生性资源以及上述的城市资源的生成、开发和利用，国家或地方政府能不作为主体之一发挥作用吗？我们还能囿于产业经济原理来解释和推动吗？答案是不能的，所以，对于这类新的生成资源的推动，我们不能再囿于原有的产业资源的思维去思考和分析，而是要采用新的经济学研究思路去分析和推动，即资源生成理论。

一、城市资源

对于城市资源的定义，我们需要从城市中去寻找。而关于城市，我们需要知晓三点：首先，城市不是随意设立的，大多数城市都是随着时代进程，在客观的历史发展中逐渐形成的；其次，城市不是静态固定的，大多数城市是随着时代进程，在动态的聚合交往中逐步扩大的；最后，城市不是仅具有单一功能的，大多数城市是随着时代进程，在立体发展格局中囊括了基础设施硬件、软件乃至现代化智能城市功能的。城市设立、存在和发展的一切条件，堪称"城市资源"。按城市资源的定义，城市资源有广义与狭义之分。

从经济学角度定义，广义的城市资源包括了产业资源、民生资源和基础设施/公共工程资源，而狭义的城市资源则主要包括基础设施/公共工程资源，政府在此类资源的生成、开发与利用中扮演着不同于在产业经济中的角色。而这部分资源也是本书要重点分析的。为什么凯恩斯找到了一国

[①] 陈云贤：《市场竞争双重主体论——兼谈中观经济学的创立与发展》，北京大学出版社2020年版，第56页。

经济增长的新领域，但是很难用产业经济理论去完善、解释它？为什么美国罗斯福政府、特朗普政府以及现任的拜登政府解决经济萧条、促进经济增长的首要措施都是投资基础设施建设？通过本书对狭义的城市资源的研究，我们都可以得到答案。

作为重要的生成性资源，狭义的城市资源包括基础设施硬件、软件的投资建设，以及更进一步的现代化进程中智能城市的开发和运作，这是值得我们开发其理论基础、探索其市场规则和实践经验、研究其中政府与市场关系、挖掘出国家乃至世界经济发展新引擎的经济学新领域。它与产业经济理论有联系，但更有区别，现代经济学家不应该再囿于产业经济理论来解释或推动城市经济、城市资源的开发建设。

作为生成性资源的城市基础设施指的是为社会生产和居民生活提供公共服务的公共工程设施，是用于保证国家和地区社会经济活动和人们日常生活正常进行的公共物品系统。其范围不仅包括公路、铁路、机场、通信、水电煤气等硬件公共设施，并且伴随着城市现代化的进程，还包括更进一步的智能城市的系列开发和建设等。参照1994年世界银行对城市基础设施的定义，具体来说，硬件公共设施多指六大系统工程性基础设施，具体见表1-1。

表1-1 城市基础设施类

系统	包含类别
能源供应系统	电力、煤气、天然气、液化石油气和暖气等
供水排水系统	水资源保护、自来水厂、供水网管、排水和污水处理等
交通运输系统	对外交通设施和对内交通设施，前者包括航空、铁路、航运、长途汽车和高速公路，后者包括道路、桥梁、隧道、地铁、轻轨、出租汽车、停车场、轮渡等
邮电通信系统	邮政、电报、固定电话、移动电话、互联网、广播电视等
环保环卫系统	园林绿化、垃圾收集与处理、污染治理等
防卫防灾安全系统	消防、防汛、防震、防台风、防风沙、防地面沉降、防空等

软件公共设施主要是指行政管理、文化教育、医疗卫生、商业服务、金融保险、社会福利等社会性基础设施。同时，随着城乡一体化的进程，这类基础设施还包括了乡村生产生活、生态环境建设和社会发展等基础设

施。伴随着城市现代化的进程，开发和建设智能城市系列工程成为城市基础设施建设的新内容和新内涵。这些城市基础设施作为新的生成性资源，在经济学中具有基础性、非贸易性和准公共物品性，成为促进一国经济增长的新领域和创新经济学理论的新路径。

二、城市资源的三种类型

21世纪是产业发展、城市建设、社会民生同步同长、协同繁荣的世纪。各国政府经济职能的发挥，在实践中表现为对国家各类资源的一种调配、管理，即各国政府对国家现实存在的自然资源、人力资源、资本资源、产业资源、城市资源和公共物品资源等进行经济学分类并优化配置、配套政策。因此，城市资源可以分为三种类型。

1. 可经营性资源

与产业发展相对应的资源，在市场经济中亦称为"可经营性资源"。它以各国或区域经济中的产业资源为主。产业资源中发挥主体作用的资源机构主要是公司和企业，而政府的主要作用则是协调、监督、管理此类资源机构，促使其更好地发展。在我国，具体相关的政府机构可以主要分为三种。

（1）第一种是发展改革、统计、物价部门。

（2）第二种的范围较广，细分则又有四类：①财政、金融、税务、工商部门；②工业、交通、安全、能源、烟草部门；③科技、信息、专用通信、知识产权部门；④商务、海关、海事、口岸、邮政、质检、外事、旅游部门。

（3）第三种是审计、国土监察、食品药品监督管理部门。世界各国政府的协调、监督、管理机构各有异同，但调配此类资源的政策原则主要是"搞活经济"，即"规划、引导；扶持、调节；监督、管理"。这基本已经是共识。

2. 非经营性资源

与社会民生相对应的资源，在市场经济中被称为"非经营性资源"。它是以各国或区域的社会公益产品、公共物品为主，包括经济（保障）、历史、地理、形象、精神、理念、应急、安全、救助，以及区域的其他社会需求。传统经济学中对应此类资源的机构即在提供社会公益产品、公共物品的过程中起到主体作用的机构，是政府和社会企业。世界各国政府在

调配此类资源的政策原则主要是"社会保障、基本托底；公正公平，有效提升"。这一点在理论认识和实践上也是一致的。

3. 准经营性资源

与城市建设相对应的资源，在市场经济中被称为"准经营性资源"。它以各国或区域的城市资源为主，主要包括保证国家或区域的社会经济活动正常进行的公共服务系统和为社会生产、居民生活提供公共服务的软硬件基础设施，即上文谈到"资源生成"时所提及的城市基础设施，如交通、邮电、供电供水、园林绿化、环境保护、教育、科技、文化、卫生、体育事业等城市公共工程设施和公共生活服务设施等。这类基础设施的软硬件水平，直接影响着一个国家或区域的外形、特征、品味、功能和作用。完善的软硬件基础设施将促进各国、各区域的社会、经济等各项事业发展，推动城市空间分布形态和结构的优化。称此类资源为准经营性资源，主要是因为其在传统经济学中还相对不清晰，是企业与政府的交叉领域。一方面，城市基础设施的投资建设可由企业来承担，但是同时也可以由政府来完成促进经济发展和社会民生的事业；另一方面，此类资源的运营很多时候会介于产业资源与非经营性资源之间，既不完全像可经营性资源一样完全按照商品价格理论进行定价，也不完全像非经营性资源免费提供一样，这种资源的经营处于两者之间，而这一领域既是传统经济学相对容易忽视的地方，也恰巧是可以突出政府行为的领域。因此，我们要深化经济学理论分析，研究资源生成和基础设施投资，就必须植根于这一城市准经营性资源以及未来随着技术进步而不断衍生出的新的生成性资源。

综上，我们可以总结出三点。

(1) 对于可经营性资源，即产业资源、产业经济，各国应遵循市场配置资源的原则，发挥其作用，尽可能地通过资本化的手段，把它完全交给企业、社会和各类国内外投资者，各国政府应按照"规划、引导；扶持、调节；监督、管理"的原则去制定配套政策。

(2) 对于非经营性资源，即公共物品、民生经济等企业不能被允许进入的领域，各国政府应责无旁贷、全面地承担起责任，提供、调配、管理和发展此类资源，按照"公平公正、基本托底、有效提升"的原则去制定配套政策，确保其基本保障。这也就是取之于民、用之于民的国家财政要弱化其建设性财政职能、强化其公共（公益）性财政作用的缘故。

(3) 对于准经营性资源，即狭义的城市资源、城市经济，各国则应根据区域发展方向、区域技术发展水平、财政状况、资金流量、企业需求和社会民众的接受程度和承受力等因素，来区分其是按可经营性资源来开发调配，还是按公益性事业来运行管理，或者两者兼而有之，而这恰恰是区域政府需要深入拓展研究政策的主要方面。

三、城市三类资源的识别标准

区分或辨别可经营性资源和非经营性资源的基本标准可以参照公共物品理论区分或辨别私人产品和公共物品的基本标准来执行，即排他性和竞争性标准。排他性是指个人或企业可以被排除在开发某种可经营性资源（商品或服务产品）的利益之外，在特定的个人或企业对某种可经营性资源投资后，其他的个人或企业他们就不能享用此种可经营性资源所带来的利益，如私人电脑、手机等。竞争性是指可经营性资源的拓展将引起生产成本的增加，每多生产一件或一种私人产品，都要增加成本。可经营性资源或私人产品具有排他性和竞争性。相对应地，非排他性则指的是一些人开发非经营性资源或享用公共物品带来的利益的同时，不能排除其他一些人也从开发非经营性资源或享用公共物品中获得利益，如每个适龄儿童都有权利和义务接受政府提供的义务教育，每个公民都可以享受一国国防所提供的安全保障。而非竞争性是非经营性资源或公共物品的第二个特征，即增加非经营性资源或公共物品的开发不会引起生产成本的增加，其边际成本为零。

可经营性资源/私人产品与非经营性资源/公共物品在国家或区域经济资源/社会产品中是典型的两极。在现实中，随着世界各国经济的发展和时代的进步，一些原有的非经营性资源/公共物品在一定程度上具备转变为可经营性资源的可能，从而兼具公共物品与私人产品的特征，我们在研究中把这类资源称为准经营性资源/准公共物品，而这恰恰是以往经济学研究没有拓展的领域。同时，随着时代的发展和技术的进步，以往的具有准经营性资源/准公共物品特征的产品也可能可以转变为可经营性资源，如以前的有线电视信号、水表和电表等，在有了专门的排他性技术和识别技术之后，即可完全转化为可经营性资源。换句话说，可经营性资源、非经营性资源和准经营性资源这三种资源在动态的历史进程中是可以相互转化的，技术在其中起到关键的作用，而这在以往的经济研究中则少有涉及，故而存在较高的理论价值。

那我们为什么要着重研究准经营性资源呢？根据前面的分析，准经营性资源作为新的资源生产领域，具有明显的动态性、经济性、生产性和高风险性四大特征。

准经营性资源，现在主要指的是城市基础设施（后续会逐步延伸到太空资源、深海极地资源等），特别是大型的城市软硬件基础设施，大都属于资本密集型行业，具有三个方面的特点。

（1）前期投资巨大，一般的投资主体难以具备此等投资能力，同时，投资存在较大不能收回成本或失败的风险。

（2）建设周期长，建设过程中存在的不确定性或突发事件较多。

（3）运行成本高，市场相对窄小等。

因此，准经营性资源向可经营性资源转换，或者说以可经营性资源形式运作时，往往伴随着特有的投资风险、运营风险和管理风险，同时面临着以下诸多限制。

（1）投资的实施主体是具有独立法人资格的企业或个人，而不管是企业还是个人，都追求微观上的盈利性，也即资本是逐利的。

（2）企业或个人主要依靠自身的积累和社会筹资来为其投资提供资金，投资规模存在较大限制，即投资能力可能不足，进而可能没有办法做到完全供给。

（3）企业或个人往往囿于一行一业，难以顾及非经济的社会事业。因此，虽然经过技术处理，有些准经营性资源可以具有排他性和竞争性，但因为成本太高，风险太大，所以按照可经营性资源去运作在经济上往往是不可行的。但是此时，政府对于这类准经营性资源，仍然会按照非经营性资源的标准去开发，并根据政府提供公共物品的政策目标做出投资决策，而这恰恰是我国全力投资基础设施并被全世界称为"基建狂魔"的主要原因。

准经营性资源具有生产性的特点，主要指的是准经营性资源的运营不仅能带来自身价值的提升，更重要的是能起到拉动城市经济和社会的作用。准经营性资源作为产业经济的基础要素，对于产业经济的发展起到促进增强作用，从而进一步增强产业经济的能力，提升产业经济的竞争力。

尽管政府投资准经营性资源很重要，但在世界各国的现实经济运行中，由于政府提供的公共物品具有非排他性和非竞争性，可能会存在一些问题。

（1）"免费搭车"（free rider）问题：免费享用公共物品带来的利益；"公地悲剧"（tragedy of the commons）问题，公共资源过度使用问题。

（2）某些政府在国家或区域基础设施的建设和发展中，可能出现其特有的一些问题：①只为社会提供无偿服务型、共享型的公共物品；②只投入、不收益；③只建设、不经营；④只注重社会性，而忽视经济性；⑤只注重公益性，而忽视效益性等。所有这些都有可能造成城市资源的大量损耗，城市基础设施建设的重复浪费，城市经济管理的低层次、低水平和无序性运转的问题。

因此，在准经营性资源即城市基础设施的投资、开发、运营和管理方式的选择过程中，各国的区域政府更应该思考如何推动准经营性资源向可经营性资源转换。这样做主要有五个方面的意义。

（1）促进政府职能转变，从而聚焦政府应该做的事情。

（2）推动投资主体多元化，增加投资资金来源。

（3）分散项目投资风险。

（4）吸引社会资金参与城市基础设施建设。

（5）运用市场机制，以最佳的财政支出结构带来最大的政府财政收益，并提高供给效率。

为实现上述目标，世界各国的区域政府通常会采用六个方面的措施。

（1）独立投资。政府组建国有公司，直接对项目实施分年段收费。

（2）租赁式投资。政府运用 BOT（build-operate-transfer，建设—经营—移交）、TOT（transfer-operate-transfer，转让—经营—移交）等方式收费。

（3）合伙式投资。政府采取 PPP、PPC 等合营方式收费。

（4）股份式投资。政府组建股份制企业，通过上市方式获取收益。

（5）社会性投资。政府通过资产证券化运营等方式获取收益。

（6）其他方式投资。政府将城市基础设施项目与其他项目捆绑式经营以获取收益等。

而要实现上述的财政收入抑或投资收益，政府需要先进行投资支出，而政府的投资支出主要有五个方面的来源。

（1）政府财政年度预算中的财政投资性支出。

（2）银行贷款。

（3）发行政府债券。

（4）寻求投资合作伙伴。

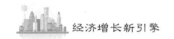

（5）其他方式。

区域的发展要努力推动准经营性资源向可经营性资源转换，进而提高供给效率。在这个过程中，首先政府不能缺位，因为大部分准经营性资源具有非竞争性或非排他性的特点，容易出现"免费搭车"问题。其次，准经营性资源作为产业经济的基础要素，其基础要素作用不能因转为可经营性资源而改变，政府需在这个过程中持续进行参与、引导、监督和治理。

在将城市基础设施投资从准经营性资源转换成可经营性资源运作的过程中，政府还可以对原来已经存在的城市基础设施资源即存量资产的平台载体进行产权改造，按照市场规则和经济发展的客观要求，使其与资本市场的融资需求相适应，即将存量资产的平台载体改制为国有民营、股份制、合资、合作等形式，或者拍卖给国内外投资者经营管理等，从而使其成为符合市场经济规则的股权载体，参与市场竞争。同时，对新增城市基础设施即增量资产的平台载体，政府可以从一开始就遵循市场经济规则，采用独资、合资、合作或股份制等形式组建项目公司，奠定股权载体基础，使其成为城市资源投资、开发、运营的竞争参与者。

综上所述，世界各国政府将准经营性资源转换为可经营性资源时，其目标是使城市基础设施领域的投资结构合理、投资规模适度、投资效益提升，其方式是政府与其他投资者一起参与城市基础设施的投资、开发、运营、管理和竞争，其遵循的是市场经济的公开性、公正性和竞争性规则。在发展中国家，城市基础设施投资在经济增长中具有重大的作用；在发达国家，城市基础设施投资波动与经济增长波动具有密切关系。这已经是世界各国经济发展中不可忽视的一种趋势。

第三节　资源生成领域物品价格的确定

一、资源生成领域三个细分层面的资源

前文我们已经提到，传统经济学对资源生产领域的研究和认识还不是很充分，但这却是一个在现实经济发展中日益重要的领域。资源生成领域所派生的生成性资源细分至少还包括三个层面的资源。

1. 原生性资源

原生性资源指的是一般的生产要素——自然资源，以及太空资源、深海资源、极地资源及地球深探资源等。如果不去开发这类资源，它们就是静止的自然资源。如果投资开发这类资源，其动态性、经济性和生产性又使这类资源转换为资源生成领域中的原生性资源。而如太空资源、深海资源、极地资源及地球深探资源等的投资开发具有高风险性的原生性资源因具有投资规模大、开发周期长、不确定因素多等特点，因此，各国或区域政府为了使本国、本区域在世界区域经济竞争中获得优势，必须成为该类资源的第一投资人。

2. 次生性资源

次生性资源指的是城市经济中的基础设施资源，即前文所提到的"城市资源"。当它从准经营性资源转换为可经营性资源时，它就成为资源生成领域中的次生性资源。此类资源的投资开发具有动态性、经济性、生产性和高风险性四大特征，因此，各国政府也必须成为该类资源的第一投资人。

3. 逆生性资源

逆生性资源是由区域经济发展中的外部溢出效应逆向形成的一类独特的生成性资源，如碳排放交易资源等。对此类逆生性资源的开发与管制，政府必定是第一责任主体。

以上三个层面的生成性资源都属于本章第二节所讲的准经营性资源，具有明显的动态性、经济性、生产性和高风险性四大特征。现今生成性资源主要指的是城市基础设施，特别是大型的城市软硬件基础设施，后续则会逐步延伸到太空资源、深海极地资源等。而接下来本书将着重阐述的是城市基础设施投资开发资源。

温室气体流动性强、存续期长等特点，决定了在经济学意义上，碳商品（碳排放权）具有全球公共物品属性——很难通过个别国家的努力达到减少温室气体排放、缓解全球变暖的目的。同时，碳商品也是一种无形商品，即双方买卖的对象是碳排放权，碳商品价格主要取决于碳市场的供需关系。

碳排放交易资源是区域经济发展的负外部效应的产物，是人类生存、发展过程中面临的另一面的自然物质、自然条件，它是一种逆生性资源。它满足公共资源的两个特征：一是这种资源不属于个人或企业；二是社会成员无法避免地且可以自由地利用这一资源。由这种资源产生的公共物品也具备了非竞争性和突出的非排他性特点。但在一定条件下，它又具备准公共资源的特征，具有一定的竞争性和排他性。当区域的排放权管理转化为对碳排放权的管制和限定时，碳排放权在某种程度上的稀缺就成为这类公共资源转换成公共资源的前提条件，即当区域碳排放量超过一定的临界点时，其非竞争性和非排他性就消失了，区域每增加一单位排放量，就将增加由此带来的碳排放成本费用。当市场机制在遏制区域碳排放量方面失灵时，区域政府的介入就成为必然。政府通过一定程序，采取行动限制碳排放量而产生的成本或收费标准，就确定了碳排放权作为一种可交易的准公共物品的价格。

在碳排放权交易市场中，碳排放权定价的对象不仅包括公共部门产生的碳排放量，也包括私人部门产生的碳排放量。在定价政策上，除了一部分纯公共定价外，政府更多采取管制定价的方式，尤其是在配额交易即现货交易市场中。碳排放权定价的目的不仅在于有效遏制以二氧化碳为主的温室气体的排放量，更重要的是维护生态环境，保障民众的生活水准，使其安居乐业。因此，区域政府在实际工作中通常会在以下三种方法中权衡利弊，选择适合本区域的碳排放权初始市场交易定价法：①平均成本定价法，即区域政府在保持各碳排放主体收支平衡的情况下，尽可能使经济福利最大化的定价方式；②二部定价法，即由两个部分构成定价体系——一部分是与碳排放量无关的按月或年支付的基本费，另一部分是按碳排放量支付的从量费；③负荷定价法，即根据不同时间段的需要制定不同的价格——碳排放量最高峰时收费最高，碳排放量最低时收费最低。

综上所述，在资源生成领域的物品或准公共物品的定价机制中，政府行为与市场机制并存，即市场决定资源配置的同时，也要更好地发挥政府作用，使有为政府与有效市场相配合，政府要参与区域生成性资源的投资、开发、建设，参与区域市场的竞争。

第四节　区域政府竞争

一、区域政府内涵

前文我们已经提到，各国或区域政府职能的发挥，主要表现为国家或区域对可经营性资源、非经营性资源和准经营性资源的调配、管理。在这个过程中，各国或区域政府追求以最佳的财政支出结构带来最大的财政收益为目标。

在这里，我们首先需要强调的是区域只是一个相对概念。对于全球而言，一个国家就是一个区域；对于国家而言，一个城市就是一个区域。区域之间既有共性、相似性，又有个性、差异性。而区域政府则通常是指某一区域负责行政事务等的政府组织，拥有相对稳定的地域、相对集中的人口和区域治理机构。区域政府具有公共性和强制性特征。

1. 公共性特征

政府的公共性特征主要表现在它是整个社会的正式代表，是一个有形的组织的集中表现，因而它集中反映和代表整个社会的利益和意志。作为政府区域层次结构的有机组成部分，区域政府无论是单纯作为国家政府派出的代表机构，还是作为具有相对行为权力的实体，其服务于区域整体的公共性特征都是相同的。

2. 强制性特征

政府的强制性特征表现为政府除了拥有立法权、司法权和行政权三项"超经济的强制"权力外，还表现为政府具有"经济性强制"权力。这种权力集中表现为区域政府所拥有的事权、财权和资源配置权。

二、区域政府的"双重角色"属性

按照传统的西方经济学的解释，无论是国家政府还是区域政府，其主要职责都是维护市场秩序，只有在市场失灵的情况下，政府才会进行调控，政府行为在一定程度上是消极被动的。但是，我国及一些其他国家如新加坡等的经济发展实践却表明，在现代市场经济中，政府的角色具有一定的复合性。

1. 单个政府的市场秩序维护者角色

当政府作为一个"准国家"角色面对自己管理的辖区时，主要从事的是类似国家宏观调控的行为，维护市场经济秩序。这与西方经济学理论所阐述的相同。

2. 多个政府间的市场竞争者角色

当政府作为一个个体在面对其他区域政府时，各区域为了吸引、争夺更多的地方经济发展所需的经济资源要素（人才、资本和技术等），相互间就转化为竞争者身份，并以区域为一个整体，积极主动地参与到更大范围的市场竞争中，从而最优化配置其区域资源，不断提升其区域经济效率和收益，并作为一个整体形成了"竞争性区域政府体系"。在这种情况下，区域政府又有了类似作为"准企业"的角色属性。这些区域政府的竞争一方面没有打破市场在资源配置中起决定性作用的规律，另一方面又丰富了政府的角色内涵，对分析现代市场经济大有裨益。相比于单个区域政府调控市场失灵的消极被动，区域政府之间的市场竞争则显得更积极主动。

三、区域政府的经济目标

正是由于区域政府的"双重角色"属性，区域政府起着承上启下的作用，实现了微观经济（产业或企业经济）和宏观经济（国家经济）之间的相互衔接，区域政府也因此成为中观层次上的经济目标的承担者。总的来说，区域政府的经济目标主要是提升其区域经济的市场竞争力以及经济可持续增长能力。具体来说，则主要包含三个方面。

1. 形成区域领先优势，优化区域资源配置

一个区域的经济发展往往与区域政府之间的竞争存在着紧密联系，区域政府往往会不遗余力地在区域内建立专业化市场、调整区域产业结构、引进高新技术、立项研发、发展基础设施、引导企业投融资、引进外资等，从而促进区域的发展。如果没有把市场作用机制扩大到区域政府这个层面，没有区域政府开创性地引入市场竞争机制，相信以上这一切的政府行为是很难被激发的。

此时，区域政府之间的市场竞争更多体现在区域政府的规划性与引导上，对区域政府的战略定位、资源调动、规划统筹能力是极大的挑战，完全区别于自由放任主义、政府干预主义、凯恩斯政府干预主义的事中和事后调节，而是强调区域政府对区域经济发展的事前分析、预测、规划和调控，这种事前的引领作用是建立在对市场的充分认识和研判的基础之上的，充分发挥市场机制在资源配置中的决定性作用。

2. 保证整体经济发展的稳定性和有效性

竞争性区域政府体系使国家政府更多地集中于区域和产业的宏观规划和调控，更多地着眼于长期稳定的国家战略的发展与实施，从而大大增加了国家政府的决策空间，而涉及具体的区域或行业的发展与调控，则交给了区域政府这样一个中观主体，使其更准确、更有效地把握和实施对微观层面的引导和管理，兼顾整体经济发展的稳定性和灵活性。

3. 促进整个区域经济的科学可持续发展

区域政府具有主观能动性和灵活性，当发生大的经济震荡时，通过区域政府各个层次的"吸收"，可以将震荡降低到最低程度。而当微观层面出现不良征兆时，区域政府可以及时干预，它可以弥补宏观层面鞭长莫及的缺憾。同时，区域政府也能完善国民经济控制系统，分散集中控制的风险。从改革的角度来看，中观调控系统在整个国民经济系统中具有不可替代的作用。

四、市场竞争的"双重主体"体系

1. 区域政府竞争的概念

正是因为区域政府的"双重角色"，市场体系产生了双重竞争主体机制：市场中存在两个竞争主体——企业和政府。企业之间的竞争要遵循市场规律，区域政府之间也同样存在着竞争关系，于是就形成企业之间、政府之间的双层竞争体系，但企业和政府之间不存在竞争关系。也就是说，这两个体系之间是独立运行的，但这两个体系在功能作用上相辅相成。

区域政府本身构成了区域竞争的主体，而区域竞争的客体则是指各区域政府之间通过市场进行竞争的对象，包括区域内的各种有形资源和无形资源，即前文所述及的可经营性资源、非经营性资源和准经营性资源。区域政府竞争的目的则是不断优化区域资源的配置，不断提升区域经济效率和收益。区域政府在优化资源配置和提高税收利用效率的前提下，为企业提供的良好的技术服务、人才服务、资金服务、文化创导、创新扶持、政策引导、基础设施和打破有碍市场竞争的机制等一切努力则是区域政府竞争的主要内容。

2. 企业竞争与区域政府竞争的联系和区别

众所周知，企业之间的竞争主要表现为产业资源配置的争夺；而区域政府的竞争则主要表现为城市资源配置的争夺（见前文所述的城市资源）；对于区域政府来说，两个体系之间相互独立，同时相辅相成。掌握这两种竞争体系的区别对于研究区域政府竞争具有重要的意义。具体来说，两个竞争体系的主要区别有九个方面。

第一，两个竞争体系的目标函数不同。区域政府竞争的目标函数是财政收入决定机制，而企业竞争的目标函数则是价格决定机制。区域政府之所以将财政收入决定机制作为其竞争的目标函数，主要有以下原因：①区域政府职能不断扩张，其经济调控能力提升，需要财政收入规模做支撑。在世界各国经济发展的历史长河中，各国政府的职能经历了由少到多的转变，区域政府的职能从只维持区域政权有效运转、维护社会稳定、防御外来入侵、维护司法公正等，逐步变为与现代市场经济和社会化大生产相适应的调控、干预和管理等。区域政府调控管理的一个重要方式就是扩大财政支出。因此，随着区域政府职能的不断扩张和财政支出规模的不断扩大，区域财政收入规模也需要不断增长。②区域人口不断增长，民众对区域公共服务的需求总量增加，需要财政收入规模做支撑。首先，区域人口的增加在客观上对区域政府提出诸多要求，如对教育、医疗卫生、文化体育、就业培训、衣食住行、社会环境和区域管理等的要求都有提升。其次，人口流动性的增强和区域人口老龄化的发展，同样将对区域财政支出的结构和水平产生影响。③区域城市规模不断扩大，社会公共投资不断增长，需要财政收入规模做支撑。城市是个动态的概念，随着城市硬件基础设施的建设、城市软件基础设施的提升、智能城市的发展、城乡一体化进程的加快、原有城市的扩展和新兴城市的增加等，出现了大量的市政工程建设需求，需要大量的投资，这在客观上也需要区域财政收入规模不断增长，从而为其提供保障。④区域科技水平不断提高，推动区域政府不断开拓新的科技领域和生产领域，这也需要财政收入规模做支撑。例如，资源生成领域中的高风险性的原生性资源（通过空间探索、海洋开发、极地探研等发掘的资源）和逆生性资源（碳排放交易资源等），这些都需要区域政府加大投资。为高科技行业建设领先的人财物体系，同样需要区域财政收入规模的增长做支撑。⑤区域社会福利事业的扩大，同样需要财政收入规模做支撑。一方面，区域政府需要不断缩小贫富差距，化解区域社会分配中的两极分化问题，从而尽可能缓和贫富矛盾、化解区域不安定因素；另一方面，随着经济发展和收入水平的提高，区域政府需要不断提升民众的劳动能力、文化素质和健康水平，以促进区域全要素生产率的提高，这也需要区域财政收入规模的增长做支撑。综上所述，以上这一系列因素都是区域政府将财政收入决定机制作为区域竞争目标函数的重要原因。

因此，区域财政收入决定机制进一步说明区域财政收入状态决定了区域政府在自己管辖的范围内，对产业经济的扶持和补贴、对城市经济的投资与推动、对民生经济中公共物品和公共服务的提供力度。区域财政收入成为衡量区域政府开展社会经济各项活动能力大小的一个重要指标，而在国债收入和国有资产收入既定的情况下，它主要取决于税收和收费收入，后两项又主要取决于区域的经济发展水平、经济政策措施和经济管理效率。因此，围绕区域的项目建设、产业链配套、集群发展以及海内外市场开拓等，区域政府在财政收入最大化这一目标的牵引下，以优惠政策、便利措施等来推动招商引资。这与企业竞争围绕着成本、质量、供给、需求等决定商品价格的微观因素来运转是不一样的。

第二，两个竞争体系达成目标的手段不同。区域政府将努力提高全要素生产率作为促进经济可持续增长的重要手段，企业则通过提高劳动生产率来影响商品的成本、供求和利润等。区域政府围绕着提高财政收入这一目标来推动经济发展，其措施是优化财政支出结构，如使投资性支出、消费性支出与转移性支出达到最佳比例，以获取最大的经济效益和社会效益。通常来说，在经过土地、项目、资本等有形要素的简单扩张后，资本报酬递减这一瓶颈会使粗放式经济增长难以为继，所以在相关有形要素投入量保持不变时，区域政府会将重心放在无形要素的投入、增加和改善上，围绕以创新为内核的技术进步去调配资源，调整结构，提供组织、政策、法律、环境等方面的支持。区域财政支出结构的优化带来区域政策环境的系列变化，这将会成为区域经济发展和城市建设的新驱动力。

第三，两个竞争体系实现目标的路径不同。区域政府绩效以效率型增长为主导，企业绩效以投入型增长为主导。从世界各国的区域政府的发展实践来看，其经济增长路径经历过要素驱动阶段（也称配置资源阶段）、投资驱动阶段（也称提高效率阶段）和创新驱动阶段（也称可持续增长阶段）。区域政府通过优化组合有形与无形的资源要素，带动并引导全社会投入资金，促进区域经济实现效率型增长。而企业绩效的持续提高则来自企业不断投入生产要素，包括资本、劳动、土地、技术、企业家才能等。企业投入的策略是初期以数量型外延扩张为主，逐渐发展到质量型提升阶段，再到拓展型管理阶段，持续和有效的投入成为关键。

第四，两个竞争体系的投融资机制不同。区域政府的投融资要兼顾公平与效率，企业投融资则以盈利性和效率为原则展开竞争。区域政府主要为了解决市场失灵问题而进行投融资。在投资方面，除了以无偿拨款方式保障社会公平，区域政府也越来越多地采用了有偿贷款、公私合营、股份合作等直接与间接投资相结合的多元化投资方式。在融资方面，除国家会在必要时采取货币融资方式外,区域政府更多会以债务化融资方式来扩大投资规模,推动区域经济发展。

第五,两个竞争体系的价格决定机制不同。准公共物品的价格大多是以市场经济规则为基础,由区域政府以管制定价的方式来决定,而企业的商品定价则完全由市场竞争来决定。区域政府通常在平均成本定价法、二部定价法和负荷定价法之间权衡利弊,选择其一或融合应用,由区域政府牵头、社会参与,推动准公共物品项目的投资、开发、建设。政府参与资源生成领域的准公共物品投资、开发、建设,管制准公共物品定价,已在世界各国成为一种常规,这一领域的价格决定机制很难与企业的商品价格决定机制一样。

第六,两个竞争体系的竞争导向不同。区域政府竞争以优化供给为导向,企业竞争以满足需求为导向。有效配置土地、资本、项目、技术、人才等有形资源要素的供给,有效调节规划、投资、消费、价格、税收、利率、汇率、法律等无形资源要素的供给,并通过理念、制度、组织、技术创新等手段促进供给侧结构性改革,是区域政府发展经济、建设城市、提升社会福利的必由之路。而企业竞争则需从市场需求出发,从需求量、需求结构到企业战略战术,三者能否适应市场需求成为企业成败的关键。

第七,两个竞争体系的竞争领域不同。区域政府竞争主要表现在城市经济、城市资源配置的争夺上,企业竞争则侧重在产业经济、产业资源配置的争夺上。二者之间相对独立,两个体系相辅相成。区域政府是中观经济学的主要研究对象,其相互竞争主要是在城市经济中要素市场上的竞争,包括土地、项目、资本、人才、产权、技术和信息等软硬件市场。区域政府一是要掌握城市资源要素的数量、质量、结构、布局,二是要通过制定制度和政策来调控区域内城市资源要素的配置,吸引区域外的资源要素,从而优化资源配置,提高区域竞争力。区域政府在要素市场的竞争影响着企业在商品市场的竞争,而企业是微观经济学的主要研究对象,企业竞争主要是在商品市场上的竞争,以产业经济中的产业资源配置为主。以厂商为主体的市场均衡理论是传统古典经济学的主导理论。企业以追求利润最大化为前提,供给、需求、市场均衡价格、完全竞争市场、垄断竞争市场、寡头垄断市场、不同市场结构不同竞争策略等,是企业之间竞争的主要影响因素。企业竞争是区域政府竞争的前提和基础。

第八,两个竞争体系的竞争主体角色不同。区域政府是中观经济主体，在区域经济发展中扮演准宏观和准微观的双重角色；企业则属于微观经济领域，在市场经济中发挥微观主体作用。一方面，区域政府对产业经济（可经营性资源）的规划、引导、扶持和对城市经济（准经营性资源）的投资、开发、运营，使其成为区域经济微观利益主体的集中代理，其行为呈现准微观属性；另一方面，区域政府对产业经济的调节、监督、管理和对公共物品、公共服务事业（非经营性资源）的供给，使其成为区域经济社会中的国家代表，其行为呈现准宏观属性。区域政府的双重属性使其在区域经济发展中发挥着竞争与合作的双重作用，这有别于企业在微观经济领域扮演的纯竞争性角色。

第九，两个竞争体系的管理模式不同。区域政府主要采用区域资源规划（district resource planning，DRP）系统。区域政府可通过 DRP 系统，有效调配区域内包括土地、人口、财政、环境、技术、政策等在内的各种资源要素，按照区域规划和战略的布局，以系统化的管理思想和手段，判断市场变化，调配区域资源，提高区域竞争力。DRP 管理模式的确立将有助于区域全要素生产率的最优化，从而推动区域经济社会的可持续发展。企业则主要采用企业资源规划（enterprise resource planning，ERP）系统。通过 ERP 系统，企业对物质、资金、信息、客户等资源进行有效的一体化管理，以帮助企业在物流、人流、财流和信息流等方面实现跨地区、跨部门、跨行业的有效协调与配置，从而以市场为导向，有效集成资源，发挥快速调剂功能，提高生产效率，最终有效提高企业竞争力。

五、区域政府竞争的表现形式

作为两个层面的竞争体系，区域政府竞争与企业竞争既互相独立，又相互联系，共同构成现代市场经济中的双重竞争主体。首先，企业层面的竞争是市场经济中一切竞争的基础，企业竞争带动了区域政府间的竞争。区域政府竞争主要是在制度、政策、环境、项目等方面优化资源配置，属于企业竞争层面之上的另一种竞争，它反过来又影响、支撑和促进了企业的竞争。其次，企业竞争体系只存在于企业之间，任何区域政府都只能是产业经济或产业资源配置的规划、引导者，商品生产的扶持、调节者和市场秩序的监督、管理者，没有权力对企业微观经济事务进行直接干预。区域政府竞争体系则只存在于区域政府间，区域政府需遵循市场经济规律，在城市资源配置、经济发展、城市建设、社会民生等方面展开项目、政策、措施的竞争。

如前所述,区域政府竞争的目标函数是财政收入决定机制。在国有资产收益和国债收入既定的情况下,区域财政收入规模取决于税收和收费收入水平。在经济发展的一定阶段,区域税收和收费收入规模主要取决于区域的经济发展水平、推动经济发展的政策措施以及区域政府的经济管理效率等。第一,经济发展水平受制于区域经济项目的多少、产业链条的配套程度和进出口贸易量的大小;第二,推动经济发展的政策措施表现为区域政府对城市基础设施投入的大小、科技人才的创新水平以及财政、金融的支撑程度;第三,经济管理效率则体现为区域的政策体系、环境体系和管理体系配套的完善程度。这三大方面九个要素直接或间接地决定了区域财政收入规模的大小和区域竞争力的强弱。因此,区域政府竞争主要表现为"三类九要素竞争理论"①,如图1-1所示。

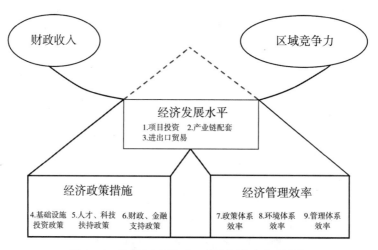

图1-1 区域政府的"三类九要素竞争理论"

在现有中观经济学主要理论体系中,以上被称为区域政府的"三类九要素竞争理论"或"羊角竞争理论"(图形似羊角)。左角由区域政府竞争的目标函数——财政收入决定机制构成,右角由区域政府竞争的指标函数——区域竞争力决定机制构成。支撑区域政府竞争目标函数和指标函数

---

① 陈云贤:《市场竞争双重主体论——兼谈中观经济学的创立与发展》,北京大学出版社2020年版,第108~115页。

的核心影响因素是区域经济发展水平，其包含三个要素——项目、产业链和进出口；关键支持条件是区域经济政策措施和区域经济管理效率，前者包括基础设施投资政策，人才、科技扶持政策和财政、金融支持政策，后者包括政策体系效率、环境体系效率和管理体系效率。我们将"三类九要素竞争理论"或"羊角竞争理论"具体阐述如下。

1. 区域经济发展水平

区域经济发展水平包括项目竞争、产业链配套竞争和进出口竞争。

（1）项目竞争。主要包括三类：一是国家重大项目，包括国家重大专项、国家科技支撑计划重大项目、国家重大科技基础设施建设项目、国家财政资助的重大工程项目和产业化项目；二是社会投资项目，比如高技术产业、新兴产业、装备制造业、原材料产业及金融、物流等服务业的投资项目；三是外资引进项目，比如智能制造、云计算与大数据、物联网、智能城市建设等领域的投资项目。区域政府之间展开项目的争夺，一则可以直接引进资金、人才和产业；二则可以凭借项目政策的合法性、公共服务的合理性来有效解决区域内筹资、融资和征地等问题；三则可通过项目落地，引导开发区域土地、建设城市设施、扩大招商引资、带动产业发展优化资源配置、提升政策能力，最终促进区域社会经济的可持续发展。因此，项目竞争成为各国的区域政府的竞争重点、发展导向。提高项目意识、发展意识、效率意识、优势意识、条件意识、政策意识和风险意识，成为各国的区域政府竞争市场化的必然要求。

（2）产业链配套竞争。一般来说，每个区域都有其产业基础和特色——多数取决于本区域内的自然资源禀赋。就如何保持和优化区域内的禀赋资源并汇聚区域外的高端资源来说，产业结构优化、产业链有效配置是关键，向产业高端发展、形成产业集聚、引领产业集群是其突破点。区域政府的产业链配套竞争主要从两个方面展开：一是生产要素方面。低端或初级生产要素无法形成稳定持久的竞争力，只有引进并投资于高端生产要素，比如工业技术、现代信息技术、网络资源、交通设施、专业人才、研发智库等，才能建立起强大且具有竞争优势的产业。二是在产业集群、产业配套方面。区域竞争力理论显示，有效配套以辖区内现有产业基础为主导的产业，能减少企业交易成本，提高企业盈利水平。产业微笑曲线告诉我们，价值最丰厚的地方集中在产业价值链的两端——研发和市场。培植优势产业，配套完整产业链条，按照产业结构有的放矢地招商引资，是区域可持续发展的重要路径。

（3）进出口竞争。在开放型的国际经济体系中，世界各国的区域进出口竞争成为影响区域竞争力的一个重要环节。它主要体现在四个层面：一是在加工贸易与一般贸易的发展中，各国的区域政府力图减少加工贸易占比，提高一般贸易比重，以增强区域商品和服务贸易的原动力。二是在对外投资上，各国的区域政府力图推动企业海外布局，参与海外项目竞争，以促使本区域的利益布局和市场价值链条延伸至海外。三是在资本输出上，各国的区域政府力图推进资本项目可兑换，即在国际经常项目投资便利化的情况下，采取各项措施促进货币资本流通、货币自由兑换便利化等。四是在进口方面，尤其是对高科技产品、产业、项目的引进，各国的区域政府全面采取优惠政策措施，予以吸引、扶持，甚至不惜重金辅助其投入、布点和生产。进出口竞争的成效是影响世界各国区域经济增长的重要因素之一。

2. 区域经济政策措施

区域经济政策措施包括基础设施投资政策竞争，人才、科技扶持政策竞争，财政、金融支持政策竞争。

（1）基础设施投资政策竞争。这一领域的竞争包括城市基础设施的软硬件建设乃至现代化智能城市的开发等一系列竞争。基础设施硬件包括高速公路、铁路、港口、航空等交通设施，电力、天然气等能源设施，光缆、网络等信息化平台设施，以及科技园区、工业园区、创业孵化园区、创意产业园区等工程性基础设施。基础设施软件包括教育、科技、医疗卫生、体育、文化、社会福利等社会性基础设施。现代化智能城市的开发包括大数据、云计算、物联网等智能科技平台的建设。一个区域的基础设施体系支撑着该区域社会经济的发展，其主要包括三种类型：超前型、适应型和滞后型。区域基础设施的供给如能适度超前，不仅将增进区域自身的直接利益，而且会增强区域竞争力，创造优质的城市结构、设施规模、空间布局，提供优质服务，从而减少企业在市场竞争中的成本，提高其生产效益，进而促进产业发展。区域基础设施的完善程度将直接影响区域经济发展的现状和未来。

（2）人才、科技扶持政策竞争。这一领域的竞争最根本的是确立"人才资源是第一资源，科学技术是第一生产力"的理念；最基础的是完善本土人才培养体系，加大本土人才培养投入和科技创新投入；最关键的是创造条件吸引人才、引进人才、培养人才、应用人才。衡量科技人才竞争力的主要指标包括区域科技人才资源指数、每万人中从事科技活动的人数、每万人中科学家和工程师人数、每万人中普通高校在校学生数、科技活动经营支出总额、科技经费支出占区域生产总值比重、人均科研经费、科技拨款占地方财政支出百分比、人均财政性教育经费支出、地方财政教育支出总额、高校专任教师数等。各国的区域政府通过努力改善、提高相关指标来提高本土的人才和科技竞争力。

（3）财政、金融支持政策竞争。区域财政竞争包括财政收入竞争和财政支出竞争。区域财政收入的增长主要依靠经济增长、税收和收费收入增加；而财政支出是竞争的关键因素，其包括社会消费性支出、转移性支出和投资性支出，其中最主要的财政支出竞争发生在投资性支出领域，包括政府的基础设施投资、科技研发投资、政策性金融投资（支持急需发展的产业）等。财政投资性支出是经济增长的重要驱动力。在财政收支总体规模有限的条件下，各国的区域政府积极搭建各类投融资平台，最大限度地动员和吸引本区域、国内乃至国际各类金融机构的资金、人才、信息等资源，为本区域产业发展、城市建设、社会民生服务。区域政府在各种优惠政策上也开展竞争，如财政支出的侧重点、吸纳资金的金融手段等。

3. 区域经济管理效率

区域经济管理效率包括政策体系效率竞争、环境体系效率竞争和管理体系效率竞争。

（1）政策体系效率竞争。它分为两个层次：一是区域政府对外的政策体系；二是区域政府对内出台的系列政策。国家与国家之间也是一样。由于政策本身是公共物品，具有非排他性和易效仿性的特点，因此，有竞争性的好的政策体系一定包含五个特征：一是求实性，即符合实际的，符合经济社会发展要求的；二是先进性，即有预见性的、超前的、有创新性的；三是操作性，即政策是清晰的、有针对性和可实施的；四是组织性，即有专门机构和人员负责和执行的；五是效果导向性，即有检查、监督、考核、评价机制，包括发挥第三方作用，有效实现政策目标。另外，世界各国区域政策体系的完善程度对区域竞争力的影响也极大。

（2）环境体系效率竞争。此处的环境主要指生态环境、人文环境、政策环境和社会信用体系环境等。发展投资与保护生态相和谐，吸引投资与政策服务相配套，追逐财富与回报社会相契合，法制监督与社会信用相支撑，等等，均是区域政府竞争必需、必备的发展环境。良好的环境体系建设成为区域政府招商引资、开发项目、促进经济持续发展的成功秘诀，这已被海内外区域的成功经验所证明。

（3）管理体系效率竞争。区域政府的管理体系效率是其行政管理活力、速度、质量、效能的总体反映。它包括宏观效率、微观效率、组织效率、个人效率四类。就行政的合规性而言，区域政府在管理体系竞争中应遵循合法性标准、利益标准和质量标准；就行政的效率性而言，区域政府应符合数量标准、时间标准、速度标准和预算标准。区域政府的管理体系效率竞争在本质上是组织制度、主体责任、服务意识、工作技能和技术平台的竞争。发达的区域政府运用"并联式""一体化"的服务模式，已经在实践中开创了管理体系竞争之先河。

结合前文对三类资源的讨论，我们可以从这个角度进一步研究区域政府竞争。正如第三章所述，区域资源即城市资源，有广义与狭义之分。广义的城市资源包括产业资源、民生资源和城市基础设施资源；狭义的城市资源就是指城市基础设施资源，包括城市基础设施软硬件以及现代化智能城市等。因此，广义的城市经济包括产业经济、民生经济和以基础设施建设为主体的城市经济；狭义的城市经济则专指城市基础设施的投资、开发与建设。由此，区域政府竞争也就有了广义竞争与狭义竞争之别。

根据"三类九要素竞争理论"或"羊角竞争理论"，广义的区域政府竞争包括对城市可经营性资源（产业经济）、非经营性资源（民生经济）和准经营性资源（城市经济）等的竞争。在民生经济领域的竞争主要是区域政府通过制定和落实相关政策，提供非经营性资源即社会公共物品和公共服务，实现社会保障的"基本托底、公平公正、有效提升"。其目标是维护区域社会稳定，创造良好的区域投资发展环境。其在"三类九要素竞争理论"体系中，与第三类即区域经济管理效率竞争相关。在产业经济领域的竞争主要是区域政府通过制定和落实与可经营性资源即三大产业相关的政策，发挥"规划、引导；扶持、调节；监督、管理"的作用。其目标是维护市场公开、公平、公正，促进产业经济协调发展，提高区域整体生产效率。其在"三类九要素竞争理论"体系中，与第一类即区域经济发展水平，以及第二类即区域经济政策措施的人才、科技扶持政策和财政、金融支持政策竞争相关。在狭义的城市经济领域的竞争主要是区域政府制定和落实与准经营性资源即城市基础设施相关的政策。区域政府对城市经济的参与、调配和管理,既能防范城市资源闲置浪费、城市建设低质无序的问题,又能促进城市建设和社会经济全面、可持续发展。其在"三类九要素竞争理论"体系中,与第一类即区域经济发展水平、第二类即区域经济政策措施的基础设施投资政策,以及第三类即区域经济管理效率相关。

根据"三类九要素竞争理论",广义的区域政府竞争表现为区域政府通过配套政策,对自身可调配的三种资源的优化配置的竞争,是一个大市场体系的竞争。它具体体现在区域经济发展水平、经济政策措施、经济管理效率等"三类九要素"的竞争上,其实质是区域政府在区域资源调配中,对产业经济采取什么政策以增强企业活力、对民生经济采取什么政策以创造良好环境、对城市经济采取什么政策以推动区域可持续发展的问题。区域政府对三种资源的调配和在"三类九要素"竞争中政策措施的力度,直接决定着一定时期内区域的财政收入。因此,广义的区域政府竞争的实质就是区域政府在产业发展、城市建设、社会民生领域的目标函数的竞争,即区域财政收入决定机制的竞争。

根据"三类九要素竞争理论",狭义的区域政府竞争主要表现为区域政府对城市基础设施投资、开发、建设的竞争,即政府在城市基础设施领域配套政策、优化配置的竞争,在"三类九要素"序列里,主要体现在对区域财政支出结构的优化和发挥财政投资性支出的作用上。区域政府对城市基础设施软硬件以及现代化智能城市的投资、开发与建设,采取什么方式参与,遵循什么规则运作,配套什么政策推动,其实质都体现在区域政府的财政支出结构中。因此,狭义的区域政府竞争即城市基础设施的竞争,也就是区域财政投资性支出决定机制的竞争。

综上,区域政府竞争具体体现为"三类九要素"竞争,其实质是区域三种资源有效调配的广义竞争(此时政府行为聚焦在区域财政收入决定机制上),其重点集中在城市经济竞争上,它以对资源生成领域中的准经营性资源即城市基础设施的投资、开发、建设为主体(此时政府行为聚焦在区域财政支出结构上,主要是财政投资性支出的占比)。这就是"三类九要素竞争理论"的核心所在。

六、"用脚投票"选择区域政府

区域政府竞争能形成城市经济发展的规模效益、集聚效益和邻里效益。

城市经济的规模效益应指该区域的经济总量达到一定规模和水平后，各生产要素的有机结合产生了"1+1>2"的效应，即城市经济的规模增长带来了经济效益和社会综合效益的提高。决定区域经济规模大小的因素，从区域政府层面来说，主要在于其对城市三类资源开发运用的政策安排和措施配套上，即：对可经营性资源（产业经济）采取政策来规划、引导、扶持、调节、监督、管理以增强企业活力；对非经营性资源（民生经济）采取政策实现公平、公正、保障、提升，以优化投资环境；对准经营性资源（城市经济）采取政策，以促进可持续发展。其具体形式就是上一节所述的九个方面，它们最终决定着该区域的规模效应。也就是说，区域政府竞争决定着该区域的城市基础设施规模效应，人口规模效应及其带来的创业、就业规模效应，科技规模效应，资金规模效应，产业规模效应，市场开放度和贸易规模效应，以及政策效应和组织管理效应，等等。区域政府竞争能够形成并加强城市经济的正规模效应。

城市经济的集聚效应指该区域的各类经济资源和经济活动在空间上集中产生的经济效果和社会综合效果，以及由此产生的各类经济资源、经济活动向这一区域凝聚的向心力。它是城市经济得以不断扩大发展的基本因素。城市经济的集聚效应包括经济、文化、人才、科技、资金、交通基础设施和组织管理、政策措施等的集聚效应。比如，产业集聚效应表现为三点：一是形成了垂直产业集群，促进了科技创新；二是延伸了产业链，形成了"资源→产品→废弃物→资源→产品"的良性循环、综合利用；三是实现了节能减排、生态环保，以及经济效益和社会综合效益的有机结合。产业集聚效应带来了成本优势，促进了分工与合作，区域内的企业共同享有产业品牌优势，因此，企业的投资规模能不断扩大，战略管理水平不断提升，社会化服务体系日益健全；产业集聚发展更进一步地促进了区域经济增长方式的转变，人才、土地、资金、技术、管理、服务等集聚优势形成辐射效应，加速工业化、城镇化、信息化进程，推动区域内各类资源的有效利用，促进经济可持续发展。区域政府要增强城市经济的集聚效应，应在九大竞争形式上赢得主动权。

城市经济的邻里效应是指区域环境的特点可以影响人们的思想和行为选择。当人们普遍期望建立一个和谐、舒适、便利的环境，并力图在经济活动中以最小的代价换取最大的报酬时，区域环境的熏陶会促进这种情绪和经济行为的传递交流，这就是邻里效应。当然邻里效应包含有益的和有害的影响、良性的和恶性的影响、积极的和消极的影响。区域环境和社会综合发展水平也将直接影响邻里效应，这包括区域的组织效率、政策效率等。区域政府竞争在客观上有利于引导有益的、积极的、良性的邻里效应发挥作用。

正是因为区域政府竞争的存在，在开放型的社会经济体系中，就产生了投资者的生产要素流向选择问题，即"用脚投票"问题。投资者在人、财、物流动上的选择将促使区域政府提供更优越的公共环境和公共服务。"用脚投票"表面上是在选择城市、选择区域，实际上是在选择区域政府、区域环境、区域服务等。区域政府对产业经济的规划、引导、扶持、调节、监督和管理；维护民生经济的公平公正、促使其有效提升；对城市基础设施软硬件及智能城市开发运用的投资建设；以及对此三类经济开展前述"三类九要素"的区域竞争，均能够有效提升区域品牌的吸引力。

第五节 现代市场经济体系

一、现代市场横向体系

经过前面几节的分析，我们了解到，在市场中，不仅有产业经济的市场主体——企业，而且有城市经济的市场主体——区域政府，还有未来国际经济中提供准经营性资源即公共物品的市场主体，包括在深海经济中开发海洋资源和在太空经济中开发太空资源的主体——政府或企业。就此，我们可以总结出以下三点市场规律。

第一，市场不仅仅存在于产业经济中，而且存在于其他经济形态中，如城市经济、深海经济、太空经济等。

第二，市场中存在双重竞争主体——企业和政府。

第三，产业经济是市场经济的基础领域，城市经济、深海经济、太空经济等是市场经济的生成性领域，两者相互独立又相互联系，分属现代市场经济中不同层面的竞争体系。多层面的市场竞争体系共同构成了现代市场经济。

传统的市场理论又被称为厂商均衡理论，专门研究在不同类型的市场中厂商如何决定其产品的价格和产量，也因此划分成了四种基本市场类型。

（1）完全竞争市场。完全竞争市场又称纯粹竞争市场或自由竞争市场，是指一个行业中有非常多的生产销售企业，它们都以同样的方式向市场提供同类型的、标准化的产品（如粮食、棉花等农产品）的市场。卖者和买者对于商品或劳务的价格均不能控制。

（2）垄断竞争市场。许多厂商生产相近但质量不同的商品的市场，是介于完全竞争和完全垄断的两个极端市场结构中间的状态。

（3）寡头垄断市场。寡头垄断市场是介于完全垄断和垄断竞争之间的一种市场模式，是指某种产品的绝大部分由少数几家大企业控制的市场。

（4）完全垄断市场。完全垄断市场指在市场上只存在一个供给者和众多需求者的市场结构。

由此，传统市场理论分析了市场、厂商与行业、成本、收益与产量，乃至完全竞争市场、完全垄断市场、垄断竞争市场和寡头垄断市场的厂商均衡等。结合我们前面章节所讲内容可得出四点结论。

第一，传统的市场理论主要聚焦于产业经济，或者说是在产业经济中阐述其理论的。

第二，亚当·斯密的《国富论》作为经济学和市场经济理论的开山之作，其在批判了重商主义和重农学派之后，主要着笔于产业经济来研究商品、价格、供求、竞争与市场，而未能涉及新生成性资源和新生成性经济领域的经济运行问题。

第三，凯恩斯为应对20世纪20年代的英国工人大失业和20世纪30年代初的美国乃至世界经济大萧条，试图撬动城市经济即基础设施投资建设这一新的领域来拉动有效需求，但又囿于产业经济中的市场理论，而难以解释政府在参与、干预城市基础设施投资建设中的作用。

第四，传统市场失灵或政府失灵反映出的实践与理论的矛盾，其实质不是市场的问题，而是传统市场理论的问题；不是植根于产业经济的市场理论不完善的问题，而是囿于这一理论去界定、解释、分析新生成性资源领域的经济运行，因此必然会出现自相矛盾的状况。

但是，基于前面的分析我们知道，现代市场经济除了产业经济之外，还有城市经济，以及随着时间发展而产生的深海经济、太空经济等，而城市经济拥有与产业经济不同的市场主体、项目、价格和供求关系。并且，由生成性资源形成的城市经济作为市场体系中的一个重要领域，正在实践和理论的双重层面发挥越来越重要的作用。一方面，同属生成性资源的如深海经济资源、太空经济资源扩大了市场的范围，需要我们去开拓并优化配置；另一方面，我们需要根据这些新情况去充实市场理论，完善市场规则。

二、现代市场纵向体系

传统市场体系主要包括四个层面：①从流通对象来看，传统市场由商品市场和生产要素市场构成；②从空间范围来看，由不同区域范围的各级地域性市场构成；③从机构设置来看，由各级市场组织以及市场中介组织构成；④从具体方式来看，由现货交易市场、远期交易市场和期货交易市场构成。

相比之下，现代市场体系则更强调市场构成的体系性，尤其是功能结构的体系性，即市场功能结构首先是利益调节体系，其次是竞争体系，再次是信息传播体系。因此，现代市场纵向体系应该包括六个方面的内容。

（1）市场要素体系。它既由各类市场（包括商品市场、要素市场和金融市场等）构成，又由各类市场的最基本元素即价格、供求和竞争等构成。

（2）市场组织体系。它是市场要素与市场活动的主体或组织者的集中地，包括各种类型的市场实体（如零售市场、批发市场、人才市场、劳务市场、金融市场等）、各类市场中介机构（包括咨询、培训、信息、会计、法律、产权、资产评估等服务机构）以及市场管理组织（如各种行业协会、商会等）。

（3）市场法制体系。市场经济具有产权经济、契约经济和规范经济的特点，因此，规范市场价值导向、交易行为、契约行为和产权行为等法律的法规就构成了市场法制体系。它包括市场相关的立法、执法、司法和法制教育等。

（4）市场监管体系。它是建立在市场法律体系基础上的、符合市场经济需要的政策执行体系，包括对机构、业务、市场、政策法规执行等的监管。

（5）市场环境体系。它主要包括实体经济基础、企业治理结构和社会信用体系三大方面。对这一体系而言，重要的是建立健全市场信用体系，以规范法律制度、约束信托关系、信用工具、信用中介和其他相关信用要

素，以及完善市场信用保障机制为起点建立社会信用治理机制。

（6）市场基础设施。它是包含各类软硬件的完整的市场设施系统。其中，市场服务网络、配套设备及技术、各类市场支付清算体系、科技信息系统等，是成熟市场经济必备的基础设施。

根据现代成熟市场纵向体系理论观点，现代市场纵向体系及其六个子体系具有五个特点。①

第一，现代市场纵向体系的形成，是一个渐进的历史过程。以美国为例，在早期的市场经济发展中，美国主流认可自由放任的经济理念，金融市场要素体系与金融市场组织体系得到发展和提升，一时间，反对政府干预经济的理念盛行。1890年，美国国会颁布美国历史上第一部反垄断法《谢尔曼法》，禁止垄断协议和独占行为。1914年，美国颁布《联邦贸易委员会法》和《克莱顿法》，对《谢尔曼法》进行补充和完善。此后，美国的反垄断制度和金融监管实践经历了近百年的演进与完善，整个市场形成了垄断与竞争、发展与监管动态并存的格局。从20世纪90年代开始，美国信息通信、网络技术呈爆发式发展，市场创新驱动能力和基础设施升级换代成为市场竞争的主要表现。与此同时，美国政府反垄断的目标不再局限于简单地防止市场独占、操纵价格等行为，金融市场的技术垄断和网络寡头垄断也被纳入打击范围。这一时期，政府通过完善市场登记、结算、托管和备份市场等的基础设施，提高应对重大灾难与技术故障的能力，提升市场信息系统，完善信用体系建设，实施市场监管数据信息共享等，美国的市场环境体系和市场基础设施得到了进一步发展。这一切将市场体系推向现代高度，市场竞争发展到了全要素推动和系统参与的飞跃阶段。

第二，现代市场纵向体系的六个方面是统一的。一方面，六个子体系相互联系、相互作用，有机结合为一个成熟的市场体系。在市场的实际运行中，无论缺少哪一个子体系，都会导致市场在那一方面产生缺陷，进而造成国家经济的损失。在世界各国市场的发展过程中，这样的典型案例比比皆是。另一方面，在现代市场体系六个子体系内，各个要素之间也是相

---

① 参见陈云贤《中国特色社会主义市场经济：有为政府+有效市场》，载《经济研究》2019年第1期，第13页。

互联系、相互作用、有机统一的。① 比如在市场要素体系中，除了各类商品市场、要素市场、金融市场等互相联系、互相作用，在要素市场之中，规范和发展土地市场，逐步建立城乡统一的劳动力市场，积极发展技术市场，努力提升产权（包括技术产权）交易市场等，都是相互促进、共同完善现代市场体系的重要举措。

第三，现代市场纵向体系的六个方面是有序的，有序的市场体系才有效率。比如商品、要素、项目的价格机制的有序，即在商品、要素（自愿性或生产自愿性）项目投资价格的形成过程中，应充分发挥市场在资源配置中的基础性作用，根据市场反馈的供求关系、资源稀缺和资源生成状况来定价，从而推动现代市场体系有序运转。再比如商品、要素、项目的竞争机制的有序。竞争是市场的必然产物，也是实现市场经济的必然要求。只有通过竞争，商品、要素、项目的价格才会产生市场波动，资源才能被配置到最优效率的企业、区域或环节中，从而实现市场主体的优胜劣汰。分割市场、封锁市场、垄断市场都是现代市场体系必须扫除的障碍。又比如商品、要素、项目的开放机制的有序。现代市场体系是开放的，商品、要素、项目对不同区域、行业、国内外投资者都是开放的，各方可以自主进入，自由选择供求，自主投资开发；但这种开放又必定是渐进的、安全的、稳定有序的。这又再次表明，现代市场体系的六个方面既相互独立，又相互制约，比如市场的竞争与监管、自由与法治等，它们是对立统一的完整系统。

第四，现代市场纵向体系六个方面的功能是脆弱的。其原因主要有三点：首先是认识上的不完整。由于市场主体（即商品市场、要素市场、项目市场等的参与主体）有自己的利益要求，所以在实际的市场运行中，它们往往只讲自由、竞争和需求，不讲法治、监管和均衡，这导致现代市场体系六个方面的功能出现偏颇。其次是政策上的不及时。市场的参与主要依靠各类投资者，市场的监管主要依靠世界各国的区域政府。但在政府与市场既对立又统一的历史互动中，由于传统市场经济理论的影响，政府往往是无为或滞后的，或在面临世界经济大危机时采用"补丁填洞"的方式弥补，等等，这使得现代市场体系六个方面的功能无法全部发挥。最后是

---

① 参见陈云贤《市场竞争双重主体论——兼谈中观经济学的创立与发展》，北京大学出版社2020年版，第215页。

经济全球化的冲击。在立法、联合执法、协同监管措施还不完善的全球市场体系中，存在大量监管真空、监管套利、市场投机、不同市场跨界发展，以及造假、诈骗等行为。因此，现代市场体系的健全及六个方面功能的有效发挥，还需要一个漫长的过程。

第五，现代市场纵向体系的六个方面职能，正在或即将作用于现代市场横向体系的各个领域。也就是说，在历史进程中逐渐形成和完善的现代市场体系，不仅会在作为各国经济基础的产业经济中发挥作用，而且伴随着各类生成性资源的开发和利用，也会逐渐在城市经济、国际经济（包括深海经济、太空经济等）中发挥作用。不同领域、不同类型的商品经济、要素经济和项目经济对应不同的参与主体，它们需要现代市场纵向体系六个方面功能的不断提升、完善。而这又需要当代经济理论，尤其是现代市场理论的不断提升与完善。

三、有效市场划分

有效市场的定义最初是由尤金·法兰西斯·法马（Eugene Francis Fama）在20世纪60年代提出的。该定义的核心思想就是股票的价格在任一时点上都准确反映公司的内在价值，不过要达成有效市场需要满足四点前提假设。

（1）所有市场参与者都是理性的。

（2）整个市场证券交易过程中无交易成本、税收以及市场摩擦。

（3）市场参与者获得信息的成本为零。

（4）所有市场参与者都是价格的接受者，即都认同每只证券的时价和未来价格分布的形态。

显然，在现实生活中，这些假设条件是很难成立的。首先，市场参与者就不可能全部是理性的；其次，市场摩擦的存在也表明不可能存在一个完全有效的市场，而且市场参与者进行投资时必须考虑交易成本、税收等其他费用。这些都使得有效市场的前提假设难以满足，难以运用到实际中。

基于此，尤金·法马为使有效市场的概念更具可操作性，其根据价格是否充分地反映了所有相关信息，提出了三个层次的有效市场理论。

（1）弱式有效市场：如果一个市场是弱式有效的，那么该市场的股票价格充分反映了从过去的市场交易数据中所获得的信息，如成交量和成交价格。而技术分析是通过历史交易价格和成交量去分析、预测未来股票的价格变化,仅通过历史交易价格和成交量是无法准确预测未来股票价格的,故技术分析是无效的。

(2) 半强式有效市场:如果一个市场是半强式有效的,那么该市场的股票价格不仅反映了该市场历史价格信息,而且还反映了其他一切公开信息。在此种情况下,通过依靠任何公开获得的信息(如企业的财务报表信息等基本面信息)推测股票价格变动以获取超额收益都是徒劳的,因为未来的价格变化仅仅依赖于未来新的公开信息,从基本面分析的方法是无效的。

(3) 强式有效市场:如果一个市场是强式有效的,那么该市场股票的价格不仅反映了市场所有的公开信息,也包括所有的内部信息。因此,即便是掌握内部信息的投资者也无法持续获取非正常收益。

中观经济学理论借鉴了尤金·法马的有效市场假说理论,将现代市场同样分为强式有效市场、半强式有效市场和弱式有效市场,即将这种划分方法从证券市场移植到整个现代市场经济中。针对世界各国市场体系发展和成熟度的不同,按现代市场纵向体系六个子系统功能实现的状态来划分三个层次的有效市场。①

(1) 弱式有效市场:只存在市场要素体系和市场组织体系的市场。美国从1776年建国至1890年期间的市场发展状况属于此列。

(2) 半强式有效市场:在具备要素市场体系和市场组织体系的基础上,一国市场又逐步建立健全了市场法制体系和市场监管体系,则属于半强式有效市场。美国从1890年至1990年的市场发展状况属于此列。

(3) 强式有效市场:在半强式有效市场的基础上,一国市场又建立完善了市场环境体系与市场基础设施时,则属于强式有效市场。美国从20世纪90年代开始的市场发展和成长过程,便是按照这一趋势发展的。

按照现代市场纵向体系六个方面的成熟与完善程度来划分有效市场这一做法,不但能反映世界各国市场经济历史的本来面目与真实进程,而且便于清晰界定不同市场类型、指导各国市场经济实践并对其效果进行科学评估。构建现代市场体系,完善市场功能,对促进经济发展、城市建设和

---

① 参见陈云贤《中国特色社会主义市场经济:有为政府+有效市场》,载《经济研究》2019年第1期,第15页。

社会民生具有重要作用,因此,世界各国都在此领域积极探索,力求突破。

四、重新认识市场失灵

市场失灵是源自新古典经济学的概念,其主要观点是:完全竞争的市场结构是市场配置资源的最佳方式;然而在现实经济中,完全竞争市场结构只是一种理论上的假设,前提条件过于苛刻,现实中没有办法全部满足。由于垄断、外部性、信息不对称,在公共物品领域,仅仅依靠价格机制来配置资源无法实现帕累托最优①,从而会出现市场失灵。当市场失灵时,为了实现资源配置效率的最大化,就必须借助政府的干预。但古典经济学的研究主要集中在产业经济领域,据我们前面分析,除了产业经济外,还有民生经济、城市经济等,所以我们需要重新认识市场失灵。

通过前面我们对现代市场纵向体系六个方面功能结构的理论分析,以及通过美国现代市场体系成长发育的历史进程的案例分析,可以发现两个方面的现象。

(1)市场规则的完善远远滞后于历史进程。在1776年美国建国后早期的经济发展中,美国主流认同自由放任理念,在此阶段,美国主要建立与完善市场要素体系和市场组织体系。1890年后,美国颁布第一部反垄断法,尤其在1929—1933年美国大萧条时期和世界经济大危机之后,美国的市场环境体系和市场监管体系才得以逐渐完善。20世纪90年代开始,面对混业经营和网络技术、信息通信手段的爆发式发展,美国的市场环境体系和市场基础设施才逐步得到提升。由此可见,现代市场纵向体系六个方面功能的完整和有序,乃至完善的市场机制、市场规则的形成,在这200多年间,是远远落后于美国市场经济的实际历史进程的。在理论与实践上,现代市场纵向体系六个方面融为一体的完整市场功能,至今还没有被充分地认识和运用,这会在客观上导致市场失灵。这类市场规则的滞后类型之中,市场法制与监管系统的滞后是尤为突出的。可以说,在美国从完全竞争市场到垄断竞争市场、寡头垄断市场,再向完全垄断市场发展的过程中,美国的发展与监管系统一直在走一条"危机导向""补丁升级"

---

① 帕累托最优,指资源分配的一种理想状态,在此状态下,在没有使任何人境况变坏的前提下,没有办法使得至少一个人变得更好。

的"补丁填洞"之路。直至今日，当美国由垄断竞争市场走向寡头垄断市场的时候，关于如何对寡头垄断市场实行有效的法制监管，仍然存在理论和实践上的种种争议。法制与监管作为现代市场纵向体系的重要部分，是完整的市场机制不可或缺的环节，而类似美国的"补丁填洞"的法制监管办法，无法为各类投资者创造公开、公平、公正的市场环境，这也必然会导致市场失灵。

（2）社会公众需求的实现始终滞后于市场主体（即厂商或其他投资主体）利益的满足。市场产生竞争，竞争促进均衡，但在现实中，这一均衡主要是厂商均衡，即厂商在产品与价格、成本与收益、供给与需求三个层次上的短期或长期均衡。而社会公众需求与厂商利益的均衡在其中是基本缺位的，社会公众的利益主要由各国政府的二次分配来保障，市场主体维护其利益的行为，可能对此造成障碍，这也会导致市场失灵。

由于上述原因，可以说，新时代市场经济体系的脆弱与市场失灵已成为常态。

现实中，围绕产业经济是否需要政府制定产业政策来"规划、引导；扶持、调节；监督、管理"，始终存在争议。共识是：市场发挥不了作用的地方，需要政府来发挥积极的作用，这样的地方就是市场失灵之处。比如，2001年诺贝尔经济学奖获得者约瑟夫·斯蒂格利茨在2014年提出了"学习型社会理论"，着重阐释了经济学关于市场失灵的最新发现。他认为：首先，创新活动（不管是模仿性创新还是自主性创新）具有很强的正外部性，以致在某些情况下成为全行业的公共物品，造成企业的行动激励受限。其次，信息搜寻和扩散也具有公共物品的性质，因此，单纯依靠市场机制的运作难以保证其被充分提供。最后，新兴产业在初期发展阶段存在市场不足甚至市场缺失的情形，这不仅涉及其自身产品的市场，也涉及相关投入品的市场，因此，为推动新兴产业的发展，需要非市场力量在鼓励创新、提供信息和培育市场方面发挥一定的积极作用，而政府干预就是最为重要而又效果显著的非市场力量。因此，约瑟夫·斯蒂格利茨提出，政府干预有可能弥补市场不足，矫正市场失灵，可以从四个方面采取措施。

（1）产业政策和贸易政策。它们将有助于在产业范围内促进知识积累和扩散。

（2）财政和金融政策。它是产业政策实施所需的抓手。

(3) 投资政策。政府通过补贴促进知识的产生与扩散。

(4) 知识产权制度建设。它为知识发明者、生产者和扩散者提供正向激励。

因此，为促进"学习型社会"的发展，产业政策是不可或缺的。由此可见，当今世界经济学界对市场失灵的主流看法也认为政府干预是可以弥补市场失灵的，但是政府干预的具体措施也主要存在于产业经济领域。当然，此处运用政府干预，主要是指在现有经济理论的情况下，事实上，如果指在现有中观经济学理论的情况下，这些政府干预实际上是政府参与市场竞争的一种方式。

然而，当今世界各国经济发展中出现的各种理论与实践问题，不是市场或市场经济的问题，而是缺少现代市场理论、现代市场经济还不够完善的问题，因为现实的发展需要一种新的经济学体系。在此之前，前文已经分析了现代市场横向体系包括产业资源领域、正在被持续开发的城市资源领域和将要开发的国际资源（如太空资源和深海资源等）领域；现代市场纵向体系则包括市场要素体系、市场组织体系、市场法制体系、市场监管体系、市场环境体系、市场基础设施六大子体系。横向与纵向结合，形成完整的现代市场体系，六大子体系的功能均充分实现，则形成完整的现代市场机制。因此，我们从这一现代市场机制出发，发现存在以下三种市场失灵的情况。

(1) "市场机制缺陷性"失灵。现代市场纵向体系六个方面功能存在缺陷或缺失所引起的现代市场的功能脆弱性失灵，其主要体现在前述的产业经济中。如前所述，现代市场纵向体系六个方面功能的有效实现需要整体性和有序性，如果其功能存在缺陷或缺失，现代市场体系的脆弱性就会显现，而六个子体系发展的偏颇也会导致不同的脆弱性。这种市场失灵在世界各国经济发展的不同阶段时常出现。

(2) "市场机制空白性"失灵。指在新生成性资源领域的投资、开发、建设方面的失灵。传统经济学理论缺乏"资源生成""生成性资源"的概念，因此难以处理以基础设施投资建设为主体的城市经济的开发运用，产业经济理论在这里陷入矛盾之中，反而责怪政府干预了市场，这使各国的新生成性资源领域（包括以后会大力发展的太空经济、深海经济等领域）的投资、开发、建设缺乏市场理论的指导，市场运行机制在其中缺位。

(3)"市场机制障碍性"失灵。指产业经济主体或资源生成领域的投资开发主体由于受到利益驱动,容易制造与市场规则相违背的人为性障碍,从而妨碍市场的公开、公平、公正。

现代市场横向体系的各个领域都需要遵循现代市场纵向体系六大子体系的规则,在商品、要素、项目市场中,让价格、供求、竞争等机制发挥作用,让竞争主体在这六大功能结构中服从市场规则,遵循市场配置资源原则,实现市场的公开、公平、公正。因此,我们只有弄清楚市场失灵的类型,才能对症下药,有的放矢,有效应对,才能真正发挥市场配置资源的作用,同时更好地发挥政府的作用。

五、成熟有为政府

根据现代市场纵向体系六个子体系的成熟与完善程度,中观经济学理论把只存在市场要素体系和市场组织体系的市场经济,称为弱式有效市场;把在此基础上又逐步健全了市场法制体系和市场监管体系的市场经济,称为半强式有效市场;把进一步建立、完善了市场环境体系与市场基础设施的市场经济,称为强式有效市场。与此对应,中观经济学理论把有为政府也划分为三个层次,即有为政府也存在弱式有为政府、半强式有为政府和强式有为政府三种类型。

首先,在前面的资源稀缺与资源生成中,我们讲述了世界各国在现实经济运行中存在的三类资源——可经营性资源、非经营性资源和准经营性资源。其次,在政府双重属性中,我们也讲了可经营性资源对应现实中的产业经济,政府应采取"规划、引导;扶持、调节;监督、管理"的原则实施配套政策;非经营性资源对应现实中的民生经济,政府应采取"基本托底、公平公正、有效提升"的原则实施配套政策;准经营性资源对应现实中的城市经济(狭义范畴),政府应采取"参与市场竞争、维护市场秩序、遵循市场规则"的原则实施配套政策。在区域政府竞争中,政府通过配套政策推动可经营性资源竞争,可提高产业经济活力,使其协调发展,从而提升本区域产业经济发展水平;政府通过配套政策推动非经营性资源竞争,可促进民生经济增长,维护社会稳定,优化本区域的投资发展环境;政府通过配套政策推动准经营性资源竞争,可推动城市经济投资、开发、建设,促进本区域社会经济全面可持续发展。

与上述可经营性资源、非经营性资源和准经营性资源相对应,我们据此把有为政府分为上文所述的三种类型。

（1）弱式有为政府：只关注非经营性资源（即与社会民生相关的社会公益资源）的调配及相关政策配套的政府。这类政府将自身职能局限于基本的社会公益保障，而对可经营性资源的调配和配套政策问题认识不清，无所作为，对准经营性资源竞争的参与和配套政策问题界定不清，举措不明。

（2）半强式有为政府：只关注非经营性资源和可经营性资源的调配及相关政策配套的政府。这类政府除履行社会保障等基本公共职能外，对市场运行状态也予以关注。在市场运行失灵时，这类政府能运用政策措施，调动有效需求或有效供给，进行宏观调控和干预，防止经济陷入过度低迷，带来重大损失与破坏；同时这类政府能够制定经济战略、规划，引导产业布局，扶持、调节生产经营，以公开、公平、公正的原则监管市场竞争，调控物价，控制失业率，以促进总供给与总需求的动态平衡。但其对准经营性资源仍认识模糊，界定不清，政策不明，措施不力，实施效果不佳。

（3）强式有为政府：不仅关注非经营性资源和可经营性资源的调配及相关政策配套，而且参与、推动准经营性资源的调配和政策配套的政府。这类政府在经济发展中发挥着导向、调节、预警等作用，依靠市场机制，以规划、投资、消费、价格、税收、利率、汇率、法律等手段，开展理念、组织、技术制度创新。其通过有效调配可经营性资源，提升经济发展环境；通过有效调配非经营性资源，提升经济发展活力与协调性；通过有效调配准经营性资源，形成领先优势，促进社会经济全面、科学、可持续发展。强式有为政府模式是各国参与全球市场体系竞争的制胜路径。

第六节　政府超前引领

政府超前引领，就是政府遵循市场规则、依靠市场力量，发挥对产业经济的导向、调节、预警作用，对城市经济的调配、参与、维序作用，对民生经济的保障、托底、提升作用；也是政府运用规划、投资、消费、价格、税收、利率、汇率、法律等政策手段，开展理念、制度、组织、技术创新，有效推动供给侧或需求侧结构性改革，形成经济增长领先优势，促进经济科学、可持续发展。[1]

一、区域政府竞争政策

在本章第四节中，本书详细地论述了区域政府竞争的类型、方式和涉及的资源。而区域政府竞争政策就是在此基础上，为建立本区域的经济领先优势、促进区域可持续发展而制定的系列指导原则和相应措施。区域政府竞争政策贯穿于区域政府工作的全过程，政策手段主要集中在调节区域财政支出结构，即社会消费性支出、投资性支出与转移性支出的比例、额度等，其效用主要体现在区域财政收入目标函数的实现状况，最终目标是使区域民众安居乐业、社会稳定、经济可持续增长。

区域政府竞争政策主要由五个要素构成。

1. 竞争政策的主体

竞争政策主体的行为是否规范，对于竞争政策的效果具有关键影响。如果只重视政策目标与政策工具，而忽视了政策主体的行为偏好，那么在政策执行的过程中，政策主体往往会违背政策目标、滥用政策工具、造成不良后果。通过对政策主体的行为规范的分析，能厘清并克服政策执行偏差现象，从而提高政策的执行水平。

2. 竞争政策的内容

从广义上讲，竞争政策就是区域政府对可经营性资源（产业经济）的规划、引导、扶持、调节、监督、管理政策，对非经营性资源（民生经济）的基本托底、公平公正、有效提升政策，以及对准经营性资源（城市经济）的调配、参与、维持秩序的政策；从狭义上讲，竞争政策专指区域对以城市基础设施建设为主体的城市经济的规划、参与和管理政策。

3. 竞争政策的目标

区域政府对产业经济发挥引导、调节、预警作用的目标是维护市场机制的公平与效率；对城市经济发挥调配、参与、维持秩序作用的目标是促进经济增长、改善区域环境；对民生经济发挥保障、托底、提升作用的目标是维护社会稳定、促进和谐发展。这三类竞争政策的终极目标是使区域环境宜居、宜业、宜游，区域经济实现可持续增长，从而取得领先优势。

---

[1] 参见陈云贤《中国特色社会主义市场经济：有为政府+有效市场》，载《经济研究》2019年第1期，第13页。

4. 竞争政策的手段

（1）财政手段，除了常规的税收手段外，区域政府的财政政策、支出结构、公债发行、财政补贴等各种手段的配套运用，尤其是财政投资性支出、社会消费支出和转移支付支出的比例和额度，将是区域政府竞争的主要财政手段。

（2）金融手段，除了国家层面的利率、汇率等货币手段外，区域政府竞争可使用的金融手段多数是设立项目基金，进行担保与再担保，搭建金融、科技、产业融合平台，推动普惠金融等。

（3）环境手段，其至少包括三个层次：①基础设施的建设与完善；②教育、科学、文化、卫生和社会治安条件的改善与提升；③社会信用体系和制度的建设与健全。

（4）效率手段，其主要体现在两个方面：①政策体系配套带来的功能效率；②管理机制创新带来的时间效率。

（5）法制手段，其核心是产权保护制度相关的法律法规，如知识产权保护法等，以及前述的市场管制法律等。

这五大手段密切联系，相互制约，都是区域政府竞争的重要财政手段。

5. 竞争政策的效应

竞争政策的效应取决于区域政府运用的竞争政策手段，不同的竞争政策手段的效应是不同的。在现实中，不同的政策手段彼此交叠，互相影响。为了简化研究，假设法制手段通过其他四种手段发挥作用，而其他四种政策手段产生的效应是相互独立的，可得到竞争政策效应的公式：

$$Y = f(T) + f(E) + f(P) + f(L) \qquad (1-1)$$

其中，Y 表示竞争政策效应，$f(T)$ 表示财政手段带来的竞争政策效应，$f(E)$ 表示金融手段带来的竞争政策效应，$f(P)$ 表示环境手段带来的竞争政策效应，$f(L)$ 表示效率手段带来的竞争政策效应。当某一手段对竞争效应的贡献达到一定程度时，其竞争政策效应将呈现减弱趋势，而其余手段的影响力度会相对加强。

通过进一步的分析，可以这么认为，财政手段主要集中于调整投资性支出，金融手段主要集中于调整消费性支出，环境和效率手段主要集中于调整转移性支出。同时，与财政收入目标函数中的研究方法类似，各政策手段对竞争政策效应的贡献在不同的发展阶段也会有明显的区别。由此，可以将式（1-1）拓展如下：
$$Y = \varphi_1(Y_1, Y_0) \times T + \varphi_2(Y_2, Y_0) \times E + \varphi_3(Y_3, Y_0) \times P + \varphi_4(Y_4, Y_0) \times L$$
$$(1-2)$$

其中，$\varphi_1(Y_1, Y_0)$、$\varphi_2(Y_2, Y_0)$、$\varphi_3(Y_3, Y_0)$、$\varphi_4(Y_4, Y_0)$ 分别为在特定的财政支出结构下的财政手段乘数、金融手段乘数、环境手段乘数和效率手段乘数，且这些乘数是可变的，依赖于初始的经济水平及不同经济发展阶段的门槛值或目标值（Y_i），而在不同发展阶段，财政支出结构有明显的差异，由此应当采取不同的政策手段。

举例来说，若经济发展处于要素驱动阶段，环境手段乘数及效率手段乘数更大，此时，竞争政策效应更多地依赖于环境手段和效率手段的作用。与之类似，当经济发展处于投资驱动阶段时，投资性支出对经济发展的贡献力度更大，即基础设施建设对经济发展水平的影响更大，也就是说，财政手段乘数相对更大，此时的竞争政策效应更多地受益于财政支出结构相关的政策。

总之，采取何种手段来建立区域竞争优势与该区域经济发展水平等因素息息相关，因而区域政府竞争不能仅仅简单地采取财政手段，而应根据实际情况，综合运用多种手段来实现其竞争目标。

在此，我们不得不提一下竞争政策的"时滞"因素：在区域政府竞争政策系统与区域政府竞争经济环境的对接之中，存在某种特定因素。认识并转化这种因素，从而通过竞争政策手段（工具）最终达成竞争政策目标（期望值），是区域政府的重要职责之一。区域政府竞争政策发挥作用的过程就是这一传导机制的复杂演变过程，这其中就存在着竞争政策的"时滞"问题。

所谓"时滞"有两种：一是内部时滞（inside lag），即启动政策的时间（time to initiate the policy）；二是外部时滞（outside lag），即政策显效于经济的时间（time for the policy to work on the economy）。内部时滞又可分为认知时滞（recognition lag—see the problem）、决策时滞（decision lag—decide to act）和行动时滞（action lag—undertake the action）；外部时滞则主要受环境因素影响而产生。相机抉择竞争政策的时滞如图 1-2 所示。因此，在区域政府竞争政策从手段（工具）到目标的转化过程中，区域政府"自动"启动应对措施，针对不同的时滞问题采取相应对策，从而实现期望的政策目标，提高区域政府竞争力，就变得十分重要。

图1-2 相机抉择竞争政策的时滞

关于区域政府在产业发展、城市建设、社会民生三大领域的竞争政策，世界各国都有不同探索。中国作为发展中国家，在改革开放的过程中也做出了积极尝试。

二、竞争政策的溢出效应

区域政府竞争政策在理论上可以分为五种类型：第一种是在区域内和区域外市场中，都实施极端宽松、自由放任的竞争政策；第二种是在区域内和区域外市场中，都实施极其严格的竞争政策——大多数区域竞争政策介于以上两者之间，区域政府经常使用所谓"推理规则"（the rule of reason），即考虑其他区域反竞争行为的利得和效率，经比较后做出选择；第三种是在区域内市场中使用"推理规则"，在区域外市场上实行宽松的竞争政策；第四种是在区域内和区域外市场中均按"推理规则"制定竞争政策；第五种是分别在区域内和区域外市场中实行严格的或宽松的竞争政策。

从经济学的角度来看，区域政府竞争政策无论属于哪一种类型，都会对区域内和区域外市场产生两种影响——类似内部经济、内部不经济和外部经济、外部不经济。

经济的外部影响或外部经济，即经济的外部性，又称溢出效应，原指在产业经济中，作为微观单位的企业或销售的行为决策对其他企业或其他消费者产生有利或不利的影响。它分为正外部性（positive externality），即某个微观经济单位的行为活动使他人或社会受益，而受益者无须花费代价；负外部性（negative externality），即某个微观经济单位的行为活动使他人或社会受损，而造成负外部性的个体企业或人却没有为此承担成本，是一种经济力量对另一种经济力量的"非市场性"的影响。

区域政府竞争政策的主体、内容、目标、手段（工具）、效应及政策时滞，构成一个完整的体系，相互联动，互为补充。其中，能够产生经济外部性或政策溢出效应的，主要是在区域政府竞争的政策工具环节。根据竞争政策的工具类型，政策溢出效应可分为财政手段的溢出效应、金融手段的溢出效应、环境手段的溢出效应、效率手段的溢出效应和法制手段的溢出效应。

财政手段包括制定财政预算、调整支出结构、发行公债、进行财政补贴及调节税收等。在货币供应量不变的条件下，如果政府增加对城市基础设施的投入，就会增加对货币的需求量，从而引起利率水平的上升，这直接带来两方面的溢出效应：一方面是会加大区域内私人部门的融资成本，导致区域内私人投资的萎缩，此时区域内的私人投资者将权衡融资成本与未来可能的投资收益来做出选择；另一方面是会吸引和加快区域外私人投资的涌入，此时区域外的私人资本面对该区域的高利率水平和投资带来的收益的双重诱惑，将会大量、快速地涌入这一区域，参与城市基础设施建设等项目。金融手段除国家层面的利率、汇率等货币工具之外，区域政府大多会设立项目基金、进行担保与再担保、搭建平台、推动普惠金融等。金融手段会产生两方面的溢出效应：一方面，它可以促使区域内潜在的生产要素变为现实的生产要素，促使产业发展和产业结构合理化，提升经济总量；另一方面，它将影响区域的消费需求和投资需求，这既包括间接影响区域内个人的消费支出，也包括直接刺激区域内的私人投资需求，吸引区域外更多私人投资的涌入。从一定的角度看，区域政府运用金融手段和财政手段产生的外部性有雷同之处。环境手段包括完善区域内的城市基础设施软硬件系统、健全社会信用体系等。效率手段体现在区域内政策体系完善与管理机制创新带来的功能效率和时间效率提升上。法制手段既包括区域产权的保护，又包括维护区域市场的公平公正。它们共同的溢出效应主要包括吸引区域外人、财、物和信息流的大量涌入，以及形成区域内"四流合一"的运行机制，从而促进区域投资环境优化，推动区域经济可持续增长。在区域经济从非均衡到均衡的发展过程中，区域政府如能及时有效地运用竞争政策工具，就将先人一步，实现区域经济总量的增长和经济质量的提高。

概括地讲，区域政府竞争政策的溢出效应又可以归为三类。

第一，区域供给侧和需求侧效应的外部性。区域政府的不同政策工具首先产生供给侧效应，它表现为区域经济的总供给量增加、供给结构改善，然后又带动了需求侧效应的产生。一般来说，区域政府会首先投资于城市基础设施，再进入高新技术投资、风险投资和城乡一体化投资等领域，这些投资既增加了有效供给，改善了供给结构，又通过投资乘数的作用，产生扩张效应，增加了总需求，从而带动了需求侧效应——首先是带动商品供给需求，其次是带动产业发展需求，两者叠加又产生了对人、财、物和信息流的需求，这些共同推动经济增长。区域供给侧与需求侧效应的外部性，集中体现在该区域对区域外人、财、物和信息流的吸引、集聚，以及"四流合一"运作机制的形成与运用上。

第二，区域经济存量与增量效应的外部性。前述章节提到，区域政府的竞争首先发生在城市准经营性资源的转换过程中。为了发挥市场配置资源的决定性作用，同时更好地使政府财政资金起到"四两拨千斤"的作用，区域政府不但会对区域内原有的存量资产进行产权改造，使它符合市场经济竞争机制的要求，还会在一开始就为区域新增资产搭建股份制、公私合营等产权结构载体，并充分运用BOT、TOT、PPP、PPC等灵活多样的融资、合作方式，以及通过发行债券、助力企业上市、鼓励兼并收购等手段，促进项目公司做大做强，最终推动区域经济增长。可以说，区域经济存量与增量效应的外部性主要依赖于该区域先于其他区域的理念、技术、组织和制度创新机制。

第三，区域从非均衡到均衡效应的外部性。区域政府的竞争行为对区域经济的影响，如政府补贴与产业发展、财政支出与城市建设、社会保障与民生权益等的关系，都处于区域经济从非均衡到均衡的发展过程中。区域从非均衡到均衡效应的外部性，直接表现在两方面：一方面，区域内民众日益增长的对美好生活的需求与不平衡、不充分的发展之间的矛盾正在逐步得到缓解，区域内宜居、宜业、宜游的环境优势正在逐渐确立；另一方面，区域间的经济增长已经形成符合二八定律的格局。

区域间经济发展的"二八"现象是一个值得深化研究的区域政府竞争的外部性课题。二八定律是意大利经济学家帕累托发现的。他认为，在任何一组东西中，最重要的只占其中一小部分，约20%，其余80%尽管是多数，却是次要的，因此，该理论被称为二八定律。到现在为止，它已经被广泛地运用于社会学、企业管理学等学科与实践之中。

在管理学中，二八定律通常指一个企业80%的利润来自20%的项目。推而广之，很多经济学家认为，20%的人手里掌握着80%的财富，剩下

80%的人拥有20%的财富。也可以认为，20%的企业掌握着80%的资源，剩下80%的企业拥有20%的资源。

区域政府竞争的外部性使区域间经济发展呈现出符合二八定律的格局，因此，我们应该重视研究20%与80%的关系及其互动过程，从而推动区域间经济协调、可持续发展。

✳ 本章小结 ✳

本章较大部分内容皆为中观经济学理论体系的核心观点。中观经济学突破了现有的单一产业经济领域分析视角，将城市经济纳入了现代市场经济分析范畴，同时将区域政府纳入了现代市场竞争体系之中，开创性地形成了市场竞争双重主体论——企业之间、政府之间的双层竞争体系。正是因为将政府纳入了现代市场竞争体系，所以成熟的市场经济也必将包含政府，成熟的市场经济必定是两个竞争体系相互作用，两者相辅相成。在此基础之上，中观经济学理论立足于一国政府在产业发展、城市建设、社会民生方面的经济行为定律，借鉴现有尤金·法马的金融市场有效理论，开创性地提出了成熟市场"双强机制"理论，即"有效市场+有为政府"理论，从而破解了政府与市场关系这一经济学的"哥德巴赫猜想"，具有极其重大的开创意义。本书对于经济增长新引擎的研究正是基于以上中观经济学理论体系的主要观点展开的，也即从区域政府竞争的视角出发，进而研究以基础设施开发建设为主体的投资新引擎、创新新引擎和规则新引擎。

思考讨论题

1. 为什么资源生成与资源稀缺是资源配置中的一对孪生儿？思考资源生成的角度与思考资源稀缺的角度有何不同？

2. 生成性资源主要的几大特点是什么？应该如何从这些特征出发去理解生成性资源？

3. 广义的城市资源与狭义的城市资源区别在哪里？城市资源的识别标准是什么？

4. 各国的区域政府为什么需要更多地思考如何推动准经营性资源向可经营性资源转换？应该如何去推动？

5. 为了推动准经营性资源向可经营性资源转换，各国的区域政府可以借鉴的措施主要有哪些？

6. 政府的投资支出主要来源有哪些？

7. 资源生成领域所派生的生成性资源应该如何细分？其共有的特征是什么？

8. 解释区域政府的"双重角色"属性。

9. 解释市场竞争的"双重主体"体系的内涵，并指出两个竞争体系的主要区别。

10. 对区域政府的"三类九要素竞争理论"或"羊角竞争理论"（图形似羊角）应该如何细化理解？

11. 如何理解生产要素流向选择即"用脚投票"问题？这是否是区域政府竞争的主要原因？

12. 阐述现代市场横向体系和现代市场纵向体系的内容。为什么要把现代市场纵向体系划分为六大子体系？其存在的根据是什么？

13. 现代有效市场理论三种类别的划分依据是什么？

14. 现代市场机制中存在哪三种"市场失灵"？

15. 成熟有为政府理论包括哪三种类型？其划分依据是什么？

16. 区域政府竞争政策的溢出效应有哪三种类型？

第二章 经济发展的四个阶段

经济增长问题一直是经济学研究的核心问题。尤其是在近10年以来世界经济增速下降，全球贸易增速持续低于经济增速，传统经济增长引擎对经济的拉动作用正在减弱的情况下，如何推动经济可持续发展是当前世界各国面对的主要问题。

经济增长应该是由双动力驱动的，企业和政府都是推动经济增长的主体，而以往经济学研究的主要视野还在于产业经济领域，认为经济增长的主要动力来源为企业，而对于经济发展的另一重要动力——城市经济及其主体（区域政府）的作用则表述模糊甚至将其忽略。因此，本书研究经济增长新引擎，就是希望对以往研究相对忽略的城市经济领域进行补充，因为区域政府"三类九要素"竞争机制对经济增长具有重要作用，最为明显的例子就是中国以及新加坡等国的经济发展。同时，不管是产业经济、民生经济还是城市经济，世界各国经济增长的基调都是竞争型经济增长。

关于经济增长，其理论发展的重要节点主要有五个。

（1）亚当·斯密、马尔萨斯和大卫·李嘉图等古典经济学家的研究。他们把对经济增长过程的分析作为自己理论的核心，悉心探究工业革命条件下经济增长的源泉和规律，得出了"一部分社会产品的积累和投资是推动经济增长的主要动力"的结论。

（2）以马歇尔为代表的新古典经济学家的理论。这一学派认为，可以通过利率的变动来调节储蓄和投资，从而进行资本积累，还可以借助价格机制和工资变动来促进经济增长和充分就业。到了20世纪50年代，美国的詹姆士·托宾（James Tobin）和罗伯特·默顿·索洛（Robert Merton Solow）、澳大利亚的特雷弗·斯旺（Trevor Swan）和英国的詹姆斯·爱德华·米德（James Edward Meade）等经济学家应用新古典学派的基本理论，先后提出了一系列经济增长理论和模型，认为可以通过"储蓄不断地转化为投资，生产要素（资本、劳动、土地等）的报酬等于它们的边际产品，

以及要素之间可以相互替代"等机制来实现经济增长。

（3）以罗默和卢卡斯等人为代表的新经济增长理论。他们把新古典增长模型中劳动力的定义扩大为人力资本，提出其不仅包括绝对的劳动力数量和该国的平均技术水平，还包括劳动力的教育水平、生产技能训练和相互协作能力培养等所有与提高人的能力有关的因素，这一理论强调知识积累、技术进步对于经济增长的决定性作用。

（4）以道格拉斯·诺斯为代表的理论。他们把制度变迁引入了经济增长分析，认为有效率的经济组织是经济增长的关键，而这种组织的效率来源于一套能够对经济主体行为进行有效激励的产权制度安排。

（5）近年的理论发展。如2001年获得诺贝尔经济学奖的美国哥伦比亚大学约瑟夫·斯蒂格利茨教授认为，获得持续增长和长期效率的最佳方法是找到政府与市场之间的适当平衡，使世界经济回到一个更加公平、稳定的增长进程中。2018年诺贝尔经济学奖得主、世界银行前首席经济学家罗默和耶鲁大学的威廉·诺德豪斯（William Nordhaus）的获奖主题共同指向了经济的长期可持续发展问题。罗默提出"内生增长理论"，认为知识、技术和创新是经济增长的动力；诺德豪斯提出应开拓环境经济学，研究碳排放、气候变化与经济增长的关系。

一方面，历代经济学家对经济增长理论的探讨，为世界各国的经济发展做出了卓越贡献。另一方面，他们的视野仍主要局限在产业经济领域，认为经济增长的主体只有企业，经济增长的动力只是与此相关的内生性增长机制[①]；但是根据前一章的论述，我们清楚地知道，除产业经济之外，经济发展还有另一重要领域——城市经济及其主体（区域政府）的作用，但对于这一领域，他们或忽略，或表述模糊不清。在此，笔者认为，一国的经济增长是由双动力驱动的，企业和区域政府都是推动经济增长的主体——企业及与之相关的内生性增长机制对促进产业经济发展具有重要作用，区域政府的"三类九要素"竞争机制对促进城市经济增长同样具有重要作用。同时，不管从哪个角度来看，世界各国经济增长的基调都是竞争型经济增长。

从竞争力理论体系的总体发展情况来看，存有两条发展轴线，如图

---

① 参见陈云贤《市场竞争双重主体论——兼谈中观经济学的创立与发展》，北京大学出版社2020年版，第129页。

2-1 所示。

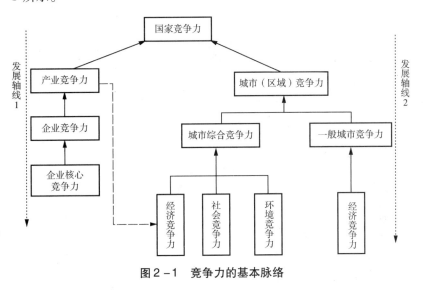

图 2-1 竞争力的基本脉络

发展轴线 1 以迈克尔·波特（Michael Porter）的企业竞争优势和国家竞争优势为理论基础，是一种"条"的发展，下一层次对上一层次的支撑作用比较明显，上下层是密不可分的，且主要集中于产业经济领域。[①]

发展轴线 2 是城市综合竞争力理论。它首先是从国家竞争力的具体实践中逐步建立和发展起来的。它包含一般城市竞争力和城市综合竞争力，对于一般城市竞争力，它主要依靠的是经济竞争力，而经济竞争力的主要来源是产业竞争力，也即主要集中于产业经济领域（可经营性资源领域）；而对于城市综合竞争力来说，它除了经济竞争力，还包含社会竞争力和环境竞争力。与本书所述的城市经济领域和民生经济领域竞争力相对类似，波特的国家竞争力理论（发展轴线 1）实质上是一种自下而上的观点，它以企业和产业的竞争力之和来体现国家竞争力水平，因此，是一种相对狭义的竞争力。国家竞争力不仅体现在经济方面，而且体现在社会、生态等各个方面。

依照这个思路，我们从城市综合竞争力出发，将经济发展划分为四个增长阶段，即产业经济竞争主导的增长阶段、城市经济竞争主导的增长阶

---

① 参见郁鸿胜、宗传宏、李娜等《中国经济引擎：长三角城市综合竞争力发展报告》，上海人民出版社 2012 年版，第 8 页。

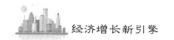

段、创新经济竞争主导的增长阶段和共享经济主导的增长阶段。

第一节 产业经济竞争主导的增长阶段

对于区域政府来说，产业经济竞争主要表现为区域产业链配套、产业集群发展程度和区域产业政策的竞争。对于世界各国来说，产业经济竞争主要是在区域经济增长的初始阶段，即要素驱动阶段占据主导地位——对于区域产业链配套和产业集群发展的问题，其实质是区域生产要素配置的竞争，是区域政府对原生性资源的一种调配与争夺。

区域生产要素包括自然资源、人力资源、资本等。在区域经济发展的初始阶段，几乎所有成功的企业或产业都依赖本区域的基本生产要素，而处于此阶段的本地企业，只能以价格战进行竞争，能够提供的产品不多，应用的技术层次也不高。此外，企业本身尚无能力创造技术，必须依赖外来企业提供经验与技术。本地企业的技术主要来自模仿，或者从在本区域投资的外商处引进。也就是说，本地企业所拥有的较高级的产品设计水平和技术水平，或是由选择该区域作为生产网点的外商投资兴建的一体化作业工厂提供，或是由本地制造企业以半成品加工方式学习而来。处于这个阶段的本地企业，很少能与产品的最终顾客直接接触，国内外市场的贸易机会多数掌握在外来代理商手中。因此，在这一阶段，区域政府应该采取有效措施，大力招商引资，开展项目竞争，完善产业链配套，形成产业集群，鼓励进出口贸易，发挥生产要素优势，驱动资源配置，不断推动区域经济增长。

一定时期内，在区域生产技术既定的条件下，生产要素的各种投入、组合与产品的产量之间的函数关系，可以表述如下：

$$Q = f(L, K, E, N) \qquad (2-1)$$

其中，Q 代表产量，L 代表劳动力，K 代表资本，E 代表以土地为首的各种自然资源，N 代表企业家才能和区域政府的管理才能。

在区域经济发展的初始阶段，区域技术水平是相对较低的，且一定时期内不会有显著提高，同时区域资本（K）也缺乏有效积累，常常不足，因此，区域更多是依靠劳动力（L）、自然资源（E）等生产要素在数量上的简单扩张来获得和维持经济增长的动力。这种驱动经济增长的方式相对简单易行，短期效果也比较显著。因此，在这一阶段，各国的区域政府通过努力创造条件，推动区域招商引资，有效开展区域生产要素优化配置的竞争，就能对经济增长起到很大的促进作用。

由产业经济主导的增长阶段，其本质是区域经济增长的要素驱动阶段。这一时期的区域经济发展一般会经历三个过程。

（1）第一个过程是区域依赖本地资源发展的阶段。这也就是为什么最初的区域经济发达地区多数都是地大物博，自然资源、劳动力丰富的区域。区域经济发展的起步和产业的短期崛起基本依赖于生产要素的大量投入与粗放式的规模扩大。但从长期来看，这种仅仅依靠本地资源的要素驱动式增长后继乏力，它只是一种短期的、初级扩张的手段，因此，依赖本地要素资源的发展模式终究会转向从域外争夺资源的模式。

（2）第二个过程是区域从域外争夺资源发展的阶段。在此阶段，区域全力开展招商引资、招才引智。区域的产业发展除了依赖于争夺项目、完善产业链配套、形成产业集群、扩大进出口贸易、占领国内外市场等竞争，还依赖于科技人才和环境配套的竞争。在此阶段，工业园区、科技园区、产业孵化园区，以及按PPC模式建设发展的经济特区等，都接二连三地脱颖而出。这些竞争将很快地推动区域经济发展进入第三阶段。

（3）第三个过程是区域展开政策配套和环境优化的竞争阶段。此阶段实际上是对第二个发展阶段的进一步深化，因为区域政府的配套政策对招商引资、招才引智的成效具有重要影响，所以各区域会在项目政策、土地政策、产业补贴政策、人才支撑政策、科技投资政策、担保贴息政策，甚至相关的子女就学、父母就医政策等方面展开竞争。

一、区域产业政策匹配

一直以来，市场经济理论关于区域产业政策的匹配问题都是一个争议的焦点，其争议集中在三个方面：一是区域需不需要产业政策？二是区域如果需要产业政策，那么它核心的产业政策大概是什么样的？如何对各国区域的产业政策做出客观评价？三是支撑产业政策的理论框架是什么？

针对产业政策的以上问题，美国哈佛大学迈克尔·波特教授在《国家竞争优势》（*Competitive Advantage of Nations*）一书中做过如下表述。首先，政府之所以会制定产业政策，其目的是提高生产力，进而鼓励和刺激产业发展，因此，为了给产业创造良好的环境，政府应该在人力资源和与之相关的产业资本等方面促进其发展。从政策本身来讲，提高生产力是一个国家的长期经济政策目标，这个政策的方向不能产生偏差。要健全地区产业政策，第一个先决条件就是政府应制定适当的目标，第二个条件则是建立适当的模型，进而支撑区域经济竞争。具备以上两个条件之后，政府下一步要做的就是制定产业政策。在这一方面，政府的主要（或一般性）政策主要有：货币贬值、民营化、自由化、区域发展、放宽产品和环境的标准、倡导企业之间各种形态的合作、鼓励合并、税制改革、努力改善一般的教育体系、对进口产品设限，以及安排市场秩序、政府投资研究发展、以政府名义设立创业基金、更主动的国防采购或其他形式的政府采购等。其中的每一项政策都有其特定考虑，需要对应其所适用的范围。其次，不管是地方性、区域性还是国家性的产业政策，如果其目标都是提升国家竞争优势的话，需要注意以下九大前提。

（1）从事产业竞争的主体是企业，而非政府。因为企业才是直接与外国对手竞争的主角，所以，要创造和提升产业竞争优势，最后都必须反映到企业上。而这其中最主要的原因是政府不能创造有竞争力的产业。政府需要做的主要是创造一个企业能从中获得竞争优势的环境，为此，政府最需要做的是放松或扩大钻石体系（由迈克尔·波特提出，用于分析一个国家某种产业为什么会在国际上有较强的竞争力，而这主要包含四个因素——生产要素状况，机遇作用，相关产业和辅助产业的表现，企业的战略、结构及竞争对手的表现，如图2-2所示）。

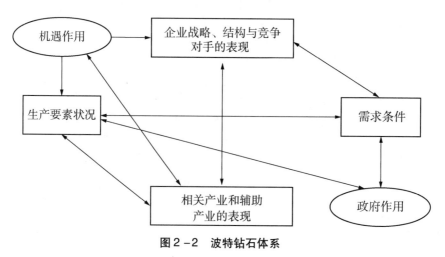

图2-2　波特钻石体系

迈克尔·波特教授还指出，政府必须直接投入的部分应该是企业无法采取行动的领域，譬如贸易政策，或是外部效益过大造成企业不宜投资的领域（好处超过单一企业或个人，它的影响可能遍及全国，即正外部性较大）。在这种情况下，企业倾向于不参与投资或只进行低度投资，并指望国家承担起负责人的角色。这些领域包括普通教育、环境质量、某些具有提高许多产业生产力的研究发展等，而这就是我们前文所讲的非经营性资源或者部分准经营性资源，这些资源会产生较大的外部效应，企业当然希望只进行较少投资，而最后只能主要由政府去完成。这些由政府直接介入的领域则主要是转化为非经营性资源，而另外的由企业介入的部分则可转化为可经营性资源，但是这一方面与我们前文所述还有较大不同，因为企业所关注的领域相比于政府可以行动的领域还是少很多。

（2）产业的国家竞争优势是一种比较的优势，而非绝对的优势，即评估竞争优势的标准绝不能只看国内的表现，而是需要比较它与对手国家的差异，在和其他国家比较时能否有较好的表现。而这主要取决于其本国国内的工人素质和工作动机。

（3）要保持产业的国家竞争优势的活力，需要依靠的是国家永不停止的改善和创新能力，而不是短期的成本优势。短期的成本优势等传统优势即使不能被其他国家的产业复制，也会因过时而失去价值。

所以，政府在制定产业政策时，不能只着眼于静态、短期的成本趋势，而应该关注的是整个产业的创新与活力。政府真要"协助"产业，就不能犯下"爱之适足以害之"的毛病，进而使企业的竞争基础逐渐崩溃。

（4）要保持产业的国家竞争优势，必须着眼提升产业竞争优势，即提高产业生产力。这种产业生产力的提升应该主要来自于原有产品技术水平的稳定提升、新产品推陈出新的风潮、与客户联系密切的投资，以及在全球市场发展出的经济规模等，而非仅仅是建立在充沛的自然资源、廉价的劳动成本或货币贬值等价格竞争上。历史已证明这种价格竞争战略是脆弱的，是经不起其他国家的企业或保护主义的挑战的。这主要有两个方面的原因：一是这种战略往往会带来其他国家对倾销的抗议，甚至以提高关税作为报复；二则是这类型的优势也很容易被其他发展中国家模仿，或因对手政府的补贴手段而丧失殆尽。所以，政府在制定产业政策时，不应该过于强调维护已有优势，而应该着眼于提升产业竞争优势，并督促企业努力做到。

（5）地理集中性是展现国家竞争优势的产业通常具有的特性。在国际市场上具有极强竞争力的产业或产业集群，通常会聚集在某个城市或区域，而它们的优势是完全本土化的。地理集中性不仅是产生竞争优势的重要条件，更是扩大和维持竞争优势的良机，因此，州政府和地方政府的角色将会越来越重要。而对于地理集中性这个问题，可能从事实上来说，一直以来地方政府对于产业的影响才是最重要的，也即这个角色可能一直都很重要，尤其是随着全球分工的进一步细化，产业或产业集群的出现就成了必然，而这往往与区域政府的规划布局及政策支持相互关联。所以，研究区域政府在产业竞争上的作用才是最重要的。

提升竞争优势的政策，按照以往一般论点，是中央政府的责任，且必须以整个国家的环境条件为对象。然而，随着区域和地方的重要性越来越明显，有必要将大学教育、基础设施、地方性规范、地方性研究机构和信息等地方特色均纳入政策考虑。在《国家竞争优势》（Competitive Advantage of Nations）这本书的研究案例中，德国的巴敦－温特姆堡（Baden-Württemberg）地方政府的政策，以及意大利个别城镇对国家竞争力的影响，远超过由它们的中央政府制定的政策的力量。但是笔者认为，一直以来，中央政府往往在宏观的策略上制定目标及其应对的方式方法，其真正的实行往往还是需要落实到地方政府。此外，根据前文所讲，国家竞争力的实现实际上由两部分构成，一部分是产业竞争力，一部分是城市竞争力，而这两部分的竞争力的主体都是区域政府，所以从这个角度来讲，区域政府才是国家竞争力的源泉，而这恰恰是本书需要阐明的观点。

（6）产业要形成国家竞争优势，往往需要10年或更长的时间，因为这涉及人力资源的提升、产品与流程的投资、产业集群的建立，以及对海外市场的渗透等。然而，与各国政治的瞬息万变相比，10年可能显得遥远和漫长。此外，现实中产业政策往往已成为救急与应付短期经济变化的药方，如政府仅仅把注意力放在改善贸易表现，使用薪金调整、货币市场干预、控制通货膨胀或其他政策工具时，这些政策可能对很多产业在获利表现上有帮助，但对产业建立长期竞争优势并没有实质的帮助。要让政策在短时间内见效，政府也倾向选择补贴、保护或促成企业合并等做法，可是这些做法只会使产业创新的机能受挫，并腐蚀经济的平均生产力。

政府真正应该做的是去制定创造生产要素、鼓励竞争、提升需求质量等的政策，只有这样，才能真正有助于产业。然而，其所产生的效果往往不能立竿见影，甚至很多有利于长期竞争的政策，短期都会带来阵痛，长期被保护的产业一旦自由化，失调将成为必然。

（7）一国的优势往往不在于它与其他国家的一致性，而在于差异性。每个国家的产业竞争力都有大小强弱之分。全球没有一个国家能在所有产业上维持绝对的竞争力，国家独特的环境与特定产业竞争优势的结合才是各国其产业竞争成功的来源，所以，把另一个国家的政策模式全盘搬到本国使用，这本身就是一个错误。当一个国家将另一个国家的模式全盘移植，发展相同产业、采用相同战略或相同的政府计划时，其不太可能产生与原国家并驾齐驱或超前的效果，甚至效果可能会远低于原国家。所以，各国政府应该做的是真正了解自己国家的优势与基本条件，并通过特定的政策使环境特色表现出来。

（8）就各种产业分类方式与形成国家竞争优势的产业来说，这两者并无关联性。很多国家基于经济发展研究需要，习惯把一个国家的产业分类处理，出现类似所谓的高科技产业或低科技产业、朝阳工业或夕阳工业、成长型产业或成熟型产业、制造业或服务业，乃至于劳力密集（资本密集）或知识密集产业等说法。这种分类某种程度上意味着某个范畴的产业可能优于另一范畴的产业。尤其是在产业被冠上"高科技""朝阳""成长期""制造业"或"知识密集"等名词时，更是令人兴奋。这种区分甚至已影响到政府制定产业政策时的考虑。

但是，这种分类经不起深入的推敲。例如：意大利的经济发展良好，生活水平一直在提高，支持其发展的却是纺织、成衣、家具、制鞋等成熟型产业或传统型产业。这些产业通过引进现代化制程技术，增加新的设计知识和观念，使用新材料并在这个过程中加速创新等，产业虽被看作是成熟型产业，但是实际上已经赋予产业新的内涵。所以，政府的产业政策就在于提供任何产业都能创新和提高生产力的环境。

（9）对产业中的企业和员工而言，要保持竞争优势并不轻松，因为要保持竞争优势，必须面对持续的压力和挑战，以及持续地改善与投资。

首先，关于政府政策，波特教授提出必须注意两个层面的问题：其一，政府不能去"协助"或允许企业和工会避开必须面对的问题，因为这样企业就不会去求变。其二，政府可以对产业所面对的不确定性和恐惧表示感同身受，但是不能通过制定产业政策去讨好产业界和工会，因为这样做会降低整个产业的生产力。

同时，迈克尔·波特教授还提到，区域政府在制定产业政策时可能会遇到的一些挑战，如制定产业政策的复杂性挑战（一方面是与产业竞争优势有关的产业政策如教育政策、预算和货币政策、环境政策等的制定过程，需要经过立法部门和许多相关政府机构，所以就会使得政策的制定过程非常复杂；另一方面是要制定政策以形成国家竞争优势的产业，还需要横跨传统的社会和产业政策领域，这进一步加剧了制定产业政策的复杂程度），制定产业政策时往往还存在主管部门重叠的挑战，或因政府换届造成政策不连贯的挑战。

其次，关于政府产业政策的重要性，迈克尔·波特教授提出应该将其放在钻石体系的各个关键要素中去检验，通过体系的机制，呈现出各个产业政策对国家竞争优势的影响。

最后，迈克尔·波特教授还提到了经济发展的指数概念（通常是根据生产要素在数量和质量上的改善比率来设定），并指出政府的政策在这两个方面（数量和质量）都扮演着重要的地位。企业要达到高生产力，必须不断掌握高级而专业的人力资源、科技知识、经济信息、基础设施及其他生产因素，并在此基础上持续提升其竞争优势，在这两个方面，政府的产业政策都具有重要的影响。

通过以上对迈克尔·波特教授的产业政策观点的梳理，可以归纳如下。

第一，基本肯定了产业政策。

第二，确定了产业政策的基本内容。

第三，提出了制定产业政策的前提和可能遇到的挑战。

第四，指出了制定产业政策的目标是为了发展和提高生产力。

第五，在促进产业发展方面，肯定了减税的正面影响大于补贴政策，间接的补贴行为也会比直接补贴的效果更佳。

第六，在提高生产力方面，产业政策对生产要素的数量和质量都具有重要的影响。

最后，笔者认为迈克尔·波特教授的产业政策观点最重要的一点是它考虑到了展现国家竞争优势的产业通常具有地理集中性，并指出地理集中性不仅是产生竞争优势的重要条件，更是扩大和维持竞争优势的良机。从这个角度上来说，州政府和地方政府的角色将会越来越重要，而这恰恰是本书所表达的观点，即区域政府才是区域竞争优势或国家竞争优势的主要源泉,产业经济是经济增长的一方面,但是其同时也取决于区域政府竞争的影响。与此同时,区域政府的城市经济竞争还构成了经济增长的另一方面,这两方面都显示区域政府的重要性。政府政策对于产业或产业集群的国家竞争优势具有重大的作用,这为国家或区域政府制定产业政策提供了重要的基础支撑。政府实行产业政策无可厚非,关键点在于政府如何推行更适合的产业政策,这在要素驱动阶段具有关键的作用。

所以,通过以上梳理,现在我们可以厘清章节开头关于产业政策匹配问题的相关争论。

第一,支撑产业政策的理论框架来源于现实存在的由产业经济竞争主导的经济增长的需求,而大多数的政策又会影响到产业竞争,所以从这一角度思考,制定产业政策很有必要。

第二,现实的发展需要政府运用三个层面的产业政策来克服市场失灵。一是通过规划与引导,克服"市场机制缺陷性"失灵;二是通过扶持与调节,克服"市场机制空白性"失灵;三是通过监督与管理,克服"市场机制障碍性"失灵。要通过产业政策引导产业发展,就要把产业政策运用到适合它的地方,而这主要存在于市场失灵,这为产业政策的实施提供了绝佳的场所。

第三,产业政策不只包括产业补贴,而政府必须摒弃脱离市场规则的干预行为。产业政策应该建立在让市场决定产业资源配置和更好地发挥政府规划引导、扶持调节和监督管理作用的基础上。首先,产业政策的目的就是要使市场在资源配置中起决定性作用,如果脱离这个原则,产业政策的效果就会大打折扣,甚至可能会对经济发展有害;其次,产业政策的方式不能只是补贴,因为补贴会使产业内企业形成依赖,从而丧失其进步的可能,所以除了产业补贴外,政府应该努力创造生产要素,制定鼓励竞争、提升需求质量等政策,从而助于产业的健康发展。在这一由产业经济竞争主导的增长阶段,区域政府的财政支出将侧重在财政转移支付的项目上,区域政府的作用将主要体现在"三类九要素竞争理论"中第一类的三个要素的竞争上。

第二节　城市经济竞争主导的增长阶段

通过上一节，我们明白要提升国家竞争力，需做出包括两大方面的努力。一是产业竞争力，而产业竞争力的培养的着力点就在于产业政策，即区域政府在"三类九要素竞争理论"中第一类的三个要素的竞争作用上。二是区域竞争力或城市竞争力，包含两大方面：一方面是一般城市竞争力，往往是指产业竞争力，与前文所述基本一样，属于要素驱动范畴；另一方面是城市综合竞争力，主要来源则是城市经济竞争力，而这恰恰是本书与别的经济研究著作不同的主要方面。

对于区域政府来说，城市经济竞争主要表现为城市基础设施软硬件乃至智能城市开发建设，以及与之配套的政策措施的竞争。对于世界各国来说，城市经济竞争主要发生在区域经济增长的第二阶段，即投资驱动阶段占据主导地位。

在此想要讨论的第一点是，城市基础设施软硬件乃至智能城市的投资、开发、建设，其实质是区域突破了由生产要素驱动经济增长的局限，迈向由投资驱动增长的过程，是区域政府对次生性资源（如城市经济中的基础设施资源，其投资开发具有动态性、经济性、生产性和高风险性四大特征，因此，各国政府也必须充当该类资源的第一投资人）的开发与争夺。

关于投资驱动阶段，此处需要着重说明两点。第一，此处所说的投资驱动，与迈克尔·波特教授在《国家竞争优势》（*Competitive Advantage of Nations*）中所说的"投资导向阶段"是有区别的。迈克尔·波特教授所说的投资导向阶段，主要是指企业在原有的基本生产要素获利的基础上，积累一定资本后进入更广泛的产业进行投资，即大规模的产能扩张型的投资，这属于产业经济领域范畴，而非本书所指的城市基础设施投资。第二，从经济统计的角度看，一个区域的固定资产投资主要包含三个部分：一是基础设施投资；二是房地产投资；三是企业技术改造投资。本书要阐述的主要是区域的基础设施投资部分，因为这一部分是区域政府能发挥其主导作用的领域，也是区域政府竞争的核心，进而成为城市经济竞争力的主要来源。最后，站在生成性资源的角度来看，这是现时生成性资源的主要载体(除智能城市系列工程外,后续会有深海经济、太空经济等),所以研究政府对于城市基础设施的作用对于生成性资源理论具有重要的价值。

参照现有中观经济学理论对城市基础设施的定义,城市基础设施一般包括:城市硬件基础设施,即城市能源供应系统、供水排水系统、交通运输系统、邮电通信系统、环保卫系统和防卫防灾安全系统六大工程性基础设施;城市软件基础设施,即行政管理、文化教育、医疗卫生、商业服务、金融保险和社会福利等社会性基础设施;随着城乡一体化的进程,这类基础设施还包括乡村生产生活、生态环境建设和社会发展等基础设施;伴随着城市现代化的进程,开发和建设智能城市系列工程也成为城市基础设施建设的新内容。① 从以上城市基础设施类别我们看到,除了硬件基础设施外,还有软件基础设施和随后的智能城市开发等内容,一方面,它大大拓展了以往研究城市基础设施的内涵和外延;另一方面,它又基本包含了城市居民生活、工作、休闲等的内容,从而使政府或区域政府脱离了传统经济学认为的"小政府"或"守夜人"等角色范畴,政府对于城市及经济的影响会是多元且极其重要的,这为处理政府与市场的关系提供了非常好的理论基础和标准。为了进一步理清城市基础设施的内涵以及它对区域经济发展的促进作用,我们以 20 世纪初美国芝加哥的城市规划方案为例做具体分析。

要研究芝加哥的案例,就不得不提到出版于 1909 年的《芝加哥规划》一书。作为一部里程碑式的作品,它掀起了 20 世纪初美国城市建设的革命,是美国现代城市规划建设的起源。《芝加哥规划》被芝加哥市采纳后,确立了该市尤其是其湖滨地区的基本发展格局。作为城市投资发展和美化运动最引人注目的一部文献,该规划为现代城市建设问题提供了客观严谨、务实可行的解决方案,其中包括对交通网络体系、站场设施、市政建筑和园林绿化的详细规划设计。

《芝加哥规划》的内容包括规划的起源,古代和现代的城市规划,芝加哥作为中西部地区都会的地位,芝加哥的公园系统、交通运输系统、城市街道系统等。可以说,时至今日,芝加哥城市规划建设所带动的区域经

---

① 参见陈云贤《市场竞争双重主体论——兼谈中观经济学的创立与发展》,北京大学出版社 2020 年版,第 57~58 页。

济发展成就仍然对美国乃至世界的城市规划建设发展具有深刻的影响。

1994年，美国的道格拉斯·霍尔茨-埃金（Douglas Holtz-Eakin）在分析公共投资的形成与增长时，将美国公共投资按照其最终用途分为四类：第一类是教育投资；第二类是道路和高速公路投资；第三类是污水处理设施投资；第四类是公用事业投资。按照道格拉斯·霍尔茨-埃金的估计，1988年，美国上述四项公共投资在政府投资总额中的比重分别是：教育类占20.2%，道路及高速公路类占34.5%，污水处理占7.5%，公用事业类占13.2%。① 日本一桥大学教授盐路悦朗（Etsuro Shioji）在2001年的研究中，将道格拉斯·霍尔茨-埃金列举的后三类合并，称之为基础设施类公共投资，从而与教育类公共投资组成两个类别。日本对公共投资的定义相对广泛一些，包括14个项目，盐路悦朗也将其合并为4个项目：一是教育类；二是基础设施，包括公共房屋、污水处理、垃圾处理、水的供给源、道路、港口、机场、工业用水；三是国有保护土地，包括山脉、河流和海岸；四是农业和渔业。1990年，日本上述四项投资在公共投资中的比重分别为2%、6%、13.5%和13.7%。②

对于区域政府来说，城市经济竞争首先表现为对城市基础设施投资开发、建设的竞争。根据理查德·阿贝尔·马斯格雷夫（Richard Abel Musgrave）和华尔特·惠特曼·罗斯托（Walt Whitman Rostow）对经济发展阶段的分析，在一个区域经济发展的早期阶段，区域政府投资在社会总投资中占的比重较高，区域政府不断为本区域经济发展提供基础设施，如投资于交通运输系统、环境安全系统、教科文卫系统和法律秩序系统等，这是处于经济和社会发展早期阶段的区域进入"起飞"乃至中期发展阶段的必不可少的措施。在经济发展的中期阶段，区域政府的投资将继续存在，只是此时其逐步转换为对私人投资的一种补充。一方面，在整个区域经济发展进程中，区域社会总投资和政府投资的绝对数都会增长，但社会总投资占地区生产总值的比重以及区域政府投资在区域财政支出的比重会趋于下降；另一方面，一旦区域经济发展达到了成熟阶段，区域财政支出就会从基础设施建设支出转向教育、科学、文化、卫生和福利保障支出，而且后

---

① Douglas Holtz-eakin. "Public-Sector Capital and the Productivity Puzzle". *Review of Economics and Statistics*, 1994, 76 (1), pp. 12–21.

② Etsuro Shioji. "Public Capital and Economic Growth: A Convergence Approach". *Journal of Economic Growth*, 2001, 6 (3), pp. 205–227.

者的增长速度将会大大超过其他支出的增长速度,也会快于地区生产总值的增长速度。

在区域经济发展的不同阶段,投资总量和投资结构呈现不断变化的趋势。这告诉我们,一旦区域人均收入水平大幅上升,人们开始追求高品质的生活,他们就会对区域发展提出更高的要求,这在客观上会迫使区域政府提供更好的环境、更发达的交通、更便捷的通信以及更高水平的教育、卫生、保健服务,等等,这时区域政府的财政投资性支出和社会消费性支出都会出现较高的增长。可见,区域政府投资总量和投资结构的变化取决于投资者和社会民众对区域公共物品的需求结构和需求弹性,而这又是随着经济发展的不同阶段而变化的。城市基础设施软硬件的完善以及智能城市的开发,既能改善区域经济投资环境,又能促进区域突破以生产要素驱动经济增长的瓶颈,转向以投资驱动,从而进入由城市经济竞争主导的增长阶段。

关于城市经济竞争,区域政府可以从哪些方面去促进其区域的竞争优势呢?区域政府可以采取的配套政策可以有哪些呢?参照以往研究者的观点,区域政府主要发挥着"规划布局,参与建设、有序管理"的三种作用。

1. 规划布局

城市经济的规划布局,涉及区域资源配置的三个层次:第一层次是区域经济发展的概念规划,它体现了对一个区域的主要经济和社会功能的界定,其目标是使区域朝着宜居、宜业、宜游的方向,实现区域包容发展、协调发展、绿色发展、开放发展和共享发展;第二层次是区域经济发展的城乡规划,它侧重于城乡一体化基础设施软硬件的布局、开发、投资与建设,这将直接影响城市经济的竞争力;第三层次是区域经济发展的土地规划,政府应严格按照用地性质,区分不同的投资项目,制定严格的准入制度,构建科学合理的城市资源配置格局。概念规划、城乡规划和土地规划三位一体,划定了城市经济竞争的政策范围,使区域政府在城市经济的战略规划、实施标准、项目评估、市场准入、法制保障等方面制定细则,发挥其作用,促进城市经济发展。

2. 参与建设

区域政府为了在城市基础设施投资建设中获得收益,既会对原有的存量资产进行股权改造,又会对增量资产进行股权结构优化,使其符合市场竞争规则，并通过资本市场的各种融资方式，以及收费权、定价权等手段，运用 DBO（design-build-operate，设计—建设—经营）、BOT（build-operate-transfer，建设—经营—移交）、BOO（building-owning-operation，建设—拥有—经营）、BOOT（build-operate-owning-transfer，建设—经营—拥有—转让）、BLT（build-lease-transfer，建设—租赁—转让）、BTO（build-transfer-operate，建设—转让—经营）、TOT（transfer-operate-transfer，转让—经营—移交）等方式实施特许经营权的资本运营。同时，区域政府还根据城市基础设施项目的不同特点和条件，采取不同的资本运营方式，或交叉运用不同的资本运营方式，如以 PPP（政府和社会资本合作）或 PPC（港口公园式城市）方式为载体，运用 BOT 或 TOT 等特许经营权运营模式，在条件成熟时改组项目公司为上市公司，通过发行股票或债券，进一步把城市基础设施项目做大做强，从而使区域政府克服资金瓶颈的制约，提升城市基础设施投资、开发、运营、管理的能力，使其科学、可持续发展，用有限的区域财政实现"四两拨千斤"，更加有效地满足区域社会民众日益增长的对公共产品和公益事业的需求。在投资驱动阶段，区域政府参与城市经济力度的大小、财政投资性支出和社会消费性支出的规模与结构市场开放的程度及相关政策措施，都将直接影响区域的经济增长状况。（本章末尾附 BOT 融资方式、类型介绍及运作的程序与过程）

摩西·朱斯特曼（Moshe Justman）等人认为，区域政府推动多样化的基础设施建设不仅能减少财政支出上的浪费，更重要的是，基础设施的多样化能形成相对其他区域的差异化竞争优势，满足区域多元化发展的需要，促进良性循环。[①] 萨姆·巴可夫斯基（Sam Bucovestsky）认为，政府的基础设施投资可以产生劳动力集聚效应，即良好的基础设施和公共环境能帮本区域吸引更多的流动性较强的熟练劳动力。当然，区域间的基础设施投资竞争也可能是破坏性的，因为政府之间吸引流动性要素的竞争可能会增加基础设施投资建设的成本。[②] 约翰·道格拉斯·威尔逊（John Douglas Wilson）认为，区域政府官员非常有动力进行基础设施投资，因为这可以对本辖区的劳动力和资本的效率产生正效应，辖区政府可以得到

[①] Moshe Justmana, Jacques-François Thisse, Tanguyvan Ypersele. "Taking the Bite out of Fiscal Competition". *Journal of Urban Economics*, 2002, 52（2）, pp. 294 – 315.

[②] Sam Bucovetsky. "In quality in the Local Public Sector". *Journal of Political Economy*, 1982, 90（1）, pp. 128 – 145.

更多的税基。基础设施投入和税收收入之间的正相关关系被一再强化。①张军、高远、傅勇和张弘研究了中国的基础设施投资建设问题后,认为区域政府之间在招商引资上的标尺竞争和政府治理的转型是解释我国基础设施投资建设的重要因素,区域政府招商引资的配套政策和措施对推动政府基础设施的投资激励至关重要。②

3. 有序管理

正如存在不同类型的市场失灵一样,国家或区域也存在三种不同类型的政府失灵:第一种是"民生经济不足型"政府失灵。此类政府把民生经济当作一种负担,既没有基本托底,又没有有效提升,更没有考虑到公平、公正的民生基础对营造稳定、和谐、宜商、宜居、宜业、宜游的投资环境的重要作用。此类政府失灵是政府"缺知型"的失灵。第二种是"产业政策缺失型"政府失灵。它既包括对产业经济的"规划、引导、扶持"政策的缺失,又包括对产业经济的"调节、监督、管理"政策的缺失。区域政府如果缺乏上述两方面的政策,或者只偏重其中一类政策,就会出现放任自流或干预失当的状况。此类政府失灵是政府"错知型"失灵。第三种是"城市建设空白型"政府失灵,如缺乏或几乎没有通过城市建设(基础设施软硬件的投资建设乃至智能城市的开发运营)促进区域经济增长的政策措施,或者存在某些基础设施的投资建设,但规模小,布局分散,政府既没有作为主体之一参与竞争,又没有作为主要监管者在其中发挥调节作用,又或者政府参与了竞争,但没有遵循市场规则,只是为了完成行政政绩,只负责投入,不在乎收益,只注重建设,不重视经营,只考虑公益性,而忽视效益性,这会造成城市基础设施大量耗损、城市建设低质运作、城市管理无序运行等问题。此类政府失灵是政府"无知型"的失灵。这些问题从另一个角度来看,阻碍着区域经济在投资驱动阶段的可持续增长。

由城市经济竞争主导的增长是竞争型增长,这里的竞争指的是各区域在城市基础设施投资建设和政策措施配套完善上的竞争。为了在竞争中取得优势,各区域政府不仅要做好规划布局,而且要遵循市场规则,还要在

---

① John Douglas Wilson. "Theories of Tax Competition". *National Tax Journal*, 1999, Vol. 52: 269-304.

② 参见张军、高远、傅勇等《中国为什么拥有了良好的基础设施?》,载《经济研究》2007年第3期,第17页。

该领域的投资、开发、运营和管理中,发挥宏观引导、有效调节和监督管理的作用。在投资驱动阶段,如何通过政策措施,达到政府推动、企业参与、市场运作三者有效结合的效果,是区域政府面对的重要课题,其举措将影响区域经济增长的规模和质量。此阶段区域政府的财政支出将侧重于财政投资性支出与社会消费性支出项目,区域政府作用主要体现在"三类九要素竞争理论"中第二类的三个要素的竞争上。

第三节 创新经济竞争主导的增长阶段

对区域政府来说,经历了城市经济竞争导向阶段以后,下一个主要阶段是创新经济竞争阶段。创新经济竞争超越了以往的以投资驱动为主的增长模式的城市经济阶段,其主要表现为区域政府促进理念、技术、管理以及制度创新的政策措施的竞争。对于世界各国来说,创新经济竞争主要发生在区域经济增长的第三阶段,即创新驱动阶段占据主导地位。

1. 区域政府理念创新

在这四类创新中,区域政府理念创新是区域竞争的焦点。如前所述,在区域经济发展处于要素驱动和投资驱动阶段时,其经济增长主要依靠土地、劳动、资本和其他自然资源等生产要素的简单数量扩张来实现。这种增长以拼资源、拼成本为主,容易产生过分掠夺致使产业资源和城市资源枯竭、生产效率低下、技术滞后、人才流失、社会矛盾激化等问题,必须尽快转型。这时,区域下一阶段的发展思路、方向和方式就至关重要,需要先进理念来引领。区域政府的理念创新不仅包括对区域资源的整体把握和调控、对区域未来发展战略的定位和发展模式的全面规划,也包括在顶层设计上解决好发展方式和发展动力等问题。在要素驱动阶段和投资驱动阶段之后,区域政府应该用创新发展、协调发展、绿色发展、开放发展、共享发展等理念超前引领,推动区域经济可持续发展。

2. 区域政府技术创新

在创新驱动阶段,区域政府技术创新是区域竞争的制胜点。技术创新对经济发展的驱动作用是爆发式的,能够推动区域经济产生从量变到质变的飞跃,使经济实现全过程、全要素的突破性创造,使资源得到优化配置。在此阶段,技术创新是核心驱动力,能够催生新产品、新产业、新模式、新业态。技术创新与金融、产业创新相融合，将激发持续的创新驱动力，因此，在这一阶段，技术创新是区域竞争的重要手段。

3. 区域政府组织创新

在创新驱动阶段，区域政府组织创新是区域竞争的关键。当经济发展从要素驱动阶段过渡到投资驱动阶段时，区域竞争的主要手段是扩大投资规模，刺激经济增长。一方面，投资对经济增长具有乘数效应，这在凯恩斯的有效需求理论中已得到证明；投资对提高有效需求、提升国内生产总值有重要作用，尤其是在区域经济低速增长阶段，政府可以通过加大投资力度来扭转经济下滑的态势，使经济走出低谷。另一方面，如果片面追求投资的短期刺激，则容易造成"投资饥渴""投资依赖"的问题，出现经济大起大落、技术与创新能力落后等一系列症状。因此，在这一阶段，区域政府的组织创新能力成为关键，政府应加强管理的规范性，强化快速反应能力，贴近市场，服务企业，发展网络结构和矩阵结构，减少管理层次，以更高的效率和灵活性来有效提高管理水平，促进经济稳定、有序发展，助力区域竞争。

4. 区域政府制度创新

在创新驱动阶段，区域政府制度创新是区域竞争的必然选择。制度创新是理念、技术和组织创新的根本保障，能够促进三者的融合发展。如果世界各国的区域经济发展都基本沿着要素驱动、投资驱动、创新驱动和共享驱动阶段的轨迹前行，那么，在三大产业发展日新月异、民众环境意识越来越强、新的经济发展模式和个人成长模式推陈出新的创新驱动阶段，区域政府就不仅需要理念、技术和组织创新，更需要制度创新来确保区域的竞争优势。因为在创新驱动阶段，经济发展呈现灵活、迅捷、多样的特点，政府只有使制度、政策与之相匹配，才能紧随创新驱动时代的脉搏，引领经济发展方向，保持经济的持久活力。全方位、全过程、全要素的理念、技术、管理和制度创新，将是这一阶段区域竞争的必然选择。

为了进一步说明创新驱动的重要性，我们以逆生性资源即碳排放交易资源为例，分析中国是如何应对碳排放问题的。中国是全球温室气体排放最多的国家之一。由中国碳论坛（China Carbon Fourm，CCF）和国际咨询公司（International Coach Federation，ICF）联合开展的《2015年中国碳价调查》显示，中国碳排放峰值将出现在2030年。要应对碳排放问题，中国有两种路径选择：一是被动应对，把它当作累赘和负担，花费大量成本去减排；二是把它当作要素驱动阶段向投资驱动阶段发展时的一种必然现象，根据逆生性资源的特性，大胆开展理念、技术、管理和制度创新，用碳排放权交易的方式控制排放量，并制定国家乃至国际交易标准，捆绑人民币结算，借助"一带一路"倡议，推动人民币从支付结算货币转变为国际储备货币或锚货币。借助第二种路径，中国将不但能够控制碳排放量，而且可以探索一条实现人民币国际化的路径。

因此，我们应加快探讨研究，尽早建立由中国主导的亚洲或全球碳交易市场。这个市场应该是一个既包括碳交易现货市场，又包括碳交易期货市场的健全的碳交易体系。这个体系能够形成具有威慑力的倒逼机制，督促企业加快绿色转型的进度。同时，通过产业政策、税收政策等，政府可以引导、鼓励企业积极采用低碳技术，提供绿色环保的服务，生产低碳产品。这些举措能够全面提升中国企业在世界产业链中的地位，使中国外贸完成绿色化升级。

对中国的经济发展而言，处理好碳排放问题具有三个方面的意义。[①]

首先，碳排放权交易是优化中国产业区域配置的一种制度创新。

国内外实践表明，相比碳税政策和单纯的行政强制减排，碳排放权交易是在市场经济框架下解决气候、能源等综合性问题最有效率的方式。碳交易的本质是通过市场机制来解决碳排放的负外部性，将外部成本内化为排放主体的内在成本，进而实现减排，并在全球范围内优化配置碳资源的一种制度安排。碳交易能通过市场手段促进减排成本向碳收益转化，引导金融资源更好地向低碳经济领域倾斜，从而使社会整体减排成本最小化，这有利于加快各国产业结构的转型升级和经济发展方式的转变。

中国地域辽阔，区域经济发展不平衡，一些地方政府存在盲目追求区域生产总值增长的发展导向。由于自然环境的限制和生态保护的需要，不少中西部欠发达地区不适合发展高强度制造业。加快碳交易市场体系建设，能够鼓励欠发达地区通过保护生态环境、开展森林碳汇等方式实现碳减排，同时促使高耗能的经济发达地区通过购买碳减排量的方式扶持欠发达地区发展，这能够将现有的不平衡的发展模式转化为市场化的生态与经济协调发展的格局，从而促进区域协调发展，优化产业区域配置。

其次，标准化的中国碳交易市场体系建设是中国21世纪海上丝绸之

[①] 参见陈云贤《国家金融学》，北京大学出版社2021年版，第198～199页。

路管理创新的重要切入点。

目前,亚洲地区仅日本、印度等国开展了规模较小的碳交易活动,东盟十国在碳交易领域尚无探索,可以说,基于强制减排机制的碳交易市场在亚洲地区才刚刚萌芽。加快推进中国的碳交易市场体系建设,形成覆盖东南亚等国家和地区的区域性碳交易体系,是中国构建21世纪"海上丝绸之路"重要的管理创新切入点,有利于展现中国与周边国家和地区"共享机遇、共迎挑战、共同发展、共同繁荣"的诚意和决心,有利于在中国与东南亚国家和地区之间建立服务于低碳经济发展的金融体系,有利于增强中国金融市场的辐射力和影响力。

最后,"碳排放权交易捆绑人民币结算"的技术创新可开辟人民币国际化"弯道超车"的新路径。

第一,国际货币应具备三种基本职能:其一,在国际贸易中充当结算、支付货币;其二,成为其他国家或地区货币当局的储备货币;其三,成为其他国家或地区货币当局调剂外汇货币市场的锚货币。一国货币要想成为国际货币甚至关键货币,通常遵循"结算、支付货币—储备货币—锚货币"的基本路径,成为能够被国际货币体系内多数国家接受并具有跨境流动便利性的货币。在现行国际货币体系下,国际货币主要包括美元、欧元、日元、英镑等,其中美元是关键货币。

第二,以能源绑定货币结算往往是一国货币崛起为国际货币的助推剂。这是因为能源贸易量在总贸易量中所占的比重很高:第一次世界大战前后,以煤炭为主的能源贸易量从居于棉花、小麦之后的第三名的位置一跃位居第二名;第二次世界大战之后,在高盛集团编制的大宗商品指数(Goldman Sachs Commodities Index,涵盖24种大宗商品)体系中,能源(包括原油、布伦特原油、燃料油、瓦斯油和天然气等)占所有大宗商品美元权重达64.51%。① 在国际贸易和金融的发展过程中,一国经济活动与能源贸易的结合度成为决定该国货币地位的重要因素;而一国货币的崛起又往往受到它与国际大宗商品,尤其是与能源的结算、支付的绑定程度的直接影响。

第三,工业革命前,能源与货币的绑定关系尚未清晰。16世纪,国

---

① 参见王颖、管清友《碳交易计价结算货币:理论、现实与选择》,载《当代亚太》2009年第1期,第112页。

际贸易中心从地中海地区尤其是意大利，转移到欧洲西北角的比利时和荷兰。尔后的一个世纪，荷兰在世界贸易中建立了霸权地位，荷兰盾在国际贸易中成为关键货币。但当时的国际贸易以木材、鱼类、粮食、毛皮、香料、棉纺织品和丝绸、瓷器等为主，因为当时的人类生产是以手工作坊为主，所以国际贸易以柴米衣用为主，缺乏能源需求，能源与货币的绑定关系尚未显现。

第四，工业革命催生了煤炭与英镑的绑定关系。18世纪最后的25年里，英国取代荷兰成为世界领先的贸易强国，伦敦取代阿姆斯特丹成为最重要的金融中心。蒸汽机的问世引起了一系列技术革命，并实现了手工劳动向动力机器生产的飞跃，煤炭成为近代工业的主要"食粮"。工业革命及机器大工业的产生和发展，促使能源需求急剧增长。1840年，英国率先完成工业革命，并最早成为以煤炭为主体能源的国家。19世纪中叶，英国的煤炭产量已占世界总产量的三分之二左右，英国不但在世界范围内成为供给煤炭的主要国家，而且完全左右了世界煤炭市场。煤炭交易捆绑英镑结算，使英镑成为国际贸易中的关键货币，在金本位制中，英镑占据了显赫的地位，许多国家的央行选择英镑而非黄金作为储备货币。当时有90%的国际结算使用了英镑。①

第五，石油和美元的绑定关系。美元之所以能取代英镑成为关键货币，是受益于两次世界大战期间核心能源的更迭，即石油取代了煤炭。19世纪后半叶，内燃机革命使石油成为工业革命新高潮的"血液"。20世纪20年代，随着内燃机的普及，石油需求旺盛，石油贸易迅速扩大。第二次世界大战期间，美国成为盟国的主要能源（石油）供应者。第二次世界大战后，美国几乎掌握了世界原油产量的三分之二。② 也正是在这一时期，即20世纪70年代，美国与沙特阿拉伯达成"不可动摇协议"，将美元确立为石油唯一的计价货币。世界前两大石油期货市场——芝加哥期货交易所和伦敦国际石油交易所都以美元作为计价、结算、支付的货币单位。这些都使美国对作为大宗商品的石油拥有国际定价权，从而在国际货币格局中建立美元本位制。

---

① 参见王颖、管清友《碳交易计价结算货币：理论、现实与选择》，载《当代亚太》2009年第1期，第113页。

② 参见王颖、管清友《碳交易计价结算货币：理论、现实与选择》，载《当代亚太》2009年第1期，第114页。

第二章 经济发展的四个阶段

第六，2001年，美国著名国际金融学家、诺贝尔经济学奖获得者罗伯特·蒙代尔（Robert Mundell）提出"货币稳定三岛"的大胆构想，即美元、欧元、人民币三足鼎立，在全球范围内形成稳定的货币体系。蒙代尔认为：应维持欧元兑美元汇率的稳定，将其固定在一定区间内，比如1欧元兑1.2美元至1.4美元之间，人民币逐步可兑换，将人民币纳入美元、欧元的固定汇率机制中，创建美元、欧元、人民币三位一体的"货币区"；其他各国货币与此货币区形成浮动汇率，这既有利于稳定的国际货币体系的形成，又能使各国贸易的结算、支付关系灵活发展。蒙代尔的构想从侧面反映出，在现有的国际货币金字塔中，一方面，现行的美元本位的国际货币体系亟待改革；另一方面，以人民币为代表的他国货币如何"弯道超车"，成为国际货币甚至关键货币，是国内外探索的一个重要课题。

第七，碳排放权交易与人民币的绑定。煤炭与英镑的绑定、石油与美元的绑定都催生了两种货币的崛起，展示了一条简单而明晰的货币地位演化之路。这启示我们，应推动碳排放权交易和人民币的绑定：首先，创新发展和低碳经济将成为未来世界各国的经济增长模式，随着清洁能源技术的新突破、新利用和新组合，以低碳为特征的新的能源贸易，如碳信用、碳商品、碳排放权等的交易会蓬勃兴起；其次，中国是全球最大的温室气体排放国之一，且被认为是最具潜力的排放市场，中国也有越来越多的企业参与碳排放权交易；最后，根据路透社数据统计，2021年全球碳市场交易总额约达7600亿欧元，比2020年的2880亿欧元增长164%。在国际货币先后经历了"煤炭—英镑""石油—美元"体系之后，中国如果能抢占先机，以"碳排放权交易捆绑人民币结算"的技术创新为载体，与东南亚等国家和地区建立服务于低碳经济发展的金融体系，就可开辟一条人民币"弯道超车"实现国际化、在能源贸易中崛起的新路径。

关于创新驱动的重要性，我们再以中国创新程度最高的城市之一的深圳为例子，通过深圳政府如何处理逆生性资源来看深圳是如何应对经济发展与环境资源问题的。生态系统生产总值（gross ecosystem product，GEP），也称生态产品总值，是指生态系统为人类福祉和经济社会可持续发展提供的各种最终物质产品与服务（简称"生态产品"）价值的总和，主要包括生态系统提供的物质产品、调节服务和文化服务的价值。人类社会与其赖以发展的生态环境构成经济、社会和自然复合生态系统。针对经济子系统，国际上以"国内生产总值"（gross domestic product，GDP）为主要指标，衡量一个国家或地区在一定时期内生产和提供的最终产品和服务的总价值；针对社会子系统，联合国建立了评价一个国家或地区平均预期寿命、受教育水平与居民生活水平等方面状况的"人类发展指数"（human development index，HDI）。然而，对于自然子系统，目前尚缺乏评估自然生态系统为人类生存与发展提供的支撑和福祉的核算指标，而GEP指标的出现恰好填补了这一缺陷。

如上文所示，以往衡量一个国家或地区的经济增长水平主要参照的是GDP指标，其也被认为是最有效的指标。然而，随着可持续发展思想的产生，GDP指标的片面性和局限性越来越为人所熟知，而其中最主要的方面就表现在它没有考虑GDP的增长对自然资源的消耗和环境的损害，而这又关系到当前与未来经济福利的可持续发展状况。[①] 所以在党的十八大以来，为建立体现生态文明要求的目标体系、考核办法、奖惩机制，我国强调需要把资源消耗、环境损害、生态效应纳入经济社会发展评价体系，从而找到超越GDP的核算指标，以体现自然生态系统对人类福祉的贡献，而GEP把生态效益纳入经济社会发展评价体系恰好体现了这一目标。

GEP主要包括生态系统提供的物质产品价值、调节服务价值和文化服务价值，一般以一年为核算时间单元。生态系统最终产品与服务是指生态系统与生态过程为人类生存、生产与生活所提供的物质资源与环境条件。生态系统物质产品包括食物、药材、原材料、淡水资源和生态能源等；生态系统调节服务包括水源涵养、土壤保持、防风固沙、洪水调蓄、固碳释氧、大气净化、水质净化、气候调节和病虫害控制等；生态系统文化服务包括自然景观的游憩等。从其内涵我们可以看出，实施GEP核算可以动态地评估环境治理和生态保护修复的效果，并将效果定量化展示出来，有助于提升城市的治理能力，发挥绿色发展的指挥棒作用。因此，深圳市盐田区率先在全国形成了城市GEP"进规划、进项目、进决策、进考核"的"四进模式"，促使研究层面的成果切实投入实际应用，真正让生态资源指数成为政府决策的行为指引和约束。通过城市GEP核算定量城市生态系统的产出和效益、衡量城市生态文明建设成果，从而为GDP勒上生

---

① 参见李刚、柳杰民、朱龙杰《GDP缺陷与GPI核算》，载《统计研究》2001年第12期，第31页。

态指数的缰绳，进而形成以 GDP 增长为目标、以 GEP 增长为底线的政绩观。

借助于中观经济学理论来分析以上案例，之所以要引入 GEP 指标，有三点理由。

（1）由于区域资源的承载力有限，区域原有的简单以要素和投资扩张的经济发展方式已经变得越来越不可持续，与此同时，城市的治理效能也急需提升，在此情况下，需要区域政府进行理念创新、技术创新、组织创新和制度创新。

（2）区域资源消耗、环境损害等都属于投资驱动发展阶段的产物，属于发展过程中所产生的逆生性资源，是由区域经济发展中的外部溢出效应逆向形成的一类独特的生成性资源。正是由于这些外部溢出效应，对此类逆生性资源的开发与管制，政府也必定是第一责任主体，所以同样需要区域政府进行理念创新、技术创新、组织创新和制度创新。

（3）区域通过在经济社会发展评价体系对 GEP 指标的引入，倒逼整个区域不断革新能源生产方式，逐步发展既有节能效果又符合低碳转型发展方向的用能新技术，从而处理好在此阶段所产生的逆生性资源等问题；通过对其的不断调控与遏制，从而不断推生新的经济增长领域，进而构建区域经济的创新引擎。GEP 指标的引入实质上恰是区域政府进行理念创新、技术创新、组织创新和制度创新的综合表现产物。

综上所述，在由创新经济竞争主导的经济增长阶段，世界各国的区域政府既要以技术创新引领经济发展，又要全面地、创造性地处置经济发展给区域社会带来的危害因素。在这一阶段，区域政府要根据经济的实际运行状况，科学地开展理念、技术、管理、创新，这将促进区域经济科学、可持续发展，在创新驱动阶段取得可喜的成效，即实现基于提高全要素生产率的增长。

全要素生产率的增长是 20 世纪 50 年代诺贝尔经济学奖获得者罗伯特·默顿·索洛（Robert Merton Solow）提出的概念，其实质是技术进步率，即除所有有形生产要素（劳动、资本、土地等）以外的纯技术进步带来的生产率的增长。换句话说，全要素生产率的增长就是在所有的有形生产要素的投入量保持不变时，那些无形资源的变动带来的生产量的增加，它是经济长期增长的重要动力。所谓的纯技术进步，包括知识、教育、技术培训、规模经济、组织管理、政策制度等方面的改善，它是指那种非具体化的技术进步带来的生产效率的提高。因此，一个区域的理念、技术、管理和制度的创新是区域提高全要素生产率的重要方式。全方位的创新可以驱动基于提高全要素生产率的区域经济增长，而这种经济增长才是有质量的、可持续的增长。在这一阶段，区域的人才、资本、技术、管理、政策等各类资源向技术、管理、组织和制度创新领域的倾斜和汇集，将形成新的经济增长点，使区域财政由以支出为主转向以收入为主，这也是这一阶段的主要特征。

第四节　共享经济驱动主导的增长阶段

对于区域政府来说，区域经济增长经过由产业经济竞争、城市经济竞争和创新经济竞争主导的不同发展阶段后，就进入竞争与合作经济主导阶段或共享经济驱动导向增长阶段，同时这也被称为规则驱动增长阶段。区域经济将经历更为深刻的转化过程：从依赖本区域资源转向探索区域外资源，开发各类国际经济资源（如太空资源、深海资源、极地资源等），切换经济发展模式；从单纯通过企业竞争配置产业资源，到区域政府相互竞争，参与配置城市资源和其他新生成性资源；从单一市场机制发挥作用到有为政府与有效市场相结合，构建区域经济增长的投资新引擎和创新新引擎。在这一转化过程中，区域间的竞争必然涉及如何维护经济治理体系的公平、公正原则的问题。一方面，区域政府需要保护各区域的经济利益和区域间的经济秩序，也需要维持和扩大开放型经济体系；另一方面，各区域在开拓经济新领域的过程中，为应对新问题，需要制定新规范，会不断做出跨区域的新调整，这在客观上会导致区域间竞争与合作共存的格局。因此，在区域经济增长的第四阶段，即共享驱动阶段，竞争与合作经济将占据主导地位。

在此阶段，区域产业体系已升级为具有区域竞争力的现代产业体系。一是传统产业完成改造提升，互联网、大数据、人工智能和实体经济深度融合，制造业从加工生产环节向研发、设计、品牌、营销、再制造等环节延伸、智能化发展；二是战略性新兴产业不断壮大，新一代信息技术和生物技术、新能源、新材料、高端装备、节能环保设备、3D打印、智能机器人、新动能汽车等产业蓬勃发展，逐渐形成具有区域竞争力的新兴产业集群和产业集聚带；三是现代服务业加快发展，金融、物流、航运、旅游、文化、会展等生产性、生活性服务业正向专业化、高品质化转型。区域的产业经济竞争推动着区域间产业的优势互补、紧密协作和联动发展。

在此阶段，区域基础设施已形成区内互联互通、区外通道顺畅的功能完善的网络。一是现代化的综合交通运输体系已形成，以沿海主要港口为重点的港口、航道、疏港铁路、公路等基础设施服务能力强，以航空枢纽为重点的空域资源利用效率高，以高速公路、高速铁路和快速铁路等为骨干的综合运输通道畅通；二是以物联网、云计算、大数据等信息技术集成应用为重点的智能交通系统日趋完善；三是智能城市基础设施、城市软件基础设施、城乡一体化中的能源基础设施和水利基础设施等逐渐完善。区域的城市经济竞争推动着区域之间基础设施的互联互通、布局合理和衔接顺畅。

在此阶段，区域通过技术创新，已形成集聚创新资源的开放型区域协同创新共同体。一方面，区域技术创新高地和新兴产业重要策源地已逐渐形成，技术创新走廊的建设，人才、资本、信息、技术等创新要素的区域流动，大数据中心和创新平台的建设，高校、科研团体、企业等技术新活动的开展，以及创新基础能力的提升和产学研创新联盟的发展等，都在不断拓展和深化；另一方面，致力于提升科技成果转化能力的各类制度和政策环境正在优化，区域创新体制机制改革，科技、学术、人才、项目等区域合作的便利化，科技成果转化、技术转让、科技服务业合作、知识产权保护和运用，以及科技、金融、产业融合创新政策，科技、管理、制度、理念融合创新举措等都在不断深化。区域的创新经济竞争推动着区域间的创新合作、协同创新和融合发展。

关于竞争与和合作经济，我们以全球现行的 WTO（World Trade Organization，世界贸易组织）规则为例，阐述其对世界经济的影响。之所以选择 WTO 的规则，前文已经说过，一个国家实际上也是一个区域，不过是相对更高级别的区域范畴，研究 WTO 的贸易规则还是在区域经济的框架中进行。

依据前文所述，在区域经过由产业经济竞争、城市经济竞争和创新经济竞争主导的发展阶段后，区域经济将从依赖本区域资源转向区域外，不断开拓新的经济领域。在这一转向过程中，一方面，区域间的竞争必然涉及如何维护经济治理体系的公平、公正原则的问题；另一方面，在竞争的过程中会推动区域间的创新合作等问题,而这些问题的解决,都需要有一定的规则标准来减少冲突和争端,才能使这种竞争与合作的相互关系不断维系下去,并在这个过程当中大家都能获利,这种关系就是一种相对长久的关系。

在 WTO 的官网中,其中对于争端解决的机制主要是"规则导向、成员驱动"。"规则导向(rule oriented)"的"规则"就是 WTO 的法律规则,其解决的"争端"指的是国际贸易争端。众所周知,国际贸易为全球带来了共同的利益,以此类推,除了国际贸易外,区域间的竞争与合作机制还有很多领域,如果在这些领域都建立类似的规则体系,那么它必将为全社会的福利创造不可估量的价值,而这恰恰是规则驱动的主要意义所在。

在上述讨论基础上做进一步分析,区域经济的竞争驱动或者说区域的竞争型经济增长,在客观上形成了人类社会的四种共享产品或公共产品。

第一种是思想性公共产品。比如对市场机制运作体系的重新认识,即市场竞争不仅存在于产业经济的企业竞争中,而且存在于城市经济的区域竞争中,成熟市场经济应该是有为政府与有效市场相融合的经济体系等。

第二种是物质性公共产品。比如信息化与工业化、城市化、农业现代化、国际化的结合,相关的软硬件基础设施建设推动了区域公共交通、城市管理、教育、医疗、文化、商务、能源、环保等物质条件的改善与提升。

第三种是组织性公共产品。比如传统的城市建设犹如"摊大饼",现代化的城市发展则要求组团式布局,因此,当区域经济秩序的架构从"摊大饼"模式走向组团式布局时,就实现了组织管理的改革创新。

第四种是制度性公共产品。比如在"让区域带来更多发展机遇""让经济增长成果普惠共享"等原则指导下的制度安排,使区域的劳动、就业、保障和社会政策等进一步完善,其成果具有共享性。由此可见,在区域由竞争与合作经济主导的增长阶段即共享驱动阶段,区域政府间应遵循的基本原则是:①改革引领,创新发展;②统筹兼顾,协调发展;③保护生态,绿色发展;④合作共赢,开放发展;⑤惠及民生,共享发展。总之,构建竞争与合作相融合的创新型、开放型、联动型、包容型和共享型区域经济体系,将是这一阶段的可持续的经济增长方式。

第五节　区域经济竞争梯度推移

在世界各国区域经济发展的历史进程中，区域经济竞争呈现出梯度推移的模型，如图2-3所示。

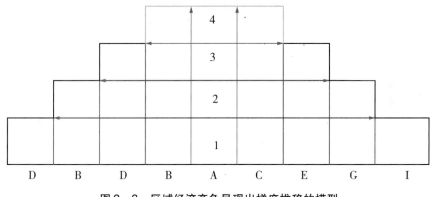

图2-3　区域经济竞争呈现出梯度推移的模型

图2-3中，A至I表示不同的区域，1至4表示区域经济发展的四个阶段，即1是由产业经济竞争主导的增长阶段，2是由城市经济竞争主导的增长阶段，3是由创新经济竞争主导的增长阶段，4是由竞争与合作经济主导的增长阶段。如前所述，第一阶段属于区域经济发展的初始阶段，在此阶段，技术水平较低，资本积累较少，区域更多是依靠劳动力、自然资源等生产要素在数量上的简单扩张来形成增长动力，因此呈现出要素驱动的特征，其经济增长方式具有基础性和普及性，这是区域政府竞争的第一个层次。第二阶段属于区域经济发展的扩张阶段，此阶段以城市硬件基础设施的大量投资为起点，以城市软件基础设施和城乡一体化的软硬件基础设施的大量投资为过程，以智能城市的开发和完善为终结，区域经济增长由此出现一个又一个高潮，因此呈现出投资驱动的特征，其经济增长方式中政府参与的痕迹明显，这是区域政府竞争的第二层次。第三阶段属于区域经济发展的高质量阶段，在此阶段，技术创新作为主导力量，引领着理念、组织和制度的全面创新，从而使经济增长模式不断推陈出新，经济发展的质量获得全方位提升，呈现出创新驱动的特征，推动着区域政府经

济竞争向高端化发展，这是区域政府竞争的第三层次。最终，区域政府竞争将迈向第四阶段，即竞争与合作相融合的高级阶段，在此阶段，区域经济将沿着"竞争为主→竞争与合作共存→合作共赢为主"的路径前行，呈现出共享驱动的特征。此时，在区域经济竞争中形成的思想性、物质性、组织性和制度性公共产品，将成为区域间普惠共享的经济增长成果，推动各区域经济社会的协同进步。

与上述四个经济发展阶段相对应，存在着四种经济学说。

一是产业效应说，即在由产业经济竞争主导的经济增长阶段，由于区域经济发展在空间上并不同步，往往是一些具备产业发展内在因素和外在条件的区域率先发展，这些区域的产业逐渐集聚、经济不断增长，并与产业发展滞后的区域相互影响，使产业发展需要的各种生产要素不断从不发达区域向发达区域集聚，形成区域竞争优势和产业效应。因此，在这一阶段，区域政府要想在竞争中脱颖而出，就应做好大力招商引资、引进项目、完善产业链、鼓励进出口、拓展国内外市场，加强对产业经济的规划引导、扶持调节、监督管理等政策配套。

二是城市扩展说，即在由城市经济竞争主导的经济增长阶段，区域经济增长的动力主要来自多层次的城市基础设施的投入和城乡一体化的扩展，具体包括核心城市软硬件基础设施的投资、城乡一体化基础设施的建设和智能城市的开发运用等。处于多层次城市系统中的各区域政府，对城市基础设施投资建设，应遵循"政府推动、企业参与、市场运作"的原则来配套政策，唯其如此，才能推动城市功能的延伸、扩展、改善，优化区域经济发展环境，建设完善的城市经济系统，确立区域竞争优势，从而促进区域经济在此阶段实现可持续增长。

三是创新驱动说，即在由创新经济竞争主导的经济增长阶段，处于创新驱动阶段的区域（一般都是经济较为发达的区域），其产业部门、产品、技术、生产方式和商业营销模式等方面会出现一系列创新活动，以此为基础还会延伸出组织管理方式、制度政策措施等一系列创新活动。随着时间推移，这类源于经济发达区域的创新又会逐渐向经济落后区域传递。在这一阶段的区域经济竞争中，区域政府应及时、有效地推动各项有利于创新的政策措施，从而促进区域经济发展，建立区域经济优势。

四是协同发展说，即在由竞争与合作经济主导的经济增长阶段，竞争会使产业资源和城市资源向经济发达区域不断集中，但经济发达区域的增长天然地受到这一阶段区域内在因素和外在条件的制约,因此,区域间会形成各类共享性的公共产品,从而保障各区域经济和社会的持续进步。因此,在这一阶段,区域政府的各类经济政策和措施应沿着"竞争→竞争合作→合作共赢"的轨迹,促进各区域协同发展。

在上述分析的基础上,我们再来详述区域经济梯度推移说。图2-3所呈现的区域经济梯度推移模型有四个特点。一是区域经济竞争最早是由率先推动产业经济、城市经济、创新经济发展的经济发达区域启动,随着时间的推移及各区域内在因素和外在条件的变化,区域经济竞争从以发达区域为主逐渐向欠发达区域横向推移,即从图2-3中的A、B、C区域向D、E、F、G、H、I区域横向推移。二是随着经济发展水平的逐渐成熟和经济增长阶段的不断升级,区域经济竞争逐渐从产业经济纵向扩展至城市经济、创新经济等领域,即从图2-3中的阶段1向阶段2、3、4纵向推移。三是在由产业经济、城市经济和创新经济竞争主导的阶段,率先推出有效的政策措施的区域,其经济发展将具有领先优势,各区域政策措施的力度和效用差异,将使其在区域间梯度经济结构中居于不同的位置,图2-3中A、B、C区域即优于其他区域。四是经济增长阶段的升级,即从产业经济竞争主导,到城市经济竞争主导,再到创新经济竞争主导,最后到竞争与合作经济主导,是一个漫长的历史进程。但人类经济社会共同创造的各类公共产品,终将驱动共享经济的普及,促成区域间经济的协同发展。竞争与合作相互作用,共同推动经济增长,尽管各区域的经济发展存在差异,但呈现横向有序推移、纵向协同发展的趋势,最终使合作共赢成为主流。

最后,需要补充说明两点。第一点需要说明的是,本章涉及的竞争型经济增长的四个阶段论与迈克尔·波特教授在《国家竞争优势》(*Competitive Advantage of Nations*)一书中所说的"经济发展四个阶段"理论有什么联系和区别?联系在于,它认同并借鉴了迈克尔·波特教授将国家经济发展分为四个阶段的方法论,即存在生产要素导向阶段、投资导向阶段、创新导向阶段和富裕导向阶段。区别在于,迈克尔·波特教授的国家经济发展四个阶段方法论中的竞争主体是企业,而在本书中阐述的四个阶段论的竞争主体是区域政府。由此出发,进而划分了世界各国区域经济增长的四个阶段,即由产业经济竞争主导的增长阶段(以要素驱动为主)、由城市经济竞争主导的增长阶段(以投资驱动为主)、由创新经济竞争主导的增长阶段（以创新驱动为主）、由竞争与合作经济竞争主导的增长阶段（以共享驱动为主）。在此基础上，笔者对区域政府在不同竞争阶段采取的政策措施、呈现的财政支出特点及其效果做了分析。第二点需要说明的是，划分区域经济增长的四个阶段在理论上是可行的，但在现实中，这四个阶段是难以截然分开的，历史进程也证明了这一点。在此之所以强调区域经济增长的阶段性，是因为想强调这阶段区域经济增长的主导特征和路径，由此说明区域政府在这一阶段采取政策措施应有的放矢。但我们也应清晰地认识到，区域经济增长的四个阶段是相互渗透、层叠推进的。因此，笔者认为区域政府在某一阶段的政策措施应有所侧重，但决不否认区域政府为下一发展阶段做政策准备、进行培育和引导的重要性。

❋ 本章小结 ❋

本章参照竞争力理论体系，从城市综合竞争力出发，将经济发展划分了四个增长阶段，即产业经济竞争主导的增长阶段、城市经济竞争主导的增长阶段、创新经济竞争主导的增长阶段和共享经济驱动主导的增长阶段，并就这四个增长阶段做了相对清晰的界定和介绍。同时，这四个增长阶段代表了区域经济发展的一种层层递进的关系，为区域在未来经济发展过程中提供了所遵循的发展脉络，具有重要的参考和指示作用。但要说明的是，这四个增长阶段不是严格意义上能完全界定清晰的，只能说是根据区域经济发展过程中某一种经济作为其主导作用而划分的。

【附】
城市基础设施的 BOT 方式及其运作的程序与过程

一、BOT 方式的概念与分类

BOT 方式是由土耳其总理图尔古特·厄扎尔（Turgut Ozal）于 1984 年首次提出的。BOT 是"build-operate-transfer"（建设—经营—转让）的简称。BOT 是基础设施投资、建设和经营的一种方式，根据世界银行《1994 年世界发展报告》的定义，BOT 至少包括三种形式。

1. BOT（build-operate-transfer），即建设—经营—转让。政府给予企

业新项目的特许权,后由企业自身融资、建设基础设施项目,项目建成后,并在特许经营期内经营该设施,后将其转让给政府部门。

2. BOOT（build-own-operate-transfer）,即建设—拥有—经营—转让。政府给予企业新项目的特许权,后由企业自身融资、建设基础设施项目,项目建成后,在规定的期限内拥有所有权并进行经营,期满后将项目移交给政府部门。相比于BOT方式,首先,BOOT方式具有所有权（own）的区别,即在项目建成之后,BOT方式只拥有所建成项目的经营权,而BOOT方式则在规定的期限内既有经营权,也有所有权。其次,正是因为两者所有权的区别,采取BOT方式从项目建成到移交给政府这一段时间一般比采用BOOT方式短一些。

3. BOO（build-own-operate）,即建设—拥有—经营。BOO方式是企业根据政府赋予的特许权,建设并经营某项基础设施,但是最后并不用将此基础设施移交给政府部门。

在现实实践中,由于具体项目的条件不同和实际操作上的差异,BOT方式的具体结构也相应地随之改变①,如本书前文中提到的其他几种新的结构。

二、BOT方式的运作的程序与过程

对于政府来说,BOT方式一般需要经过四个阶段。

1. 选择项目阶段

选择适宜采用BOT方式的项目,因为并不是所有的项目都适宜采用BOT方式进行建设。因此,政府首先要做的就是选择并确定哪些项目可采用BOT方式来建设。如由于基础设施项目采用的新技术存在较大的风险,金融机构不愿意投入资金,或由于项目的经济效益不佳或不确定较大,私营投资者不愿意参与等。因此,在此阶段,政府的工作就是进行技术、经济及法律上的可行性研究,确定适合进行BOT方式的建设项目。

2. 招标准备及要约阶段

在政府确定项目后,政府准备一些招标和要约文件,提出招标的有关条件,邀请有兴趣参加投资建设的私营企业、金融机构或财团提出项目经营及贷款的方案和建议。

---

① 参见郭华伦《基础设施建设PPP运行模式选择研究》（学位论文）,武汉理工大学2008年。

3. 评价阶段

政府对招标提交的方案和建议进行综合分析、评价（一般会邀请项目领域的专家或学者等），进而选择具有相关经验和能力、能够承担此项工程的私营企业以及信誉较好的贷款机构。

4. 谈判阶段

对项目的各方面条款进行协商，最后形成法律文件。

思考讨论题

1. 竞争力理论体系的两条发展轴线是怎么样的？从个人角度来看，你认为哪条轴线更有可能贴近现实？

2. 城市综合竞争力的四个增长阶段是什么？这四个阶段在现实中可以完全划分开来吗？为什么？

3. 产业经济主导的增长阶段所经历的三个过程是怎么样的？你认为为什么会出现这个过程阶段？

4. 你认为迈克尔·波特教授的国家竞争优势理论有什么局限吗？从本书的观点出发，你能发现其中的主要问题吗？

5. 市场经济是否需要产业政策？

6. 相比于迈克尔·波特的产业竞争理论，城市经济竞争的理论内涵是什么？

7. 迈克尔·波特教授在《国家竞争优势》中所说的"投资导向阶段"与本书中的"投资驱动阶段"有什么不同？

8. 城市基础设施的主要内涵是什么？如此分类的优势或意义在哪里？

9. 区域政府如何在城市经济竞争中发挥其作用？

10. 国家或区域存在哪三种不同类型的政府失灵？

11. 在区域政府创新驱动阶段存在哪四类创新？这四类创新在其他发展阶段就一定没有吗？具体该如何理解呢？

12. 为什么共享经济驱动主导的增长阶段也可以成为规则驱动增长阶段？

13. 区域经济的竞争驱动或者说区域的竞争型经济增长，在客观上形成了人类社会的哪四种共享产品或公共产品？

14. 本节所涉及的竞争型经济增长的四个阶段论与迈克尔·波特教授在《国家竞争优势》一书中所说的"经济发展四个阶段"理论有什么区

别？与迈克尔·波特的理论相比，本书的创新之处在哪里？

15. 根据梯度推移学说，是否未来所有的区域都可以达到竞争与合作阶段？为什么？

第三章 城市化主导经济增长时代来临

当前世界已经进入全球化的城市时代,在工业化、信息化、国际化加速的背景下,城市正越来越主宰着包括中国在内的各个国家的未来,主宰着各个国家的经济增长,城市的竞争力决定着各个国家的国家竞争力。伦敦,一个占英国40%的GDP的大都市①,不但是金融中心,而且也是政治中心,拥有全球性的政治和经济能力。中国36个省会城市及计划单列市,2019年的GDP合计384521万元,占中国GDP的比例高达38.9%②,城市越来越主导着各个国家的经济,世界也已经进入城市化主导的时代。

城市的竞争力决定着国家竞争力,而城市的发展有其特定的规律和进程,所以研究城市的发展历程就显得极为必要。城市是在特定的历史环境背景下产生的,其会随着社会的发展而发展,同时,城市又会反过来促进社会的发展,两者相辅相成。

城市化的进程有其历史规律,我们只有在了解世界各国城市化历程的基础上,才可能更好地从全局的角度去思考各国经济增长与城市的关系,从而再指导各国经济增长。城市的发展不是一成不变的,其发展方式会有革新,研究城市化发展方式的革新对于研究城市的发展具有重要意义,对于未来城市的发展方向具有借鉴作用,对于城市经济可持续增长具有重要的指示作用。

第一节 城市化、基础设施投资与经济发展概述

在世界各国,包括中国,都在上演着大国竞雄、城市竞秀的情景。城

---

① 参见姚洋《"城市化2.0"与中国经济新趋势》,载《财经界》2021年第22期,第28页。
② 数据来源于中国国家统计局,由笔者整理所得。

市，是国家参与全球竞争的主体、丈量大国创新实力的标尺，以及解码市场与政府互动之道的窗口。佛山就正对标着国内经济总量类似的成都、武汉、杭州、南京、青岛、长沙、无锡、宁波、大连、郑州等同行城市。这些城市互为坐标，努力构建一个城市创新的"样本池"，探索城市经济可持续增长的新路径。

参照其他大城市的有力举措，佛山做出了以下诸多规划部署。

第一，无锡、宁波、佛山是三座制造业大城市，应坚守实体经济，主攻智能制造，佛山尤其要加速打造"中国制造2025"。

第二，参照成都、武汉、南京培育新工业集群的经验，佛山要在智能装备、新能源汽车等领域培育新的增长极。

第三，背靠"超级城市"广州，佛山要构建与广州相联结的同城服务。

第四，佛山应参与招商竞逐，争取世界500强企业入驻。

第五，佛山应开展金融创新，全力服务实体经济。

第六，佛山应把城镇化发展产业与城市融合作为城市竞争的新支点。

第七，区域的竞争与合作已进入"城市群时代"，参考武汉、成都努力建设枢纽城市、加速建设重大交通枢纽的经验，佛山应建设立体交通，全力推动新一轮基础设施建设。

第八，佛山应加快建设智能城市，构建宜居、宜业、宜游的新服务体系，找到激发城市经济增长潜力的新"钥匙"。

从佛山推而广之，作为中国三大经济圈的京津冀、珠三角和长三角，都在全面实施城乡规划、推进基础设施建设、规划产业布局、落实环境保护、提升公共服务水平等，以促进区域一体化和区域经济可持续发展。这些举措取得了显著效果，当前三大经济圈的基础设施一体化有序推进，地域间分工合作程度提升，新型城镇化稳步推进，国家海绵城市建设、国家地下综合管廊建设等均在有序进行。同时，中国其他区域城市群也在促进区域协调发展、培育新经济增长极方面不断努力，实施了许多成效显著的重大举措。

除了区域政府的努力探索，中央政府也着力推动大科学工程、重大科技专项、重大科技平台等基础领域投资建设。同时，互联互通的农村交通基础设施建设也正在形成有序的新结构，推动城乡一体化的发展交通基础设施建设、市政基础设施建设、能源基础设施建设、水利基础设施建设、信息基础设施建设、环保基础设施建设等，正为培育新的经济增长点奠定牢固的基础，并将持续产生巨大的经济效应和社会效应。

城市化主导经济增长的时代已经到来。对中国来说，现在回过头去看，可以发现2013年是中国城市化一个重要拐点，那种主要依赖产业经济的"工业化超前、城市化滞后"的状况开始改变，城市化成为经济增长的新动能，并反过来逐步推动着产业经济的转型升级。

从世界范围看，近半个多世纪以来，全球人口在向大城市集聚。城市规模和经济效率、人均城市产出与城市人口现有明显的正相关关系，城市规模越大，生产率越高。美国、日本、韩国、新加坡、澳大利亚、加拿大等都是如此，其经济活动聚集在大的都市圈，大城市的经济产出更大。

从城市发展角度看，政府和社会资本合作（PPP）是一种政府与市场结合的有效方式。达霖·格里姆赛（Darrin Grimsey）等学者在《PPP革命：公共服务中的政府和社会资本合作》一书中提出，PPP方式最大的优点在于将市场机制引入到基础设施的投融资领域，其具体效果包括：①引入竞争机制，促进了政府诚信建设；②缓解政府财力不足导致的资金短缺困境，加快基础设施建设和公共事业发展；③充分发挥外商及民营企业的能动性和创造性，提高项目运营效率和服务质量；④有效促进了市场法律法规制度的完善；⑤促进了技术转移；⑥培养了专业人才；⑦促进了金融市场的发展；⑧对外商及民营企业而言，减少资本金支出，实现"小投入做大项目"；⑨利用表外融资的特点，减轻投资者的债务负担；⑩利用有限追索权的特点，合理分配风险，加强对项目收益的控制，保持较高的投资收益率（对比完全追索权）。

此外，中国在"一带一路"建设的过程中，把以"丝路驿站"为代表的产业园区（即以海港、空港、内陆无水港等核心交通节点建设为切入点，以临港的产业园区为核心和主要载体，系统解决制约东道国产业转移的软硬件短板问题）打造成一个支持经贸互联互通和产业发展的大平台，并在这过程中总结出卓有成效的PPC（港口公园式城市）开发模式。这一模式的核心是港口的开发、建设、经营。通过管理先行、产业园区跟进、配套城市功能的开发等，东道国区域将实现联动发展，进而形成一个较为完善的港口、物流、金融园区生态圈。PPC成为"一带一路"倡议沿线国家商贸流通和互联互通建设的一张新名片，"基础设施建设+产业园区配套"的国际经合作也成为国际经济增长的新模式。

基础设施建设在经济发展中的重要性日益提升。2016年，毕马威国际会计师事务所曾就未来五年世界性基础设施建设提出十大趋势：①宏观风险环境已经开始转化；②投资竞争加剧；③政府将清除基础设施投资的障碍，以促成更大的经济和社会利益；④城市设施管理更加多样化；⑤技术变革加速影响基础设施建设；⑥城市安全成为城市建设的重要议题；⑦基础设施建设存在公私合营的发展空间；⑧各类机构通过金融创新，将推动基础设施投资的迅速崛起；⑨基础设施建设将进入负债投资运营时代；⑩中国和印度日益活跃，发展迅速。毕马威国际会计师事务所的报告是对全球基础设施建设的观察和研判，揭示了世界经济增长的可能路径。

与此同时，《二十国集团（G20）经济热点分析报告（2016—2017）》也揭示了基础设施建设的重要性，认为二十国集团经济运行的显著亮点是基础设施的投资建设，这是驱动世界经济复苏并可持续增长的重要引擎。报告指出：①当前新兴和发展中经济体的基础设施供给明显不足，存在巨大缺口，而发达经济体的现有基础设施又逐步老化，各国都有很大的基础设施建设需求。②在全球经济不景气、缺乏投资效率的时期，加强基础设施投资，尤其是推动并优化高质量投资，无论在短期还是长期，都将为经济增长提供强大的动力支持，也有利于创造就业和提高生产力。③作为新增长战略的一部分，增加基础设施投资也是二十国集团共同关注的焦点，是二十国集团峰会的重点议题。2014年11月召开的二十国集团领导人峰会同意成立为期四年的全球基础设施中心，致力于为政府、私人部门、开发银行和其他国际组织提供分享知识的平台和网络，促进各方合作，以改善基础设施市场的运行和融资状况。④世界银行2014年10月也宣布要建立一个全球基础设施基金，旨在促进复杂的公私合作经营的基础设施项目的实施，同时推动私营部门在基础设施投资中发挥作用。⑤近年来金砖国家经济合作、亚洲区域经济合作也都非常重视基础设施领域的共同建设，并取得了务实合作成果，建立了金砖国家新开发银行、亚洲基础设施投资银行等。⑥据全球基础设施中心预测，到2030年，基础设施投资市场将存在10万亿至20万亿美元的投资缺口，对全球经济发展前景将带来不利影响。因此，2016年，全球基础设施中心发出倡议，号召各国政府重新把注意力放在基础设施投资领域，开拓极具投资潜力的发展机遇，提振全球经济。①

  现今，作为全球第一发达国家的美国以实际行动更加证实了基础设施建设的重要性。2021 年 11 月 5 日，美国国会众议院以 228 票对 206 票通过了美国《基础设施投资和就业法案》（Infrastructure Investment and Jobs Act，该法案在 2021 年 8 月已经被美国参议院通过），该法案预计将出资 1.2 万亿美元对美国基础设施建设进行投资，其总体内容主要包括八个方面：①投资美国供水基础设施，为美国家庭提供干净的水；②对网络宽带基础设施进行投资以确保美国个人或家庭都能使用可靠的高速互联网；③修复和重建美国的道路和桥梁；④投资美国公共交通，改善美国人的交通选择并减少温室气体排放；⑤升级美国的机场和港口，减少机场和港口附近的拥堵和排放，从而加强供应链并防止造成通货膨胀；⑥对美国客运铁路进行大投资，使其在未来的美国交通和经济中起核心作用；⑦建立全国电动汽车（electric vehicle，EV）充电器网络，从而加快电动汽车的普及，减少碳排放；⑧投资清洁能源传输和电网，从而升级美国的电力基础设施，提供美国范围内清洁、可靠的能源。可以预见，这一法案将为美国创造数百万个就业机会，并同时刺激美国经济可持续增长。以上是单一国家提升基础设施建设、促进单一国家经济增长的典型案例，那么对于全世界呢？同样，《二十国集团（G20）经济热点分析报告（2016—2017）》指出，在区域或全球经济一体化深入发展的情况下，对跨区域、跨国界互联互通的基础设施的需求也将日益增长，全球基础设施建设也会迎来一轮新的发展机遇。基础设施投资的快速增长，将成为驱动世界经济复苏和可持续增长的重要引擎。②

  世界各国经济增长进入城市化发展、城镇化发展、城乡一体化发展的新阶段，全球基础设施投资建设将各个国家凝聚为利益共同体。对于这一世界经济增长的新引擎，各国都需要投入资源、相互协调、制定规则、有序推进，使之发挥出应有的重要作用。

---

  ① 参见李建平、李闽榕、赵新力等《二十国集团（G20）经济热点分析报告（2016—2017）》，经济科学出版社 2016 年版，第 39～42 页。
  ② 参见李建平、李闽榕、赵新力等《二十国集团（G20）经济热点分析报告（2016—2017）》，经济科学出版社 2016 年版，第 39 页。

第二节　世界各国城市化的发展

基础设施投资作为世界经济增长的新引擎，它有产生前提和生长土壤，即城市的发展。纵观世界各国历史，我们同样可以发现：在各国还没有完成成熟的城市化的情况下，各国经济的发展同该国的城市化发展基本一致，经济发展的速度越高，则城市化进程越快。一方面，城市经济已经越来越成为各国经济增长的主体；另一方面，经济增长之后又不断推动着城市的发展。所以，了解世界各国城市化的发展对于我们研究经济增长具有重要意义。

要了解城市化，我们需要先知道城市化的定义。而关于城市化的定义，不同的学科往往会不相同。从经济学的角度来看，城市化是人类的生产活动和生活活动随着社会生产力的发展由农村向城市不断转移以及城市空间不断扩大的过程。① 通常表现为以下四个特征。

（1）农村人口向城市迁移，并转为非农业人口。

（2）得益于产业机构和技术的进步，农业经济向非农业经济转移并进而产生空间集聚。

（3）城市规模在空间上不断扩大，城市范围不断向外围扩展。

（4）区域内城市的数量不断增多，形成城市集群。

研究城市化，需要解决两个核心问题：其一，如何衡量城市化水平？以往比较常用的指标有城市人口占比、城市第二、第三产业产值数量占比等。又因为城市人口占比相对容易计算和预测，所以一般就用城市人口占比，即人口城市化率来表示城市化发展水平。其二，如何划分城市化发展阶段？

根据蒋时节的研究，城市化应该至少包含有三个层次：第一个层次是人口的城市化，农村人口向城市转移以及城市人口自身增长的过程，人口城市化也常常成为全世界测度城市化水平高低的一个重要指标。第二个层次是城市的现代化，即城市建设和发展的内涵、质量朝着现代化方向不断提升的过程，其目标主要包括四个方面：①城市经济现代化；②基础设施

---

① 参见沈建国《世界城市化的基本规律》，载《城市发展研究》2000年第1期，第6页。

现代化；③城市社会发展的现代化；④城市管理的现代化。第三个层次是观念意识的现代化，即城市观念、城市意识及生活方式的一种扩散的过程。①

在全球，发达国家城市化进程起步较早，发展中国家则发展起比较晚，它们在发展速度和发展水平上也有比较大的差异。但总体来说，世界的城市化过程有一个相对明显的规律，即呈现出初始、加速和终极三个不同阶段的特征。

在初始阶段，农业经济占主导地位，比重较大，农业人口占有绝对优势，这一时刻农业生产率较低，农产品的剩余量较少，同时，人口增长处于高出生率、高死亡率的缓慢增长阶段，农村对劳动力的"推力"（顾名思义，即推动农村人口向城市迁移的因素，如收入低、人口增长快、对土地压力大、受自然灾害伤害大等）还不太紧迫。而现代工业则刚刚起步，规模较小，发展受到资金和技术的制约，城市对农村人口的"拉力"（即拉动农村人口向城市迁移的因素，如就业机会多、社会福利保障程度高、文化设施齐全等）也还不够大。"推力"和"拉力"的缓慢释放，必然使得农村人口向城市转移的速度较为缓慢，这表现在城市化进程上，也就是需要有一个相当长的时期。一般认为，城市化从初始阶段到进入加速阶段的人口城市化率拐点值为25%或30%。世界城市化的这个过程，从两河流域的城市出现开始至世界城市化水平达到20.5%的1925年，历时5400多年。

在加速阶段，随着现代工业基础的逐步建立，经济得到相当程度的发展，工业规模和发展速度明显加快，城市的就业岗位增多，拉力增大。而农村生产率也得到相应提高，使更多的劳动力从土地上解放出来。同时，由于医疗条件的逐步改善，人口增长进入了高出生率、低死亡率的快速增长阶段。农村的人口压力增强，乡村的推力明显加大。在这种条件下，农村人口向城市集中的速度明显加快，城市化进入加速发展阶段。城市化水平在相对较短的时间里从百分之二三十达到百分之六七十。世界发达国家大约用了100年的时间达到这个水平。

在终极阶段，城市化水平达到百分之六七十之后，发展速度又转向缓

---

① 参见蒋时节《基础设施投资与城市化进程》，中国建筑工业出版社2010年版，第36～37页。

慢。这时,全社会的人口进入低出生率、低死亡率、低增长率的阶段。同时,农村人口经过前一时期的转移,人口压力减小,农业生产率进一步提高,农村的经济和生活条件大大改善,乡村人口向城市转移的动力较小。在城市的工业发展中,资金、技术投入越来越重要,就业岗位增加速度减缓,剩余劳动力开始走向第三产业。由于农村的推力和城市的拉力都趋向减小,城市化进程开始放慢,城市化水平徘徊不前,直到最后城乡间的人口转移达到动态平衡。

综上所述,纵观世界城市化发展历程,基本都有城市数量不断增多,城市人口占总人口比重不断上升,城市用地规模扩大,劳动力由第一产业向第二、第三产业转移的特点,后续随着科技和社会的进步,城市还会出现等级升级等新型城市化的特征。

一、世界主要国家城市化的表现

(一) 英国

英国作为城市化发展的故乡,是最早开始城市化的国家,而这主要原因在于其是第一个开始工业革命的国家,无先例可循,且在城市化发展时期,它正处于自由资本主义阶段,政府奉行自由放任政策。这种政策一方面使城市化的进程有自然、健康的一面,避免了政府拔苗助长可能带来的弊端。但另一方面由于缺乏政府的统一规划管理,城市内部规划的杂乱无章,使得环境污染、住房紧张、交通拥挤等传统"城市病"变得非常严重。[①]

英国城市化初始阶段(11世纪—1750年):从11世纪开始,欧洲进入城市的复兴阶段。技术进步,人口持续增长,但耕地数量有限,为了增加收入和扩充军备,封建贵族开始征收更多的赋税。这导致了大部分的农民(大部分农奴和佃户)开始出售更多的农产品以换得更多的现金来缴纳赋税,进而打开了农产品和手工艺品的贸易模式新局面,以前被视为奢侈品的货物如美酒、香料、丝绸等也加入了贸易中。而贸易的出现和活跃增强了城市的活力和扩大了城市的规模。同时,由于农村生产力的提高,剩余农产品增多,手工业日益从农业中分离出来,并使得交易成为经常性的社会活

---

① 参见牟元军《英国近代城市化的特点及启示》,载《今日科苑》2009年第15期,第184页。

动。这些手工业者和专门从事商业的人们纷纷离开农村，聚居在城堡或教堂附近及交通要道和桥梁处，并定居下来。同时，在这一时期，英国城市的发展受到了意大利文艺复兴思想的影响，主要着力于城市的复兴和扩建。这个时期的欧洲的城市特殊之处就在于其自治的组织形式。一个农奴逃进城市里住满一年零一天就会成为自由公民，而城市居民一般都属于城市中各个职业团体，如行会和同业公会。伦敦以及其他城市在中世纪时代的工商业活动扩张和聚集，奠定了英国资本主义兴起的社会基础和地位，并成为日后资本主义发展的中心地带。到17世纪末，英国伦敦已经发展成了欧洲最大的城市。此时，城市人口占总人口的比例约为10%。[1]

英国城市化的加速阶段（1751—1990年）：1765年，以瓦特发明了蒸汽机为标志，英国开始了举世瞩目的、影响了全世界整个经济和社会进程的工业革命。1750—1851年，英国城市化的水平由10%提高到超过50%，并在1881年达到约70%的高度城市化阶段水平。[2] 而使英国城市化迅速发展的主要有四个方面的原因：①工业革命中使用的新机器、先进的管理方法和科学技术传入农村，促进了农业的现代化，使得英国能以较少的农业人口完成以前的耕种量，于是出现了大量剩余劳动力。这些劳动力大量涌入城市，为加速城市化进程注入了新鲜血液。②英国开始工业革命后，就业机会较多。在"向外吸引劳动力"的政策支持下，英国外来移民逐渐增多且大量涌向城市，导致城市人口不断膨胀。这些外来移民带来了先进的科学技术和熟练的工作经验，带动了英国的城市化。③工业革命推动小城镇迅速发展为大城市。工厂的广泛设立，进一步扩大了生产规模并有力地推动了英国城市化的进程。[3] ④英国优越的国际地位对英国近代城市化的进程产生了重大的影响，英国是近代海上争霸和殖民争霸的最后胜利者，殖民掠夺为英国带来了巨额财富，广大的亚非拉地区成了英国城市化的世界性农村。英国近代城市化的发展如同几条根系共同供应的一株幼苗，它的成长速度当然是相当快的。[4]

---

[1] 参见齐爽《英国城市化发展研究》（学位论文），吉林大学2014年。
[2] 参见齐爽《英国城市化发展研究》（学位论文），吉林大学2014年。
[3] 参见邹延睿《英国城市化对我国城镇化的启示》，载《法制与社会》2011年第25期，第219页。
[4] 参见牟元军《英国近代城市化的特点及启示》，载《今日科苑》2009年第15期，第184页。

表3-1　1851—1921年英格兰与威尔士人口

城市/农村人口占总人口比例								
年份	1851	1861	1871	1881	1891	1901	1911	1921
城市/%	50.10	54.60	61.80	69.70	72.00	77.00	78.10	79.30
农村/%	49.90	45.40	38.20	30.30	28.00	23.00	21.90	20.70

（资料来源：《当代英国城市》，Fonata，1975。）

在工业革命时期，英国乃至全世界城市人口占总人口比例在短时期内迅速增长。1800年，英国除伦敦外，英格兰与威尔士地区不存在超过10万人口的大城市。而到了1837年，英格兰和威尔士地区内，人口超过10万的大城市包括伦敦在内就有6座，这一数据在1891年增加到24座。在1801年，英国仅英格兰和威尔士地区的城市人口就达到了300万，约占英国总人口的33%。由表3-1可以看出，到了1851年，英国的英格兰和威尔士地区城市人口已经占其总人口的50.1%。而这个数字是2000年世界城市人口总比例。伯明翰、曼彻斯特和利兹三个城市在1801年其人口分别为7.1万人、7.5万人和5.3万人，到了1901年则分别达到了76.5万人、64.5万人和42.9万人。伦敦在这一时期更是成了当时城市人口快速增长的样板。1800年，其人口就已经达到86.1万人，1850年达到了240万人，在1900年更是增长至650万人，跃居全球城市人口第一。英国在此时期已经完全成为城市化的国家。大规模的、急速的、全国性的城市化过程已经基本结束。①

英国高度城市化阶段（1900年至今）：20世纪后，英国城市快速发展的弊端日益显露出来，得到了越来越多人的重视。而乡村公共设施与卫生条件的改善，以及越来越便利的交通设施，使城市的吸引力逐年下降。同时，政府也采取了许多控制城市扩张的政策和措施，在全球城市化迅猛发展的时候，英国的城市化反而相对缓慢和平稳。

英格兰地区由于历史和地理上的原因，城市布局相对密集，在20世纪初就已经形成了曼彻斯特-利物浦、利兹-谢菲尔德、诺丁汉-伯明翰以及以伦敦为中心的高度密集城市区域。而到了"二战"后，第三产业的兴起、知识经济的到来以及全球经济一体化引发了城市间分工协作与协调

---

① 参见齐爽《英国城市化发展研究》（学位论文），吉林大学2014年。

发展，城市之间有了更加紧密的联系。城市区域化和区域城市化又成为英国这一时期城市发展的新特征。都市区、扩展都市区以及都市连绵区成为英国城市布局的主要形式。①

（二）美国

美国是一个实现资本主义现代化的早发国家。美国的城市化开始于其殖民化时期，经过200多年的发展，如今已经实现了高度的城市化。因为美国实行这种早发性的城市化模式，美国的城市化进程没有面临太大的国际社会压力②，其在逐步实现城市化并解决在城市化过程中出现的各种问题时，基本上是依靠社会、市场的力量来推动，且其时间跨度相对会比较长。

美国城市化的初级阶段（1790—1830年）：从1790年美国真正取得民族独立到1830年，是美国城市化的初级阶段。根据美国刚建国的1790年的人口统计，美国的城市化水平只有5%，全国95%的人口居住在乡村，城市数量少、规模小，人口超过2500人的区域就被当作城市。③ 而在这一年，美国人口超过1万的城市只有5个，它们是纽约、费城、波士顿、新港和查尔斯顿。④ 在此期间，美国的经济是农牧业和商业为主，且服务于贸易，而美国城市大多是起到贸易中心的作用。因为当时美国内陆许多地区还处于美洲原住民——印第安人的实际控制之下，所以美国的经济、政治和文化的重心还处于大西洋沿岸地区。随着社会经济的发展和交通运输条件的改善（1825年，伊利运河竣工，连接纽约和五大湖地区的运河网络基本形成，原有港口城市可以控制的腹地逐渐扩大，用于对外贸易的原材料和产品销售地域也开始向内陆地区扩展），美国城市化逐渐向内陆推进，如芝加哥、底特律和密尔沃基等。⑤ 在此阶段，农业在国民生产总值占主导性的地位，城市人口占总人口的比重较小。1800年，美国的城市化水平只有6%。

美国城市化的加速阶段（1830—1930年）：在1830—1930年，美国

---

① 参见齐爽《英国城市化发展研究》（学位论文），吉林大学2014年。
② 参见林伟《美国、日本和巴西的城市化模式比较》（学位论文），河南大学2014年。
③ 参见新玉言《国外城镇化比较研究与经验启示》，国家行政学院出版社2013年版，第38页。
④ 参见周英《城市化模式研究——以河南为例的分析》（学位论文），西北大学2006年。
⑤ 参见新玉言《国外城镇化比较研究与经验启示》，国家行政学院出版社2013年版，第38页。

的现代化、工业化进程处于一个加速阶段,从而使美国城市化也处于一个加速发展的时期。首先,外来的移民为美国的城市化提供了大量的城市化主体,这些国际移民超过一半是来自英国、德国和法国的工人和专业技术人员,他们为美国带来了先进的冶铁、纺织、炼油等方面的工业知识和技术,也为美国城市化带来充足的人口和劳动力来源。其次,在这一时期,由于美国拥有得天独厚的自然条件(幅员广阔的版图,土地、森林、水力、矿藏等资源都十分丰富)、国内稳定的政局、发展近现代工商业的雄厚资本和广阔的国内市场以及快速发展的交通基础设施等,美国的工业化迅速发展(无论是在规模上,还是在速度上,美国的工业化在全球几乎都是独一无二的),进而促使了制造业和商业的发展与聚集,这种聚集效应的结果必然是城市化的迅速发展和社会的高度城市化。再次,不断改善的交通条件又为城市之间、城乡之间的便利联系提供了最基本条件,同时也为美国城市化向内陆推进提供了最基本的条件。城市化迅速发展的结果就是,在这一阶段,美国的城市数量不断增加,城市规模不断扩大。1870年,人口数量超过1万人的城市就有168个,其中人口数量超过10万人的就有15个,美国的城市人口占比达到25.7%。而到了1920年,美国城市人口数量第一次超过了农村人口,占比达到51.2%。①

美国高度城市化阶段(1930年至今):从1930年至今是美国高度城市化阶段。"大萧条"爆发后的1930年,美国社会已经实现了高度的城市化,在此过程中,美国城市化还在继续进行,但是同时也出现了逆城市化现象。因为城市交通堵塞、环境恶化等"城市病",而发达的现代化交通条件(地铁、代步的轿车等)已经出现了,人们为了寻求更高的生活质量,向大都市郊区和中小城市流动,出现了郊区化的逆城市化的现象。1930年,生活在人口超过百万的大都市的人口占美国总人口的比例达到峰值13.3%,自此以后,该比例就逐渐下滑,到1980年就跌至7.7%。从1960年到2005年,美国城市人口比重从70%提高到80.8%,城市人口增长率也下降到1.5%。②

(三) 日本

日本的城市化进程开始于19世纪60年代后期的明治维新,参照林伟

---

① 参见林伟《美国、日本和巴西的城市化模式比较》(学位论文),河南大学2014年。
② 参见林伟《美国、日本和巴西的城市化模式比较》(学位论文),河南大学2014年。

的研究，主要分为四个阶段。

"二战"前的早期城镇化（明治维新到20世纪20年代）：由于电力工业的迅速发展和企业生产的动力电气化，日本机器大工业发展起来，并呈现集中的趋势。日本为了顺应这一趋势，进行了一系列的城市改革，如在1871年废藩置县，1889年实行市町村制。最初，日本全国建立了39个市，其中有32个起源于封建时代的城下町，占城市总数的82.1%。以前，日本的城市主要是作为日本封建统治的政治中心而存在的，随着明治维新的工业化政策的推进，日本的城市不仅是日本的政治中心，还是日本新兴的近现代化的工业中心和对外贸易中心。1895年，日本的城镇人口只占全国人口的5%左右，而到了1920年，这一比例上升到了18%。

"二战"后重建初期城市化（1945年到20世纪60年代）：因为第二次世界大战，日本的城市化进程发生中断，为了躲避盟军的轰炸，大量的城市居民远避乡下。其中东京更是因为盟军毁灭性的轰炸，56%的房屋被毁，51%的人无家可归，到了1945年，城市人口急剧下降。由于城市工业遭到破坏，没有能力容纳更多的劳动力，军人复原、海外归国人员不得不向乡下转移。到1947年，日本城市化人口占总人口的水平从1940年的37.72%下降到了33.11%。[①] 从1945年到20世纪60年代，日本开始了战后恢复工作，经济和城市基础设施得以重建、恢复和发展，从而在此开始了城市化的进程。在这个过程中，东京恢复最快，所以人口不断向东京集中。日本为了引导城市化进程的有序发展，解决产业和人口过度集聚而造成的各种"城市病"，出台和制定了一些法规，如《国家首都区域发展法（1956年）》《限制国家首都区域建成区内的工业和教育建设》等。总体来说，这些法规的出台和实施，对于城市化过程中出现的"城市病"起到了一定的缓解作用。

在20世纪60年代后期，日本开始模仿法国的规划方式，编制新的《全国综合发展规划》，由国家制定发展规划政策来指导地方政府发展规划，划定增长区和非增长区，由国家引导工业、城市的布局。正是日本的发展导向政策，造成了日本的制造业高度集中在东京、大阪、名古屋、福冈这四大城市圈，尤其是这四大城市圈的临海部分地区，即四大临海工业带。在1960年仅占日本国土面积2%的四大临海工业带占据了当时日本全

---

① 参见林伟《美国、日本和巴西的城市化模式比较》（学位论文），河南大学2014年。

国工业总产值的30%以上，占国土面积12%的四大城市圈占据了全国工业总产值的70%。[1]

城市化加速时期（20世纪60年代末到20世纪70年代）：1960年，日本的全国城市化水平为43.7%，在1956—1973年是日本工业化和城市化的黄金时期，工业生产以年均13.6%的惊人速度递增。同时农业人口也以3.6%的超常规速度向城市的转移。到20世纪70年代，日本的城市化率就达到了76%。在这一阶段内，日本基本上完成了它的城市化进程。[2]这一时期，日本的大城市主要是以近区域蔓延和同心圆式辐射为主的城市布局格式，围绕大都市建设一些经过规划的卫星城，形成了具有日本特点的圈层状大都市区间结构，即大都市圈，这种发展近似于"摊大饼"。各大城市圈均有重要而强大的中心城市，例如，东京大都市圈就是由东京都、神奈川县、千叶县和埼玉县四个行政区组成，即由一都三县组成。其人口、经济和社会活动都有向东京都集中的趋势。

高度城市化后的完善时期（20世纪80年代至今）：20世纪80年代后期以来，在全球化和信息化的浪潮下，日本的社会也向后工业社会和信息化社会过渡，承担生产职能的制造业进一步向城市周边郊区转移，甚至向海外发展，都市越来越成为商务、信息和服务等第三产业的中心。由于第一产业、第二产业的萎缩和第三产业的兴起，日本的第三产业成了最主要的吸纳就业产业，所以人口进一步向大都市集中，因此，日本的大都市圈得到进一步发展。在此情况之下，日本的人口再次向城市集中，特别是一些第三产业发达的大都市。此外，城市与乡村的区别也越来越模糊，都市圈的半径不断扩大，特别是东京都市圈形成了太平洋沿岸大都市圈，也就是巨型城市带。

（四）中国

据以往研究，中国古代的城市起源于公元200年以前或者更早[3]，而且其数量之多，是世界各国无法相比的，长安、开封等都曾盛极一时。尽

---

[1] 参见新玉言《国外城镇化比较研究与经验启示》，国家行政学院出版社2013年版，第44～45页。
[2] 参见周英《城市化模式研究——以河南为例的分析》（学位论文），西北大学2006年。
[3] 参见景春梅《中国城市化进程中的政府行为研究》，载《中国市场》2012年第20期，第64页；张文《中国城市的起源》，载《地图》2004年第2期，第5页。

管如此，在接下来的2000年古代社会，中国的城市化进程几乎停滞不前。新中国成立后，中国的社会经济、政治环境发生了根本变化，中国的城市化进程才开始进入新的时期。

1949年，根据中国国家统计局数据（如图3-1所示），中国城市人口为5765万人，城市人口占总人口的比例为10.64%。经过中国重工业和轻工业3年的高速增长，1951年中国城镇人口提升到6632万人，城镇人口占总人口的比例提升为11.78%。经过第一个五年计划的成功，在1955年，城镇人口就提升到8285万人，占总人口比重提升为13.48%。

在第一个五年计划的顺利完成后，中国经济发展被强行推上"大跃进"的快车道，所以城镇人口在大规模城镇建设的刺激下迅速提高。在1960年，城市人口已经提升到13073万人，其占总人口比例则被提升至19.75%。从1961年起，为缓解饥荒，国家推行收缩性经济计划①，强制推行精简职工和减少城市人口的政策。到1965年，全国城镇人口为13045万人，其占总人口比例则减少至17.98%。后随着中国"文革"的发展，中国城市化进程一直停滞不前。

1978年党的十一届三中全会以后，中国实行了改革开放的政策，将重心转移到经济建设上来，农业生产和乡镇企业得到空前发展，同时，以工业和服务业为代表的城市经济在改革开放的推动下也获得了巨大增长。②正是经济的快速发展，为中国城市化进程提供了强劲的动力，到1992年，中国城镇人口从17245万人增加到32175万人，城镇人口占总人口的比例从17.92%提升到27.46%，基本达到城市化加速发展阶段的占比30%的门槛。

1992年，中国全面确立建立社会主义市场经济体制，市场在资源配置中的基础作用不断加强，中国经济的活力不断被激发，中国从此开始了新一轮的经济高速增长。与此同时，中国的城市化发展也保持了良好、持续的发展势头。在1996年，中国城镇人口占总人口的比重超过了城市化快速发展阶段的占比30%这一门槛，达到30.48%。到2000年，该比例则提升到了36.22%。到2010年，该比例则提升到了49.95%，基本达到

---

① 参见朱铁臻《中国城市化的历史进程和展望》，载《经济界》1996年第5期，第15页。
② 参见景春梅《中国城市化进程中的政府行为研究》，载《中国市场》2012年第20期，第65页。

50%的门槛。而根据国家统计局数据,到 2019 年,中国城镇人口占比已经超过 60%,达到 60.60%。据中国社会科学院城市发展与环境研究所预测,中国有望在 2030 年达到城市化发展的稳定发展阶段的占比 70% 的门槛,届时,中国将全面实现城市化。

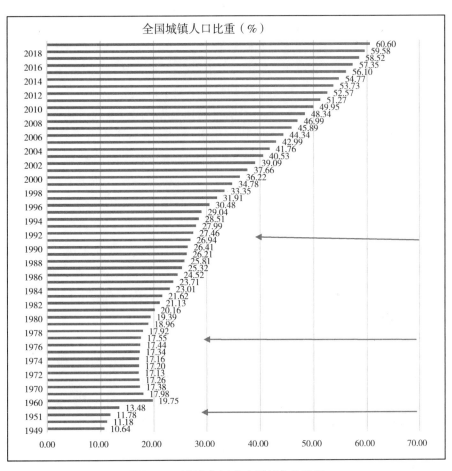

图 3-1 1949 年以来中国城市化进程

(数据来源:国家统计局。)

通过对以上国家的城市化历程的梳理,如果我们单纯从科学技术角度出发,也可以得到这个发展历程的结论。根据蒋时节的研究,自从 18 世纪以来,全球经济发生了四次大变革,从而使得经济实现四次大发展,并

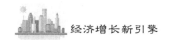

进而体现到城市化上。①

第一次大变革的科学技术基础是蒸汽机的发明和应用。英国率先开展工业革命，并在1850年成为第一个实现城市化率超过50%的国家，并享有"城市化故乡"的美誉。

第二次大变革的科学技术基础则是电的发明和运用。美国借助这次变革在1920年也基本实现了城市化率超过50%的目标。

第三次大变革的科学技术基础是电子工业的发展。日本是受其影响最大的国家，这使得日本在20世纪60年代的城市化率超过了英国和美国。

第四次大变革的科学技术基础则是网络技术的发展。以互联网为代表的网络技术的发展，形成了全球"信息高速公路"，极大地改变了社会生产方式。信息化开始改变传统的城市化模式，改变城市组合的空间形态，促进城市网络化和区域一体化，甚至逐步成为人类社会进步的新动力。

而以上四次技术变革恰巧跟我们前文所述世界主要发达国家的城市化进程吻合，从这个角度思考，城市化在某种程度上还是科学技术化。最新发布的《全球城市竞争力报告（2020—2021）》也指出，决定全球城市及价值链体系演进的根本动力是技术创新。

第三节　城市化发展方式的革新

通过前文城市化进程我们了解了工业化是城市化的基础，而且在这个过程中城市化又会反作用于工业化。高水平的城市化往往取决于高质量的工业化。在城市化进程中，为加快吸纳农村剩余劳动人口，促进城市人口的集聚，同时增强城市对劳动人口的产业支撑，加快工业园区建设是一个不错的方案。工业园区一方面可以引导企业向园区集聚，促进产业规模集聚效应，另一方面可以让入园企业充分利用园区基础设施齐全的优势，从而进一步带动园区开发，使之成为城市发展的经济增长极。此外，园区建设，可以通过吸纳农村人口，从而推动农村的农业结构调整，提高农业的效益，进而推动加快城乡一体化进程。②

---

① 参见蒋时节《基础设施投资与城市化进程》，中国建筑工业出版社2010年版，第38~39页。
② 参见邵晓慧《工业园区的主要作用》，载《合作经济与科技》2006年第5期，第55页。

开发区一般是指一个国家或地区为吸引外部生产要素、促进自身经济发展而划出一定范围并在其中实施特殊政策和管理手段的特定区域。[①] 开发区的种类一般包括：国家级经济技术开发区、高新技术产业开发区、海关特殊监管区域（综合保税区、保税区、保税港区、出口加工区及跨境工业区）、边/跨境经济合作区、自贸、国家级新区、自主创新示范区、省级开发区等。1984年，中国大连技术开发区成立，成为中国第一个经济开发区。经过30多年的发展，开发区已经遍布全中国。截至2018年，全国开发区总数达2727个，其中国家级经济技术开发区达223个、国家级高新区168个、海关特殊监管区161个、边/跨境经济合作区19个、国家级自贸21个、国家级新区19个、国家级自主创新示范区19个、其他国家级开发区23个以及省级开发区2074个。[②] 因为开发区可以通过"集聚效应"（企业和人口集聚所带来的知识外溢和技术进步）和"选择效应"（开发区政策导致竞争加剧形成的优胜劣汰机制）提高开发区的生产率水平[③]，所以，开发区已成为区域政府进行招商引资的"金字招牌"，对区域经济发展起着越来越重要的作用，所以各个地区的开发区如雨后春笋般涌现。

根据前文所述"三类九要素"的竞争，区域经济发展水平中所包含的项目竞争、产业链竞争和进出口竞争，其实施载体也主要是园区。不管是工业园区还是开发区，其本质还是园区经济，而园区经济的本质则是产业集群。产业集群是在一定的地理区域内大量相互联系的经济组织集聚的经济现象，主要表现为地理位置、产业领域、相关人才、配套机构和设施等的相对集中。集群的经济组织之间相互竞争、合作、交流，进而实现知识的共享和文化的共通，形成特定经济区域的独有特色，进而提升区域整体经济的发展水平。集群在一个园区的企业，由于共享基础设施、中介服务等，免去了巨额的基础设施及服务体系建设投入，方便了企业的运作，降低了企业的创业成本。有资料表明，一个合理布局的工业园区一般可以节约城市工业用地10%~20%，工业管网减少10%~20%，交通运输线缩

---

① 参见厉无畏、王振《中国开发区的理论与实践》，上海财经大学出版社2004年版，第1页。
② 数据资料来源于中国开发区网并由作者加以整理。
③ 参见王永进、张国峰《开发区生产率优势的来源：集聚效应还是选择效应》，载《经济研究》2016年第51期，第58页。

短 20%～40%。[1]

（一）PPP 模式

PPP（public-private partnership）模式即政府和社会资本合作模式。要建立完善的园区和城市环境进行招商引资，需要在基础设施领域进行大量投资。而由于城市基础设施建设的次生性资源属性，大部分都属于自然垄断产品，其具有沉淀成本高、边际成本递减、网络化运营、资本密集型等特征，政府如果按照私人产品市场特性实施垄断限价，容易导致企业亏损而无力经营，这决定其不能单由企业提供。[2] 而由于政府具有可以集中规划、集中管理的特点，其在传统的城市管理体制中具有天然的优势，可以在中国城市建设的过程中克服各种阻力。但同时，随着城市建设的进程加快，这种单由政府提供的体制也逐渐暴露出一些缺点和不足：首先是城市负债增加，城市财政不堪重负；其次是重建设、轻运营，不考虑效益等；[3] 最后由于行政垄断权具有显著自我强化机制，市场观念淡薄，技术创新机制缺失，预算成本约束，提供的产品数量与质量严重滞后于市场需求，成为消费者投诉热点。[4] PPP 模式的引入则可以较好地避免这些问题，因为其最大的优点在于将市场机制引入城市基础设施的投融资领域，是城市化发展方式的革新。其具体效果包括七个方面。

（1）引入竞争机制，吸引社会资本参与公共产品领域，促进政府的诚信建设。

（2）缓解政府财力不足导致的资金短缺困境，从而加快城市基础设施和公用事业的发展，改善社会福利。将政府有限的财力转移到社会性基础设施领域，从而更好地推进服务型政府的建设。

（3）通过引入社会资本，充分发挥社会资本参与者的能动性和创造性，激励社会资本参与者为降低成本而改善项目管理，提高项目运营效率和服务质量。同时，让社会资本参与者加入基础设施项目的前期设计和规划中来，进而避免政府的决策失误和浪费。

---

[1] 参见邵晓慧《工业园区的主要作用》，载《合作经济与科技》2006 年第 5 期，第 55 页。
[2] 参见张奇《公私合作（PPP）项目决策与评估》，经济科学出版社 2016 年版，第 1 页。
[3] 参见贺沛《从政企合一到政企合作——PPP 在我国开发区管理体制与基础设施建设中的应用与实践》，见搜狐网（https：//www.sohu.com/a/306025890_100138030）。
[4] 参见张奇《公私合作（PPP）项目决策与评估》，经济科学出版社 2016 年版，第 5 页。

第三章 城市化主导经济增长时代来临

（4）通过引入社会资本，使政府从项目的实施方转变为监督者，从而使政府部门腾出较多的精力和资源投入规划和监管，提高政府的管理水平。

（5）对社会资本参与方来说，PPP模式减少其资本支出，实现"小投入做大项目"；同时充分利用表外融资的特点，减轻资本投入方的债务负担；利用有限追索权的特点，加强对项目收益的控制，保持相对较高的投资收益率。

（6）通过政府审批权的逐步调整，让准经营性资源的城市基础设施转变为可经营资源，扩充市场机制发挥作用的领域。

（7）PPP模式通过把技术风险、完工风险、建造风险等有效分担给更有能力承担的社会资本合作方，促进了技术转移，培养了基础设施领域专业人才，同时也促进了金融市场的发展，有效防范和化解政府长期财政风险。①

（二）PPC模式

PPC（port-park-city）则是另一种园区开发模式，指由一个企业独立开发、建设、经营、管理一个相对独立的区域，它的核心在于港口先行、产业园区跟进、配套城市功能开发，进而实现区域联动发展。这种生态圈式可持续发展的模式，是以一套以市场化方案来实现城市和园区运营的空间发展模式，实现港、产、城联动，将政府、企业和各类资源协同起来，是现代产业园区治理体系和治理能力在港口、产业和产业新城耦合框架下的提升。②

PPC商业模式以港口为切入点，以临港的产业园区作为重要载体。其产业园区开发模式有其自身的特点。因为一般产业园区的基础设施开发是一项建设周期长、资金投入大、可变因素多、涉及面广的综合性项目，这对于园区开发者来说是具有巨大的资金压力，所以启动开发资金一般应由政府财政支持或通过土地出让获得，实行以土地开发、租售为主的"滚动空转开发"模式，即政府注入土地、开发公司以土地使用权的形式向银行

---

① 参见贺沛《从政企合一到政企合作——PPP在我国开发区管理体制与基础设施建设中的应用与实践》，见搜狐网（https：//www.sohu.com/a/306025890_100138030）。

② 参见贺沛《PPC开发模式与湾区经济》，见搜狐网（https：//www.sohu.com/a/317950823_100138030）。

贷款获取开发资金，然后再开发土地，引进项目。PPC模式在借鉴"土地空转"经营方式的基础上，探索土地资产的股权化、证券化，将土地资本与金融资本相结合、房产开发资源与高科技产业投资资源相结合，将产业园区的地产、房产和项目转变为流通性能好、具有市场价值提升功能的高科技产业项目股权。一般来说，其具体实施步骤包括：第一步，将土地、房产投资入股到基地公司、产业项目高科技企业等，并引进社会投资，实现土地资本的第一次增值。第二步，溢价引进新的战略投资者，通过高价出让部分高科技产业投资项目的部分股权，实现资本的第二次增值，在取得高收益的同时实现滚动投资的良性循环。第三步，推动投资子公司上市或出售股权，将增值部分及原始的投入变现，实现第三次增值。这一系列收益都将成为重要的筹资渠道，提供园区开发的流动资金，也是消化巨额筹资成本的利润源泉。①

PPC开发模式的"中区"的产业园区可以联合金融机构，在园区内成立共同基金，可以很好地扶持园区企业发展，缓解入园企业融资难问题。在这方面做得比较成功的是深圳的某数码城园区，该园区与深圳平安银行联合，在园区内设立"创新共同基金"。只要是园区企业并满足基金准入条件，基金将提供50万元到300万元贷款支持，无须抵押和担保，只需要交纳10%的贷款保证金，1%风险准备金，年贷款利率8.4%，年总贷款成本不超过10%。②

第四节 驱动世界经济增长的新引擎

为了讨论世界各国区域经济发展新引擎的构建问题，我们有必要先回顾一下两个经济学理论——金德尔伯格陷阱与内生增长理论。金德尔伯格陷阱由美国著名政治学家、哈佛大学教授约瑟夫·奈（Joseph Nye）提出。他于2017年撰文指出，马歇尔计划的构建者之一、后执教于麻省理工学院的查尔斯·金德尔伯格（Charles Kindleberger）认为，20世纪30年代的

---

① 参见贺沛《PPC开发模式与湾区经济》，见搜狐网（https://www.sohu.com/a/317950823_100138030）。

② 参见贺沛《PPC开发模式与湾区经济》，见搜狐网（https://www.sohu.com/a/317950823_100138030）。

灾难起源于奉行孤立主义的美国在第一次世界大战后取代英国成为全球最大强权，但又未能像英国一样承担起提供全球公共物品的责任，在全球合作体系中继续"搭便车"，其结果是全球体系崩溃，经济陷入大萧条、种族灭绝和第二次世界大战。

约瑟夫·奈指出，在国际上，小国缺少提供全球公共物品的动力。因为小国贡献太小，对于自己能否受益影响甚微，所以"搭便车"对它们而言更为合理。但大国能看到自己贡献的效果，也能感受到其所带来的好处。因此，大国有理由带头，不然就会有全球公共物品不足的问题。

约瑟夫·奈同时也认为，美国在制定对华政策的时候，应该当心前车之鉴。其一，是修昔底德陷阱，即如果一个现存的大国（如美国）视一个崛起的大国（如中国）为威胁，战争将变得不可避免。其二，是美国更需注意的，即金德尔伯格陷阱，指中国在国际上不是展示强大的一面，而是示弱。然而，如果我们仔细研究实际情况的话，就会发现中国在全球治理体系中发挥了与国际地位相当的建设性作用，并实现了从资金供给到制度建设再到理念创新的阶段性发展。从 2008 年开始，中国开始为全球治理贡献更多资金，包括注资推动"清迈倡议"多边、注资国际货币基金组织和世界银行。不仅如此，中国也开始在制度建设上为全球治理做出贡献，其标志性事件就是 2013 年中国提出"一带一路"倡议并启动亚洲基础设施投资银行建设。2014 年，中国又提出建设金砖国家新开发银行。而从 2016 年开始，特别是以 20 国集团杭州峰会为起点，中国开始在全球治理中贡献思想和理念。从资金到制度再到理念，中国正一步步地成为一个成熟的、负责任的大国。

在金德尔伯格看来，全球公共物品包括国际贸易体系、国际货币体系、资本流动、宏观经济政策和危机管理机制等。诺贝尔经济学奖得主、美国哥伦比亚大学教授约瑟夫·斯蒂格利茨则认为，全球公共物品包括国际经济稳定、国际安全、国际环境、国际人道主义援助和知识五大类。

在此，我们暂且不论金德尔伯格陷阱带来的政治和意识形态争议，仅从经济学角度分析，它至少存在三个方面的问题需解决：其一，全球公共物品是什么？或者说什么类型的产品才能被视为全球公共物品？其二，谁来提供全球公共物品？其三，以什么方式提供或以什么方式接受此类全球性公共物品？

暂时搁置上述问题，我们再来看内生增长理论。内生增长理论是产生于20世纪80年代中期的一个宏观经济理论分支。其核心思想是认为经济能够不依赖外力推动而实现持续增长，内生的技术进步是保证经济持续增长的决定因素。该理论强调不完全竞争和收益递增。

自亚当·斯密以来，整个经济学界围绕着驱动经济增长的因素争论了长达200多年，最终形成了比较一致的观点。在相当长的一个时期里，一国的经济增长主要取决于下列三个因素：一是随着时间的推移，生产性资源的积累；二是在一国的技术知识既定的情况下，资源存量的使用效率；三是技术进步。但是，20世纪60年代以来最流行的新古典经济增长理论把技术进步等作为外生因素来解释经济增长，并由此得出当要素收益递减时长期经济增长将停止的结论。而在20世纪90年代成型的新经济学即内生增长理论则认为，长期增长率是由内生因素解释的。也就是说，劳动投入过程包含着由正规教育、培训、在职学习等形成的人力资本，物质资本积累过程包含着由研发、创新等活动形成的技术进步。因此，该理论把技术进步等要素内化，得出结论：因技术进步的存在，要素收益会递增，所以长期增长率是正确的。对此，新古典经济增长理论和内生增长理论的政策导向就出现了分歧。

随着理论的发展，不少经济学家意识到，内生增长理论面临的最大问题就是如何进行实证分析。这种实证研究事实上是沿着两条技术路线进行的：一条是进行国别研究，寻找内生增长的证据；另一条是根据一国的长时段数据，研究经济增长因素，或者单独讨论某个具体因素，如对外开放、税收、金融进步、教育支出和创新等对于经济增长的作用。

关于内生增长理论的相关模型、现代发展，以及所谓新熊彼特主义的复兴，笔者不多做介绍。不过需要提出的是，研究一国经济增长因素的传统经济学家，在现阶段还仍然局限在亚当·斯密所阐述的产业经济中，仍然在产业经济内寻找增长的新动力，仍然认为技术进步是内生增长的决定因素。

在此，笔者不想评论内生增长理论的对错与否，只是想指出：①经济的内生增长，应该是指一个国家的经济可持续发展；②对经济内生增长因素的讨论不能总是局限在产业经济中，而应该涵盖三类经济领域，即产业经济、民生经济和城市经济；③笔者不反对传统经济学家从产业经济的资源稀缺角度去寻找内生增长的动力（比如技术等），但在现阶段更应该从城市经济中的资源生成角度去寻找内生增长的动力；④三类资源中的新生成性资源——当前主要是以城市基础设施软硬件投资建设乃至智能城市开发运营为主体的城市经济，以后还会有太空、深海、极地、网络等新兴领域经济等，它们既是社会准公共物品，又是国际准公共物品，更是世界新的经济增长极，或者说是世界经济发展的新引擎。

以国际援助这一全球公共物品为例，它与三类资源、三类经济是相互联系的，也可分为社会型、经济型和环境型三类。与各国民生经济相关联的国际援助，带有公益性，可以把它称为社会型国际援助；与各国产业经济相联系的国际援助，带有商品性，可以把它称为经济型国际援助；与各国城市经济相联系的国际援助，可以把它称为环境型国际援助。比如国际赈灾、救济、扶贫、医疗、教育等，属于国际社会公益性质，即为社会型国际援助，是通过联合国等组织机构无偿提供给国际社会的；比如三大产业的相关产品，属于国际市场商品性质，是通过国家间的进出口贸易和相关制度安排，按市场规则提供给国际社会的，即为经济型国际援助；再比如国家间的基础设施软硬件投资建设，具有援助性质或商业性质或二者兼有，则属于环境型国际援助。至于采取何种方式来提供，则是根据国与国之间的关系等多种因素来决定。

至此，沿着三类资源、三类经济的分类、定性及政府政策的配套方式，延伸到国际援助的分类、定性与供给上来，这将有效解决金德尔伯格陷阱中何为全球公共物品，全球公共物品从何处来又到何处去的问题。以基础设施投资建设为主体的新生成性资源领域，既是全球性准公共物品，又是世界各国乃至全球经济发展的新引擎。

一、贸易引擎是否存在

众所周知，宏观经济学中关于国民收入核算的常用指标是国内生产总值，其包含四大要素，即消费、投资、净出口和政府购买。对中国经济发展来说，人们常说消费、投资、出口是拉动中国经济增长的"三驾马车"，其主要原因也来自此。相对应，对于经济增长来说会有消费引擎、投资引擎和贸易引擎之说。相较于消费引擎和投资引擎，贸易引擎因其较早被经济学研究者关注，所以其相关研究较多。

（一）贸易引擎论

参考刘用明的研究，贸易引擎论的代表人物有丹尼斯·霍尔姆·罗伯逊（Dennis Holme Robertson）、罗格纳·纳克斯（Ragnar Nurkse）、赫拉·迈因特（Hyla Myint）、威廉·阿瑟·刘易斯（William Arthur Lewis）等经济学家，这些经济学家认为对外贸易是发展中国家经济增长的引擎。①

在20世纪30年代，作为首次提出"对外贸易是经济增长的发动机"的经济学家，罗伯特逊对19世纪国际贸易对经济增长的作用进行了深入的研究，认为对外贸易特别是出口的增长可以带动后进国家经济的增长。在20世纪50年代，美国经济学家纳克斯补充和发展了罗伯特逊的这一命题，他通过分析19世纪英国及新移民国家经济发展原因后指出，19世纪的国际贸易是中心国家通过初级产品需求的迅速增加将其本国经济的迅速增长传递到外围的新国家去。19世纪的贸易不仅是简单地把一定数量的资源加以最适当的配置手段，它也是经济成长的发动机。缅甸经济学家迈因特则基于亚当·斯密的"剩余出路"贸易理论的基本思想，从发展中国家普遍存在资源剩余和就业不足的实际出发，说明了发展中国家通过出口剩余产品，换回进口产品，可以扩大生产规模和范围，进而提高本国资源配置效率和消费水平，从而加速本国经济增长。刘易斯则认为，发展中国家与发达国家的国际贸易不仅可以扩大本国出口和总产出，促进本国经济增长，而且可以通过进出口贸易来改进本国产业结构，实现其工、农业两大部门之间的协调发展。②

在20世纪60年代，经济学家迈尔（Mier）则主要从对外贸易尤其是出口贸易的高速增长对发展中国家和地区带来的动态利益出发，研究出口贸易的影响，并概括总结了以下六点：①出口的扩大提高了进口能力，而进口中的资本货物和先进技术设备有助于提高该国的科技水平，从而加快该国工业化步伐；②出口的扩大能促进相关领域的专业化生成，进而提高劳动生产率；③出口的扩大克服了单一国内市场相对狭小的弱点，从而能实现规模经济；④出口产业的扩张会发挥关联带动效应，促进出口相关产业的发展，如出口增加会刺激运输、通信、保险、金融等行业的发展，会促进社会增加基础设施方面的投资，从而促进国内统一市场的形成；⑤出口的扩大会促进外资的流入，一方面能解决国内投资不足的问题，另一方面还可以引进国外的先进技术和管理知识；⑥激烈的国际市场竞争会反向

---

① 参见刘用明《对外贸易与区域经济发展》（学位论文），四川大学2004年。
② 参见刘用明《对外贸易与区域经济发展》（学位论文），四川大学2004年。

促使国内出口产业和相关产业不断改进质量，降低成本，增强产品竞争力，进而促进国内产业的发展。①

（二）有条件的外贸引擎论

有条件的外贸引擎论的代表人物是经济学家欧文·克拉维什（Irving Kravis）和埃弗雷特·艾纳·哈根（Everett Einar Hagen）。英国经济学家克拉维什通过对《关税及贸易总协定》中的58个发展中国家的出口情况研究发现，出口贸易本身只是为经济增长带来了机会，而要真正实现经济增长，还需要通过技术创新来改进出口产品的质量与品种。美国经济学家哈根同样也认为，出口贸易需求增长能否刺激经济增长，主要还是看出口贸易能否刺激技术进步以及如何刺激技术进步。只有出口与技术进步两者结合起来，才能推动一国经济的增长，进而提高国民生产总值和人均收入。②

（三）反贸易引擎论

1949年5月，阿根廷经济学家劳尔·普雷维什（Raúl Prebisch）在总结1929—1933年全球大萧条后拉丁美洲国家初级产品的贸易条件不断恶化的基础上提出了"贸易条件恶化论"。该理论将世界经济体系划分为以发达国家为代表的"中心"和以发展中国家为代表的"外围"两个部分，"中心"国家技术领先，工人劳动生产率高，出口以工业制成品为主，"外围"国家则只能生产初级产品出口。在国际贸易市场上，发展中国家初级产品价格相对于发达国家工业制成品的价格存在长期恶化的趋势，在这种趋势下进行贸易的结果就是经济剩余越来越流向中心国家，这是中心剥削外围的结果。对外围国家而言，想要进口中心国家的产品与技术还会因外汇缺口而遇到困难，从而阻碍国内经济增长和经济发展。贡纳尔·缪尔达尔（Gunnar Myrdal）同样认为，在国际贸易中，发达国家凭借其经济和技术优势而处于支配地位，而不发达国家则因经济和技术落后而处于被支配地位。国际贸易对发展中国家的"回波

---

① 参见李欣广《理性思维：国际贸易理论的探索与发展》，中国经济出版社1997年版，第16～17页。

② 参见刘用明《对外贸易与区域经济发展》（学位论文），四川大学2004年。

效应"要远远大于其"扩散效应"。希腊经济学家阿吉里·伊曼纽尔（Arghirl Emmanuel）在此基础上进一步提出，对于发展中国家而言，"不管生产什么商品，总是以较多的国内劳动换取较少的国外劳动，因为发展中国家工人工资低，以低工资生产产品的剩余价值，会通过商品的出口被发达国家所无偿占有"[①]。经济学家萨米尔·阿明（Samir Amin）指出，发达国家与发展中国家在国际贸易中会产生不平等交换的经济关系，发展中国家的经济增长会受制于发达国家的经济增长及发达国家制订的各种经济政策，发展中国家因所需短缺要素依赖进口的情况会严重地阻碍了其经济发展。[②]

从以上的研究中我们可以发现，虽然经济学家们关于对外贸易与经济发展关系的论述有不同的观点，但他们都没有否定对外贸易对经济发展的短期促进作用。这个我们也可以从国民收入决定理论的国内生成总值的构成中（净出口）看出。但是，社会经济发展是动态的，单个发展中国家工人工资低这个现象不可能一成不变，发展中国家的工人也有权力享受劳动所带来的工资增加和生活福利的改善。然而，作为无偿占有低工资生产产品的剩余价值的发达国家，如果在原有国家没有办法实现占有低工资生产产品的剩余价值的话，他们则会继续寻找选择下一个国家来满足他们的需求。原有发展中国家在工人劳动工资上涨以及创新发展所需短缺、要素依赖进口而得不到满足（外汇资金短缺或被制裁，如美国对中国华为公司的芯片制裁）的情况下，该发展中国家的可持续发展会遭到严重阻碍，而发达国家则不断成为低工资生产产品剩余价值的"收割机"。原有发展中国家如果不提高工人工资，而是一成不变地继续以此作为其出口优势，那么工人福利就没有办法得到改善，国家也没有办法得到持续的经济增长，该国则永远成为发达国家的"剩余价值剥削品"。所以现行的国际分工和贸易模式非常不利于发展中国家贸易利益的获得，也不利于发展中国家贸易促进机制的发挥，更不利于发展中国家经济的持续增长。

与此同时，贸易对于全球经济增长的促进作用已经在逐步减弱。自从

---

① 伊曼纽尔：《不平等交换：对帝国主义贸易的研究》，中国对外经济贸易出版社1988年版，第9页。

② 参见刘用明《对外贸易与区域经济发展》（学位论文），四川大学2004年。

2008年金融危机以后,逆全球化趋势愈演愈烈,各国本土保护主义抬头,全球各个国家出口贸易总和占全球各国GDP的比重不断降低,如图3-2所示。在2008年达到最高的30.66%的比例之后,整个出口占全球GDP的比重逐渐下降。截至2020年,其比例已经下降到23.16%,全球出口对于全球GDP的贡献逐渐降低。

图3-2　全球各国出口贸易总和占全球各国GDP总和的比例

(数据来源:世界银行。)

对于中国来说,情况同样如此,如图3-3所示。自从中国1978年实行改革开放政策以来,中国出口贸易占GDP的比例从1978年的4.56%一直提升到2006年的36.04%。然而,在2008年金融危机之后,中国货物和服务出口占GDP的百分比一路下行,截至2020年,其比例已经下降到20%以下,为18.50%。

图 3-3　中国货物和服务出口占 GDP 的比例

（数据来源：世界银行。）

同样，中国净出口占 GDP 的比例从 2007 年的 8.68% 后就一路下降（如图 3-4 所示），到 2018 年达到最低点 0.77%，这表明净出口对经济增长的拉动作用已经几乎可以忽略。

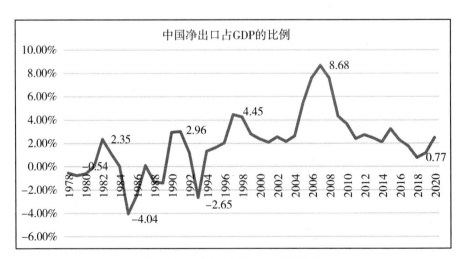

图 3-4　中国净出口占 GDP 的比例

（数据来源：世界银行。）

然而，在此种情况下，有的学者还建议中国或世界重新启动贸易引擎，这相对来说实在已经不合时宜，而且对外贸易涉及的不可控因素太多，被动性强，如美国对中国发动的贸易战。因此，要为经济可持续发展提供动力，除了对外贸易以外，更需要启动新的投资引擎和消费引擎。因为本书行文主要是在中观经济学的理论框架中进行，暂不主要涉及消费引擎，主要讲述投资引擎。不过，此投资相对于国民统计收入中的固定资产投资来说是不一样的，本书所说的投资主要是具有生成性资源领域的城市基础设施投资及未来的智能城市开发等（后续会有太空经济、深海经济等）。故此，笔者认为以推进基础设施开发建设为主体的投资新引擎、创新新引擎和规则新引擎将是引领全世界经济发展的另一个新引擎。

二、投资引擎

在讲述投资引擎之前，先比较一下中国和美国两国基础设施的变迁史。

提起美国最杰出的总统，不得不提富兰克林·德拉诺·罗斯福（Franklin Delano Roosevelt）。作为美国历史上首位连任四届的总统，他在处理美国1929—1933年经济大萧条的过程中，采用凯恩斯的国家干预经济的政策措施，助推"新政"以复苏经济，其最主要的措施是"以工代赈"①，大量建设基础设施工程，从而解决美国大萧条之后的失业问题，其中雇佣劳动力850万人，投资105亿美元，兴建了7.7万座大桥、12.2万栋楼房、285个机场和大量的水库、公园等。这一方面使得美国经济迅速恢复。在1936年年底，其工业总产量就已经超过了大萧条前的平均数水平。到1939年，美国GDP就增至2049亿美元。另一方面，这也很好地解决了美国的就业问题。到1939年，美国失业人口减少到大约800万人。②

而在20世纪30年代，中国整体还是处于农业社会，处在战乱的年代，城市化进程非常缓慢，经济水平也相对落后，相比于美国，无论是经济水平还是基础设施的水平，都简直是千差万别。

然而，经过80多年的时间，中国与美国的经济水平和基础设施水平

---

① 联邦通过给失业者提供公共工程工作机会的救济形式取代向各州提供救济款物的单纯救济形式。

② 参见王媛《我国刺激经济政策与罗斯福新政的比较》，载《中国集体经济》2009年第28期，第84页。

却发生了极大的变化。一方面,从经济方面来说,根据2020年最新数据,中国GDP总量按美元计价已经接近美国的75%,而如果按购买力评价方法计算,根据国际货币基金组织的数据,中国在2013年已经超过了美国;另一方面,从基础设施水平上来说,根据现任美国总统拜登在其Instagram账户分享的世界经济论坛全球基础设施排名前13个国家/地区的图表,其中美国排第13名,而中国排第3名,新加坡排第1名。之所以会有这么大的变化,一方面是因为美国从20世纪50年代至60年代以后一直都没有在基础设施方面再进行大的投入,就像巴基斯坦总理伊姆兰·汗（Imran Khan）在接受美国媒体采访时说的,"我在纽约,看到坑坑洼洼的路,我的汽车在颠簸"[①]。另一方面是因为中国在不断加大本国基础设施的投入,并进而带动了其消费和投资的增长,从而推动了中国经济的快速增长。

让我们首先来看一下美国基础设施的现状。根据美国土木工程师学会（American Society of Civil Engineers,简称ASCE）[②] 发布的美国基础设施报告,其按照道路、桥梁、水坝等16个不同类别（2021年的报告多增加了一个类别,即雨水基础设施）细分了美国的基建状态（见表3-2）。从2001年以来,除了最新的2021年报告（级别C-）,美国的基础设施等级一直都是D级。

表3-2 2001—2021年美国基础设施报告

美国基础设施报告						
基础设施类别	2001	2005	2009	2013	2017	2021
航空	D	D+	D	D	D	D+
桥梁	C	C	C	C+	C+	C
大坝	D	D	D	D	D	D
饮用水	D	D-	D-	D	D	C-
能源	D+	D	D+	D+	D+	C-

[①] 李萌:《巴总理吐槽美国基建》,载《国防时报》2019年10月9日第8版。
[②] 美国土木工程师学会成立于1852年,是美国最悠久的土木工程师学会,它在规划、设计、建造领域,保护和恢复自然环境的行业中处于领先地位,是世界上最大的土木工程内容出版商,也是保护公众的规范和标准的权威来源。从2001年开始,该学会每4年发布一次美国基础设施报告。

续表 3-2

美国基础设施报告						
基础设施类别	2001	2005	2009	2013	2017	2021
危险废物	D+	D	D+	D+	D+	D+
内河航道	D+	D-	D-	D-	D	D+
堤坝	-	-	D-	D-	D-	D
港口	-	-	-	C	C+	B-
公共公园和娱乐	-	C-	C-	C-	D+	D+
铁路	-	C-	C-	C-	B	B
公路	D+	D	D-	D	D	D
学校	D-	D	D	D	D+	D+
固体废物	C+	C+	C+	B-	C+	C+
运输	C-	D+	D	D	D-	D-
废水	D	D-	D-	D	D+	D+
雨水	-	-	-	-	-	D
总计	D+	D	D	D+	D+	C-

（数据来源：ASCE。）

基础设施为 D 级是什么概念呢？参照 ASCE 的分类标准（见表 3-3），D 级即"基础设施的条件相当差，大部分低于标准，许多元素接近其使用寿命。系统的很大一部分显示出显著的恶化。条件和能力与严重的故障风险密切相关"。让我们以 2017 年美国基础设施报告为例，来更好地理解其基础设施状况。

表 3-3 基础设施分级量表

分级量表		
A	卓越，适合未来	系统或网络中的基础设施状况良好，通常是新的或最近修复的，并满足未来的容量需求。一些元素显示出整体恶化的迹象，需要注意。设施满足现代标准的功能，并具有抵御大多数灾害和恶劣天气事件的复原能力

续表3-3

分级量表		
B	很好， 现在足够了	系统、网络中的基础设施处于良好至优良状态；有些元素显示出整体恶化的迹象，需要注意。一些元素显示出显著的缺陷。安全可靠，具有最小的能力问题和风险
C	平庸的， 需要注意	系统或网络内的基础设施状况良好；它显示了恶化的一般迹象，需要注意。一些元素在条件和功能上有显著的缺陷，增加了对抗风险的脆弱性
D	差，处于 危险中	基础设施的条件相当差，大部分低于标准，许多元素接近其使用寿命。系统的很大一部分显示出显著的恶化。条件和能力与严重的故障风险密切相关
E	失败/严重的， 不堪使用	该系统的基础设施处于不可接受的状态，有广泛的、明显的恶化迹象。该系统的许多组件显示出即将失灵的迹象

（数据来源：ASCE。）

（一）航空（D）

美国机场每天接待200多万名旅客。航空工业以技术先进和经济高效的飞机为标志，然而，机场和空中交通管制系统的相关基础设施却没有跟上：机场的拥堵正在加剧。由于联邦政府规定了机场扩建和翻新设施向乘客收取费用的上限，机场难以满足投资需求，因此在2016年至2025年之间将产生420亿美元的资金缺口。

（二）桥梁（C+）

美国有614387座桥梁，其中有近四成的桥梁使用寿命超过50年。2016年，美国有5.6007万座桥梁存在结构缺陷，占9.1%，平均每天有1.88亿人次通过有结构缺陷的桥梁。虽然结构缺陷的桥梁数量正在减少，但美国桥梁的平均使用寿命却在持续延长，许多桥梁已经接近设计寿命。据最新估计，美国的桥梁修复积压的资金需求为1230亿美元。

（三）大坝（D）

美国90580座大坝的平均使用年限为56年。随着人口的增长和发展的继续,潜在高风险的大坝总数正在增加,2016年潜在高风险的大坝总数已攀升至近15500座。由于投资不足,有缺陷的潜在高风险大坝数量也增加到2170座以上。据估计,修复老化的、潜在的高风险大坝将需要近450亿美元的投资。

（四）饮用水（D）

美国饮用水通过全国100万英里①长的管道输送。其中很多管道都是在20世纪早期到中期铺设的,使用寿命为75～100年。美国的饮用水质量仍然很高,但遗留和新出现的污染物仍然需要密切关注。虽然用水量下降了,但据估计,美国每年仍有24万个水管断裂,浪费了超过2万亿加仑②的经处理的饮用水。据美国水工程协会估计,维持和扩大服务以满足未来25年的需求需要1万亿美元。

（五）能源（D+）

美国的能源体系的构建很大部分早于20世纪初。大多数输配电线路建于20世纪50年代至60年代,预期寿命为50年,美国48个州超过64万英里的高压输电线路已满负荷运行。如果不加大对设备老化、容量瓶颈、需求增加以及风暴和气候影响的关注,美国人可能会经历更长时间、更频繁的电力中断。

（六）危险废物（D+）

美国有超过18000个地点和相关的2200万英亩土地与主要的危险废物项目有关,这些项目构成了美国大部分的危险废物基础设施,超过一半（53%）的美国人生活在危险废物地点方圆3英里内。

（七）内河航道（D）

美国25000英里的内河航道和239个水闸组成了货运网络的水上高速公路。这个复杂的系统由美国陆军工程兵团操作和维护,每年提供超过50万个工作岗位,运送超过6亿吨货物,约占美国国内货运总量的14%。该

---

① 1英里≈1.61千米。
② 1加仑≈3.7升。

系统中的大多数船闸和水坝都远远超过了50年的设计寿命,近一半的船只都经历了延迟。近年来,对水路系统的投资有所增加,但系统的升级仍需要几十年才能完成。

(八)堤坝(D)

美国有一个由3万英里记录在案的堤坝组成的全国性网络保护着社区、关键的基础设施和宝贵的财产。随着在河流和沿海地区的洪水泛滥,预计在未来10年需要800亿美元来维持和改善国家的防洪堤系统。

(九)公园与娱乐(D+)

美国公园和娱乐基础设施支持超过70亿次的户外休闲活动。国家公园管理局、美国林务局和美国陆军工兵部队是公园设施的主要提供者。各州和地方提供了大部分的公园和娱乐设施,70%的美国人定期使用这些设施。保守估计,州立公园的延期维护总额超过953亿美元。

(十)港口(C+)

美国的926个港口是99%海外贸易的门户,是国家竞争力的核心。2014年,港口贡献了4.6万亿美元的经济活动,约占美国经济的26%。随着船舶越来越大,与货运网络其他部分的陆地连接处的拥堵日益妨碍了港口的生产率。同样,在水上,较大的船只需要较深的航道,而目前只有少数美国港口拥有这种航道。在一项对港口的调查中,三分之一的人指出,2007—2017年的拥堵导致港口生产率下降了25%或更多。

(十一)铁路(B)

150多年来,铁路网络一直是美国运输系统和经济的重要组成部分。美国客运铁路面临着基础设施老化和资金不足的双重问题。

(十二)公路(D)

美国的道路经常拥挤不堪,状况不佳,长期维护资金不足,而且越来越危险。2014年,美国每5英里就有2英里以上的城市洲际公路拥堵,交通延误浪费了美国1600亿美元的燃料和美国人的时间。每5英里的高速公路路面就有1英里的状况很差,美国的公路有大量且不断增加的修复需求得不到满足。经过公路状况多年的持续下降，交通事故死亡人数从2014年到2015年增加了7%，美国在此期间有3.5092万人死于道路交通事故。

（十三）学校（D+）

在美国，每个上学日，大约有5000万从幼儿园到高中的学生和600万成年人占用大约10万所公立学校的建筑，占地约200万英亩。① 美国仍旧对学校设施投资不足，估计每年缺口380亿美元。

（十四）固体废物（C+）

美国各地的城市固体废物（municipal solid waste）总体管理状况良好。在许多情况下，都市固体废物的运输和处置是由私营部门自筹资金和管理的，因此资金充足。美国每年产生约2.58亿吨城市固体废物，其中约53%被填埋在垃圾填埋场，这一比例近年来已趋于稳定。目前，34.6%的都市固体废物被回收利用，12.8%的都市固体废物被燃烧以生产能源。

（十五）运输（D-）

美国的交通运输业持续增长，2015年运送旅客105亿人次，并且每年都在增加新的线路和系统。然而，逾期维护和投资不足的症状从未如此明显。尽管需求不断增加，但美国的交通系统长期资金不足，导致基础设施老化，以及900亿美元的修复工作被积压。虽然一些社区正在经历交通繁荣，但许多美国人仍然没有足够的公共交通工具。

（十六）废水（D）

美国有14748个污水处理厂。预计未来20年将有5600多万新用户连接到集中治疗系统，估计需要2710亿美元来满足目前和未来的需求。

通过对以上各个不同类别的基础设施进行分析，我们可以发现，美国除港口、桥梁和铁路基础设施达到C级别外，其他基础设施都在D级及以下，由此可以得出美国的基础设施正在不断老化，表现非常不佳。

相比于美国基础设施的不断老化，中国则采取了另外一种不同的

---

① 1英亩=0.004047平方公里。

方式。

因为基础设施连接企业、社区、国民，是推动经济发展、提高生活质量、保障国民健康和安全的基础，基础设施的状况会对企业生产效率、国内生产总值、就业、个人收入、国际竞争力等产生连锁反应，所以，中国在很长一段时间内不断加大基础设施投资，通过基础设施的投资带动产业投资和国民消费的提升，进而带动经济的增长。首先，根据最新国家统计局的数据，2004—2019年中国城市桥梁从51092座增长至76157座，增长接近50%，如图3-5所示；中国城市道路从22.3万公里增长至45.9万公里①，增长105.83%，如图3-6所示；中国城市道路面积从352954.6万平方米增长至909677.8万平方米，增长157.73%，如图3-7所示；中国城市排水管道从21.9万公里增长至74.4万公里，增长接近240%，如图3-8所示；中国城市日污水处理能力从7387万立方米增长至19171万立方米，增长接近160%，如图3-9所示。无论从哪个方面来说，中国近20年来的城市市政基础设施主要以新建为主，且增长态势良好。

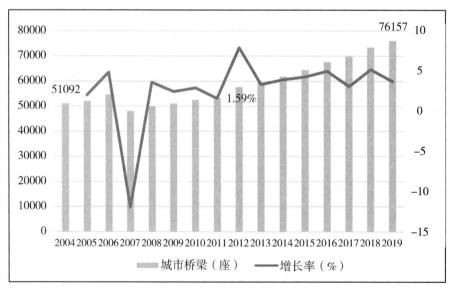

图3-5　2004—2019年中国城市桥梁数量趋势图

（数据来源：国家统计局。）

---

① 1公里=1千米。

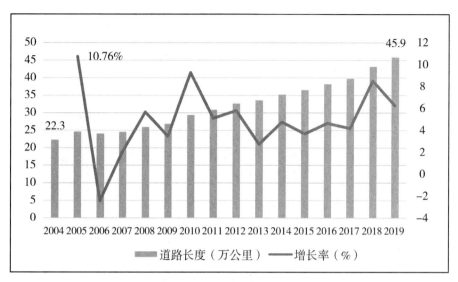

图 3-6 2004—2019 年中国城市道路长度趋势图

（数据来源：国家统计局。）

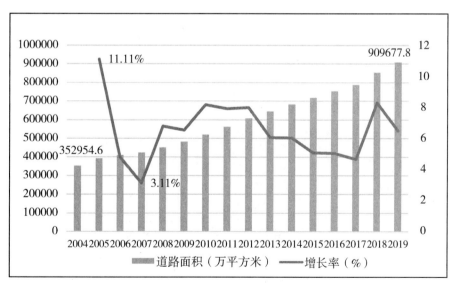

图 3-7 2004—2019 年中国城市道路面积趋势图

（数据来源：国家统计局。）

121

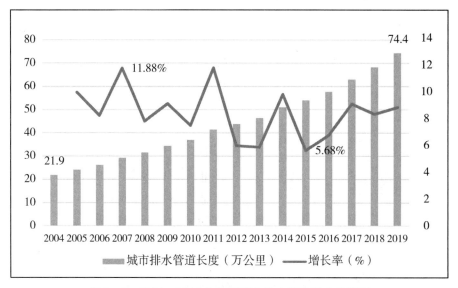

图3-8 2004—2019年中国城市排水管道长度趋势图
（数据来源：国家统计局。）

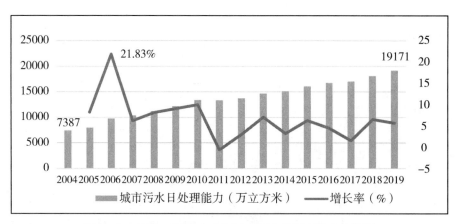

图3-9 2004—2019年中国城市污水日处理能力趋势图
（数据来源：国家统计局。）

除此之外，让我们再从其他几个方面了解一下中国基础设施建设在全球占据领先地位的表现。

首先，在桥梁方面，在世界十大最高桥中，中国就有八座，其中前六名都在中国（见表3-4）。要建世界高桥，需要相对应的造桥技术，以曾经是世界第一高的中国四渡河特大桥为例，四渡河两边都是陡峭的峡谷，相距超过1000米，且地形过于陡峭，人力和直升机都无法将导索送到对面。为了解决这一难题，工程师们绞尽脑汁，花了整整19个月的时间，才终于想到了"火箭抛索法"，利用火箭的动力将牵引线射到对岸去。此方法不仅得到了国内权威专家的高度评价，更是开创了国内乃至世界建桥史的先河。

其次，在公路和铁路方面，根据中国交通运输部的数据，截至2020年年末，中国高速公路总里程16.1万公里，位居世界第一。中国铁路营业总里程14.63万公里，其中高速铁路营业里程达到3.8万公里，同样位居世界第一。良好的高速公路和高速铁路水平方便了生产要素的自由流动，从而节省生产所需成本，能更好地促进产业经济的效率和发展。

再次，在水运方面，在2018年，根据中国交通运输部数据，中国港口货物吞吐量完成143.51亿吨，位居世界第一；在全球货物吞吐量和集装箱吞吐量十大港口中，中国均占有七席，中国拥有万吨级以上的泊位有2379个，而港口发展对于区域经济协调发展的辐射和带动作用正在显著增强。在民航方面，2018年中国境内民用航空颁证机场235个，定期航班的总条数达4945条，是1950年的412.1倍。

最后，在新型基础设施的水平方面，根据《中国互联网发展报告2021》，中国的5G网络建设和规模居全球第一位。截至2021年6月，中国5G基站总数达到96.1万个，实现所有地级以上城市全覆盖。中国的5G专利数量也稳居全球第一。从这些方面，我们可以看出，中国基础设施的很多方面已经全球领先，恰如经济一样，正是这些基础设施为中国产业经济等构筑了坚实的基础，从而造就了辉煌的经济。

表3-4 世界十大最高桥

大桥名	排名	建成年份	高度/米	长度/米	所在地
北盘江大桥	1	2016	565	1341	中国贵州
四渡河大桥	2	2009	560	1100	中国湖北
金安金沙江大桥	3	2020	512	1681	中国云南
普立特大桥	4	2015	485	1040	中国云南

续表3-4

大桥名	排名	建成年份	高度/米	长度/米	所在地
鸭池河特大桥	5	2016	434	1450	中国贵州
清水河大桥	6	2015	406	2171	中国贵州
巴鲁阿特大桥	7	2012	403	1124	墨西哥
海吉焦峡谷管线桥	8	2005	393	470（主跨）	巴布亚新几内亚
六广河特大桥	9	2016	375	1280	中国贵州
坝陵河特大桥	10	2009	370	1088	中国贵州

（来源：作者根据相关资料整理。）

由此可见，基础设施确实可以对一国的经济产生重大影响。中国因为不断加大基础设施投资，经济才不断发展，若以购买力平价计算，已经成为全球第一大经济体。反观美国，因为原有基础设施的老化，其经济发展韧性及速度相比以往已经大不如前。当然，基础设施不是经济增长的唯一因素，但是可以肯定的是它是一种极其重要的要素。

产业的革命往往是一次基础设施技术的革命，基础设施投资对于经济发展非常重要。既然如此，那么为什么美国这么多年不去改善和提升其基础设施水平？如果不是美国不愿意去改善和提升其基础设施，那是什么原因制约着它？是没有能力去改善和提升吗？增加和提升基础设施投资需要哪些因素？为什么中国的基础设施与其他国家相比有这么大的优势？改善和提升基础设施水平与政府（区域政府）有什么大的关联？政府在这其中的作用有多大？这些都将是我们继续深入的内容。

关于第一个问题，为什么美国这么多年来都不去改善和提升其基础设施？首先，从前面的分析我们可以看到，基础设施对于经济的影响是立竿见影且效果也是长期的，所以，良好的基础设施肯定有助于经济的发展。从这个角度上来说，美国肯定是有意愿去改善和提升其基础设施的。不管是前任美国总统唐纳德·特朗普（Donald Trump）以及现任总统约瑟夫·罗宾内特·拜登（Joseph Robinette Biden），都一致要推进美国基础设施改善方案，由此就可以说明问题。2021年11月5日，美国国会众议院通过的《美国基础设施建设法案》也是证明。既然国家有意愿去修复和改善其基础设施，那为什么一直维持现状，拖到现在才去施行？这就需要回到本书第一章所讲的生成性资源的特点去分析了。生成性资源具有高风险性的特点，即具有投资规模大、开发周期长、不确定因素多等特点。这些特点决定了基础设施投资只能由政府作为第一投资人。然而，根据美国财政部最新数据，截至2020年9月30日，美国政府净债务已达26.80万亿美元；而根据世界银行的数据，美国2020年的GDP为20.94万亿美元，其政府净债务与GDP的比例接近达1.3。为防止美国出现历史首次债务违约，美国共和党领袖米奇·麦康奈尔（Mitch McConnell）等一批共和党人甚至还提议，将美国的债务上限从28.4万亿美元提升到史无前例的28.88万亿美元。由此可见，美国的国内债务已经不堪重负。在此危机情况下，美国如果再进行基础设施建设，根据美国土木工程师协会的数据，其所需资金将超过2万亿美元，试问美国政府哪里还有钱来投入基础设施建设？

既然美国政府没有足够的能力进行其国内基础设施建设，那么其只能将业务承包给私人公司。而又因为基础设施投资规模大、回报周期长，所以私人公司在这一领域往往兴趣不会很大，而且即使进行了投资，它也只能通过给用户涨价来收回投资，其所能带来的收益也不会很大，投资回报比不高，由此才造就了美国基础设施现今的这个样子。

关于第二部分的问题，为什么中国的基础设施与其他国家相比有这么大的优势？改善和提升基础设施水平与政府（区域政府）有什么大的关联？如果要实施基础设施建设，促进经济增长，具体应该怎么做？首先，正如前文所述，作为生成性资源的基础设施投资，因为其高风险的特点，往往需要政府作为第一投资人。如果这个条件满足，是否基础设施建设就一定能做好？其次，政府作为第一投资人，也会受到其财政约束，不可能无限地投资基础设施，从而造成资源浪费，也不可能不去投资基础设施，造成社会供给不足。在这种情况下，政府应该具体怎么做？在此，我们认为区域在经历要素驱动阶段（产业经济）之后，区域政府需要推动以基础设施开发建设为主体的投资新引擎以发展城市经济；在经济投资驱动阶段，推动以基础设施开发建设为主体的创新引擎以发展创新经济；在共享驱动阶段，推动以基础设施开发建设为主体的规则新引擎。在这整个过程中，不但需要区域政府进行理念创新，而且需要区域政府推进其技术创新、组织创新和制度创新，成为"有效市场"中的"有为政府"，超前引领，才能改善和提升基础设施水平，才能促进区域经济的可持续增长。

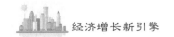

❋ 本章小结 ❋

现今,城市化主导经济增长的时代已经来临,本章先从城市化、基础设施投资与经济发展概述出发,论述了这三者相互之间所对应的关系。进而探究了世界主要发达国家及中国的城市化发展道路及其历史进程,并在此基础上提出了新时代城市化发展方式的革新,如 PPP 模式、PPC 模式等。最后通过一系列中国与美国经济增长与基础设施的比较,更加深刻地论述了城市经济在一国或一个区域经济增长中的重要作用,并进一步发现区域政府在其中所起的重要作用,同时提出了本书的核心观点,要推动一个国家或区域的经济增长,区域政府不仅需要进行理念创新,而且需要推进其技术创新、组织创新和制度创新,从而推动以基础设施开发建设为主体的投资新引擎、创新新引擎和规则新引擎。

思考讨论题

1. 衡量城市化的指标主要有哪些?
2. 城市化一般可分为哪几个阶段?
3. 城市化发展方式主要有哪些?
4. PPP 模式是什么意思?如何理解 PPP 模式的意义?
5. PPC 模式是什么意思?如何理解 PPC 模式的意义?
6. 国际援助这一全球公共物品可分为哪几种类型?
7. 你支持"贸易引擎论"的观点吗?
8. 比较中美两国基础设施演变史,你有何感想?

第四章　投资新引擎

前文所述，1948年，罗格纳·纳克斯（Ragnar Narkse）把贸易比作19世纪的增长引擎，借以说明用进口替代工业化战略的合理性。然而，2008年金融危机爆发以后至今，全球出口贸易平均年增长率为1.36%，如图4-1所示，远远低于危机前10%以上的平均增长率，同时也低于危机爆发后全球GDP约3%的世界经济平均增长率。于是，又有世界银行官员提出如何"重启"全球贸易引擎的问题。笔者认为，世界各国的经济发展基本都遵循从要素驱动阶段到投资驱动阶段，再到创新驱动阶段的路径。许多国家，尤其是那些石油、天然气、矿产、农产品等自然资源丰富的经济体，以土地、劳动力等有形要素驱动经济增长，已经发展到了极致并呈现出不可持续性的特征。

图4-1　2002—2020年全球出口贸易总量趋势图

（数据来源：世界银行。）

因此，要在新世纪实现经济增长，需要新的引擎。由"有为政府+有效市场"构成的现代市场体系中，发动供给侧结构性新引擎（而非需求侧

"贸易引擎")将在竞争中充分发挥企业对产业资源、政府对城市资源的配置作用。这类供给侧结构性新引擎包括结合了有形与无形要素的投资引擎、创新引擎和规则引擎,将对全球经济治理与发展起到重要作用。

区域经济进入投资驱动阶段,需要区域政府推进以基础设施开发建设为主体的投资新引擎。要实现这种投资驱动型增长,一方面取决于供给侧端的企业对产品和产业资源的配置与竞争状况,另一方面又取决于供给侧端的政府对城市资源的调配和推动基础设施建设的竞争表现。这类投资新引擎一方面可以带来各国资本的增长,从而促进技术革新和市场机制深化发展,另一方面它还能持续增加就业岗位,实现社会稳定发展,从而促进区域经济的可持续发展。

要构建这种投资新引擎,政府或区域政府需从四个方面去努力:一是推进供给侧结构性改革,实现劳动力、资本等要素的良好配置,从而使区域经济高质量发展;二是加大基础设施建设,推进新型城镇化、基础设施现代化,推进智能城市开发建设;三是要加大科技项目投入,适应未来建设创新性城市的要求;四是提升金融配套能力,从而增强基础设施投资建设的融资能力,引领金融行业更好地服务于实体经济。

第一节 推进供给侧结构性改革

推进供给侧结构性改革,重点是促进产能过剩的有效化解,促进产业优化重组,降低企业成本,发展战略性新兴产业和现代服务业,增加公共产品和服务供给,着力提高供给体系的质量和效益,更好地满足人民需要,推动社会生产力水平实现整体跃升,增强经济持续增长动力。这又包括以下三个方面的内容。

(1)推动新型工业化。所谓新型工业化,就是坚持以信息化带动工业化,以工业化促进信息化,就是科技含量高、经济效益好、资源消耗低、环境污染少、人力资源优势得到充分发挥的工业化。它涉及三个方面的内容。

一是扶持、引导传统产业改造、提升。科学技术进步在应用领域的落地,能够将消耗资源、污染环境的旧工业改造为循环发展的新工业。各国扶持、引导企业进行技术改造,能盘活巨大的存量资产,优化、提升产业效益，拉动需求，进而推动经济增长。

二是扶持、培植战略性新兴产业和高技术产业。各国应在信息工业基础上发展智能工业这种增量资产。智能工业是以人脑智慧、计算机网络和物理设备为基本要素的新型工业结构，它具有绿色发展方式的增长形态。各国应着重扶持、培育企业核心和关键技术的研发创新、成果转化及产业化，应培植优势产业和主导产业，构建完善的产业链和现代化服务网络。

三是各国应借助市场竞争，推动企业兼并收购、整合重组，不断淘汰旧工业，推进新型工业发展，将工业化推向更高水平，提升企业的核心竞争力。它是实现供给侧有效投资、新旧动力转换的重要手段之一。

（2）加快农业现代化。农业现代化指从传统农业向现代农业转化的过程和手段。在这一过程中，农业日益被现代化工业、现代化科学技术和现代经济管理方法武装起来。

各国应运用现代化发展理念，将农业发展与生态文明建设结合起来，使落后的传统农业转化为符合当代世界先进生产力水平的生态农业。具体而言，农业现代化的内涵既包括土地经营规模的扩大化，又包括"农民的现代化"。各国应引导农民摆脱愚昧、落后状态，成为"有文化、有技术、会经营"的新式农民。以组织方式而言，不管是大农场，还是小规模家庭经营，各国都应扶持农民合作组织或帮助分散农户与市场对接，实现产前、产中、产后的"服务一条龙"，以及购买生产资料、开展农产品储存、加工、运输和销售的"运营一条龙"。此外，各国还应促进适度规模经营、适度城镇化，推进农业技术教育职业化等。总之，农业现代化包括农业生产手段先进化、生产技术科学化、经营方式产业化、农业服务社会化、产业布局区域化，以及农业基础设施、生态环境、农业劳动者水平和农民生活的全面现代化。农业现代化能为工业化和城市化创造稳定的社会环境，降低社会成本，繁荣各国经济。

（3）公共服务多元化。公共服务多元化，即通过多元主体（政府、市场和社会组织）的通力合作保障公共服务的有效供给。在这一过程中，它涉及四个方面的内容。

一是需要让公众的需求有顺畅的表达渠道，让公众参与社会公共服务的决策，体现"以人民为中心"的决策思想，增加全社会公共服务供给总量。

二是建立多元化公共服务体系，并不代表公共服务中政府角色的退出，而是通过建立合作责任的分担机制和责任追究机制，从而深化对公共服务供给的有效管理。

三是要破除城乡二元结构，深化户籍制度改革，缩小城乡公共服务供给的差距。

四是加强公共服务供给的法律保障体系的建设，合理划分不同层级政府间的事权和财权，建立公共服务均等化的财政支撑体系。①

第二节 加大城市基础设施建设

国家宏观经济政策的调整，对基础设施投资的影响巨大，这是因为基础设施投资作为固定资产投资的重要流向，关系到国计民生，对社会经济的稳定和可持续发展具有极其重要的作用，其资金主要是来自各级政府的财政税收或专项资金（如国债等）的投入。当前，在我国城市化进程加速发展的同时，国家为建立和谐稳定的社会、保持经济健康的增长，也加紧了对固定资产投资的宏观调控。如果对基础设施投资不足，将制约我国城市化发展进程，并制约其他产业的发展；而对基础设施投资过度又易造成基础设施闲置和资源的浪费，占用城市或产业发展所需的资金。所以，对基础设施的投入，无论是不足还是过度，都会对城市化进程产生相应的影响，因此，对基础设施的投入应保持一个适度的比例。在宏观调控背景下，如何控制基础设施投资的规模和比例，如何调整基础设施投资的方向和力度，如何协调基础设施投资与城市化进程的共同发展等问题的提出和解决，比以往任何时期都显得更为迫切。

加大城市基础设施建设，包括以下三个方面的内容。

（1）推进新型城镇化。它既是以城乡统筹、城乡一体、产业互动、节约集约、生态宜居、和谐发展为基础特征的城镇化，也是大中小城市、小城镇、新型农村社区协调发展、互促共进的城镇化。发达国家城镇人口一般占80%以上。随着各国城乡一体化进程的加速和以城市为中心的城镇体系的形成，以人为核心的新型城镇的规划与建设，城乡基本公共服务如教

---

① 参见黄新华《深化供给侧结构性改革：改什么、怎么改》，载《人民论坛·学术前沿》2019年第20期，第58页。

育、医疗、文化、体育等设施的建设，以及休闲旅游、商贸物流、信息产业、交通运输的发展等，都将为世界各国提供新的增长潜力。

（2）推进基础设施现代化。它包括能源、交通、环保、信息和农田水利等基础设施的现代化。如促进城市综合交通建设，构筑区域便捷交通网络；加快推进海绵城市建设，增强城市防灾减灾能力；构建并完善排水防涝体系，有效解决城市内涝风险；推进城市黑臭水体整治，重塑城市水资源环境品质；健全区域公园绿地体系，共享绿色城市生活；构建城市地下综合管廊，统筹管线有序高效运作；加强城市供水设施建设，健全供水安全保障体系；有序优化城市能源供给，大力促进城市节能减排；提升垃圾污水设施效能，实现资源节约循环利用；提升信息基础设施建设，推动智能城市发展；等等。这些方面的投资回旋空间大、潜力足，能有效推动各国经济增长。

（3）推进智能城市开发建设。智能城市是一个系统，也称网络城市、数字化城市、信息城市。它由人脑智慧、计算机网络、物理设备等基本要素构成，推动城市管理智能化，具体包括智能交通、智能电力、智能建筑、智能环保、智能安全等基础设施的智能化，智能医疗、智能教育、智能家庭等社会生活的智能化，以及智能企业、智能银行、智能商店等社会生产的智能化。智能城市系统能全面提升城市生产、生活、管理、运行的现代化水平，将进一步为各国开拓新的经济增长点。

推进供给侧结构性改革和加大基础设施投资建设都是构建全球投资新引擎的重要措施。除此之外，各国要构建投资新引擎，还需要加大科技项目投入。例如"美国制造业创新网络计划"，首期投入10亿美元，10年内建立45个制造业创新研究院；再比如英国的"知识转移伙伴计划"，以及基于信息物理系统推动智能制造的德国工业4.0战略。这些举措能整合人才、企业、社会机构的创新资源，引领产业研发方向，促进产业提升发展。世界各国对大数据、云计算、物联网等的投入，以及对纳米技术、生物技术、信息技术和认知科学等的投入，将促进各国经济水平的可持续提升。与此同时，构建投资新引擎，还要提升金融配套能力。各国既需要配套政策，引领金融行业服务于实体经济，又需要通过政策创新，推进金融、科技、产业三者的融合。投资新引擎离不开金融体系的改革、创新和发展。

而关于加大基础设施投资建设的三个方面，其中推进基础设施现代化的投资一直是现今城市基础设施概念的建设主体。而现今城市基础设施投资建设主要集中于两个方面：一是推进新型城镇化中的城乡一体化，这是现今全世界多数发展中国家（包括中国）的短板领域，同时正是因为城乡一体化的推进，将城市基础设施概念向全区域基础设施概念延伸，从而让城市基础设施概念具有了更深更广的内涵，所以值得进一步深入研究。二是关于智能城市的开发建设，它是中观经济学关于生成性资源领域的城市基础设施概念进一步发展的表现形式，是城市基础设施建设的新内容和新内涵。

第三节　城乡一体化

城乡一体化是城市与乡村的一种协调发展的整体演进的过程，其产生于城市与乡村相互合作之间日益增长的依赖性，通过以工促农、以城带乡、工农互惠、城乡协调的制度安排，由城市与乡村所组成的经济社会整体其生命力相比城市或乡村各自的生命力都强大；其目标是城乡一体或城乡融合，也即城乡建设规划、市场体系、经济主体、公共服务、基础设施、社会管理及生活方式的一体化；其关键是要均衡配置城乡之间的公共资源，从而实现生产要素在城乡之间的自由流动，推动城乡经济社会的发展融合。[①]

（一）发达国家经验

白永秀等通过对英国、法国、德国、美国、日本和韩国6个国家的城乡一体化类型进行分析研究发现，要推进城乡一体化，推进农村基础设施建设都是其中的主要内容。

英国：推进城乡基础设施与公共服务均等化。不断缩小城乡之间在水电工业、公共交通、网络、垃圾处理等基础设施方面的差距，同时在农村教育、医疗等方面加大投入，使农村与城市居民享受基本均等的公共服务。

---

① 参见白永秀、王颂吉、鲁能《国际视野下中国城乡发展一体化模式研究》，中国经济出版社2013年版，第15页。

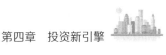

法国：改善农村基础设施和公共服务供给状况，依托美丽的自然风光和历史特色，发展乡村旅游业，从而增加农民收入。

德国：完善农村社保体系、实现城乡社会保障一体化，为城乡经济社会协调发展提供重要保障。

美国：美国联邦农业部门专门设立了乡村地区发展局，负责乡村社会基础设施建设；从乡村医疗事业发展来看，美国城乡居民享受同等的医疗保障，政府通过设立基金等方式，鼓励医学大学生毕业之后到乡村地区从事一段时间的医疗服务工作；在农业生产服务方面，美国建立了完善的农业生产、销售和技术推广服务体系，有力地保障了农业产业化经营。此外，美国的非政府组织非常发达，它们在乡村公共产品的供给中发挥了重要作用。

日本：建立覆盖城乡的医疗保险和养老保险的社会保障体系，促进城乡协调发展。

韩国：大力加强农村基础设施建设，改善农民生产生活条件。

发达国家加强农村基础设施建设和公共服务供给的实践启示我们，在推进城乡协调发展过程中，必须注重农村基础设施建设和公共服务供给，建立起政府主导、企业参与、非政府组织配合的三位一体的公共产品供给体系，加快实现基本公共资源在城乡之间均衡配置，使城乡居民共享现代文明。

（二）中国苏州经验

国内对于城乡一体化的研究也相对深入。党的十六大以来，苏州经济社会发展的突出亮点就是城乡一体化，参照苏州城乡一体化的经验，我们可以从三个方面进行观察。

首先，促进城乡经济社会发展一体化，目的在于适应工业化、信息化、城镇化、农业农村现代化发展的新趋势，构建平等协调的新型工农城乡关系，逐步缩小工农城乡差距，实现城乡共同繁荣。

其次，党的十七届三中全会提出，统筹土地利用和城乡规划、统筹城乡产业发展、统筹城乡基础设施和公共服务、统筹城乡劳动就业、统筹城乡社会管理。这"五个统筹"是破除城乡二元结构的重要战略举措，是促进城乡发展一体化的重要任务和抓手，是科学衡量城乡发展一体化水平的主要尺度。加快促进基础设施向农村延伸，公共服务向农村发展，社会保障向农村覆盖,现代城市文明向农村辐射,在城乡发展"五个统筹"方面远远走在了全国的前列。

最后,城乡一体化既是发展问题,更是改革问题。城乡发展一体化的要旨所在,就是实现城乡要素平等交换和公共资源均衡配置。而要使这一要旨实现,关键在于加快完善城乡发展一体化的体制机制。推动形成城乡经济社会发展一体化新格局,既涉及公共财政、就业、土地、户籍等方面的配套,也涉及农村自身的改革。

苏州,作为江苏省唯一的城乡一体化发展综合配套改革试点区,从中国国家发展改革委员会城乡一体化发展综合配套改革联系点,到全国农村改革试验区,再到全国城乡发展一体化综合改革试点城市,在推进城乡发展一体化战略方面,勇于实践创新,创造了城乡一体化方面新的理念和经验,可以被具体概括为八个方面。[①]

(1) 统筹城乡产业发展,同步推进农业现代化。要推动城乡发展一体化,必须统筹城乡产业发展,按照第一、第二、第三产业协调发展的原则,着力形成城乡产业分工合理、生产要素和资源优势得到充分发挥的产业发展格局,走城乡经济发展融合之路。而要统筹城乡产业发展,发展现代农业将是其重要内容,在工业化、城镇化快速发展的同时,需将现代农业作为不可替代的基础产业,要强化现代农业发展的科技支撑和物质装备条件,拓展现代农业的发展空间,在工业化、城镇化达到一定程度后,必须将原有的农业支持工业的模式转变为工业反哺农业的模式,加强对农业的保护和支持。在政策保障机制上主要有强化财政收入,增加对农业基础设施投入力度;加大以生态补偿为主的政策补贴力度;扶持新型农业规模经营主体;创新农业投融资体系,积极探索政策性保险金融对农业发展的支持力度。

(2) 统筹城乡就业创业,提升农民就业质量和创业能力。就业是民生之本。要推动城乡一体化,必须把农村就业纳入社会就业体系,通过建立城乡一体的就业与失业管理制度、城乡统一就业促进政策、城乡就业困难人员援助机制,同时充分发挥失业保险对预防失业、促进就业的保障作用,鼓励农民投资创业等,从而逐步实现城乡劳动者就业政策统一、就业

[①] 参见蒋宏坤、韩俊《城乡一体化的苏州实践与创新》,中国发展出版社2013年版,第4~18页。

服务共享、就业机会公平等。

（3）统筹发展中心城市、县域城市、小城镇、促进产业发展、就业吸纳和人口集聚相统一。要推动城乡一体化，必须充分发挥城市对农村的带动作用，形成合理的城镇体系。一要均衡发展中心城区和县级城市，一方面发挥中心城区吸纳高端产业要素的作用，另一方面优化县级城市发展环境，增强其发展实力。二要充分发挥小城镇沟通城乡、促进城乡一体化发展的独特作用，使其成为推行城乡基础设施和公共服务均等供应的基础平台。

（4）协同推进城镇化和新农村建设，增强农村发展活力。要推动城乡一体化，需要统筹规划城市和农村建设，调整优化工业与农业、城镇与农村的空间布局，科学确定城市发展区、永久性农业发展区和生态保护区，加强农村基础设施建设，改善农村人居环境，让留在农村的人口安居乐业，从而促进城乡共同繁荣。

（5）健全城乡一体的公共服务体制，推动城乡基本公共服务均等化和社会保障并轨。要推动城乡一体化，必须统筹城乡基础设施和社会事业发展，为城乡居民提供均等化基础服务。积极推进城镇基础设施向农村延伸，如城乡道路、水利、电力、环保、电信、信息化基础设施等，促进城乡基础设施共建共享，形成城乡基础设施一体化的建设格局。

（6）加强生态保护，建立城乡环境治理长效机制。要推动城乡一体化，必须牢固树立"金山银山就是绿水青山"的生态文明理念，把良好生态作为最大财富，建立生态建设的长效机制，从而在更高层次上促进人与自然的和谐共处、协调发展。

（7）创新城乡社会管理机制，促进社会和谐。要推动城乡一体化，必须推动社会结构转型。一是要健全完善城乡社区管理体制和模式，加强基层社区管理服务功能。二是要努力探索政社分开的治理新机制。三是要促进完善流动人口管理服务机制。

（8）建立城乡发展规划衔接协调机制，形成推动城乡一体化发展的规划合力等。要推动城乡一体化，必须统筹城乡发展。从城乡一体的高度全面规划土地利用、人口发展、产业发展、城乡建设和生态建设等，从而优化城镇、工业、农业、居住、生态等规划布局。

第四节　智能城市开发与运用

前文已经说过,智能城市是一个系统,是一个网络城市、数字化城市、信息城市。它能全面提升城市生产、生活、管理、运行的现代化水平,将进一步为各国开拓新的经济增长点。所以,各国要努力推进智能城市开发建设,构建智能城市投资新引擎。

数字化、"新基建"和要素流通改革是城市化2.0愈加明确的三个政策发力方向。[①] 而数字化及要素流通改革需要构建新型基础设施,从而提供相应的数据采集、存储、计算、分析应用等能力,并进而为要素开发提供技术底座和服务平台。推进新型基础设施建设,可使全社会应用数字技术的成本大幅减少,加快城市的产业数字化进程,从而助力数据驱动的创新体系的构建,为社会经济创新发展提供强劲动力。[②]

一、"新基建"

"新基建"是新型基础设施建设的简称,其概念源于中国提出的"新兴基础设施建设"或"新型基础设施建设"。根据中国国家发展和改革委员会的观点,它主要指的是以新发展理念为引领,以技术创新为驱动,以信息网络为基础,面向高质量发展需要,提供数字转型、智能升级、融合创新等服务的基础设施体系。

从定义我们可以看到,新基建实际上是相当于基础设施新的延伸,还是属于生成性资源(基础设施)的范畴,不过其形式和形态相比传统基础设施已经发生了新的变化。以现今的5G网络及未来的6G网络为例,其实际上相当于我们现实社会里面的高速公路系统,网络的不断升级,就像高速公路车道不断加长加宽,从而更不容易出现堵车等现象,所以,站在通信网络视角上来说,它是新的一轮基础设施升级;与此同时,新基建对于经济增长的拉动作用非但没有减少,且由于它数字赋能的特性,能带动

[①] 参见邢自强《打造国内国际双循环的两大支柱:新型城市化与人民币国际化》,载《21世纪经济报道》2020年9月21日第4版。

[②] 参见韦柳融《加快推进新型基础设施发展》,载《中国信息界》2021年第3期,第41页。

更多其他行业的发展,所以其拉动作用可能会更强。而对新基建的推动,一方面需要区域政府大力的引导,另一方面则要结合市场竞争进行有序推进。

(一)新基建的内容

目前来看,新基建包含三大方面内容,即信息基础设施、融合基础设施、创新基础设施。

(1)信息基础设施。包括以5G、物联网、工业互联网、卫星互联网为代表的通信网络基础设施,以人工智能、云计算、区块链等为代表的新技术基础设施以及以数据中心、智能计算中心等为代表的算力基础设施。

(2)融合基础设施。深度应用互联网、大数据、人工智能等技术形成的基础设施。其主要包括智慧交通基础设施和智慧能源基础设施。

(3)创新基础设施。支撑科学研究、技术研发、产品研究的具有公益属性的基础设施,主要包括重大科技基础设施、科教基础设施及产业创新基础设施。

(二)新基建的领域

细分中国新基建,主要包含七大领域,即5G基建、特高压、城际高速公路和城际轨道交通、新能源汽车充电桩、大数据中心、人工智能、工业互联网,涉及多个社会民生重点行业,如通信、电力、交通、数字等。

(1)5G:5G网络是4G网络的重大升级,是作为移动通信领域的重大变更点,正是5G网络的超高速率、超低时延等特性使得工业互联网、车联网、物联网、企业云上云、人工智能、远程医疗、VR等产业具有强大的技术支持,助力这些产业升级和经济高质量发展。对于中国来说,在供给侧方面,2020年上半年,25万座5G基站建成,覆盖超过50个城市;在需求侧方面,在2020年6月份,中国移动5G用户数量已经达到7020万,几乎达到了4G当年同等时间内普及速度的两倍。①

(2)特高压:特高压指的是±800千伏及以上的直流电和1000千伏及以上的交流电电压等级。特高压技术破解了远距离、大容量、低损耗输

---

① 参见邢自强《打造国内国际双循环的两大支柱:新型城市化与人民币国际化》,载《21世纪经济报道》2020年9月21日第4版。

电的世界难题,其传输造成的电能浪费极低,其中中国特高压直流电网输电功率可达到 1200 万千瓦,而电力损失只有 1.6%,而且特高压传输路程可超过 5000 公里。正是由于特高压的这些优点,它可以使风电、光伏项目等清洁能源形成巨大的能源互联网,从而使清洁能源的产能被彻底释放,加快其对煤电的替代。

(3) 城际高铁和城际轨道交通:城际高速铁路指在人口稠密的都市圈或城市带,规划和修建的高速铁路客运专线运输系统。其线路总长一般不超过 200 公里,允许列车行驶的最大速度在 250 公里/小时以上。其相比于普通高铁来说,主要是发车的密度大,实现公交化,从而加快了人际的流动。城际轨道交通则是低速版的城际高铁。

(4) 充电桩:充电桩,新能源汽车的"加油站",为普及推广新能源车的必要基础设施。

(5) 大数据中心:新兴产业的未来发展将越来越依赖于数据资源,建立数据大中心,不管是国家政务还是各个行业,其都将有助于行业转型,提高行业效率。

(6) 人工智能:从大的层面来说,人工智能将是引领新一轮科技产业革命、社会变革的战略性技术,其将对经济发展、社会进步、国际政治经济格局等方面产生重大深远的影响。

(7) 工业互联网:工业互联网可以为智能制造发展提供共性的基础设施和能力。

以上新型基础设施是传统基础设施的信息化、数字化、智能化和绿色化升级,是新一轮科技革命和产业变革催生的基础设施投资的新增长点。数字基建有助于加强城市的集聚效应,在容纳更多的人口和资源的同时缓解一些常见的"城市病",如交通拥堵及环境污染等。

二、智能城市

(一) 智慧城市的概念

智慧城市是由新一代信息技术的出现而引发的新概念,是城市可持续发展需求与新一代信息技术应用相结合的产物,通过综合应用物联网、新一代互联网、云计算、智能传感、通信、遥感、卫星定位、地理信息系统等技术,将人类知识物化到信息化条件下的城市规划、建设、管理、运营和发展等各项活动中,形成不依赖于人或较少依赖人的智能化解决方案。新一代信息技术是智慧城市实现的根本前提,在智慧城市建设的初期,往往偏重于先进信息等新型基础设施建设,新基建是智慧城市建设的重要推动力。美国、日本、新加坡和欧盟等发达国家及地区联盟以及中国都将智慧城市视为新一轮产业革命的战略制高点,纷纷制订了相应的建设计划。

对于智慧城市的概念,目前国内外仍没有形成统一明确的定义。IBM(International Business Machines Company)给出"智慧城市"的定义为:运用信息和通信技术手段,感测、分析、整合城市运行核心系统的各项关键信息,从而对包括民生、环保、公共安全、城市服务、工商业活动在内的各种需求做出智能响应。IBM 定义的实质是用先进的信息技术,实现城市智能式管理和运行,进而为城市中的人创造更美好的生活,促进城市的和谐、可持续增长。我国工业和信息化部电信研究院通信标准研究所给出的"智慧城市"的定义为:将现有资源进行整合,包括数据的智能整合、运营整合、感知网络整合,通过数据的整合打破信息孤岛,实现城市级的信息共享,加强数据的统一管理,实现数据的准确性和及时性,建立将数据转化为价值的体系,实现数据从部门级到城市级的提升;应用整合通过基础能力、服务与流程的全面集成,统一整合城市运营和产业,实现城市一体化运营;基于应用聚合门户,提供统一的智能运用服务,实现整个智慧城市运营产业链的高效协同;感知网络整合视频监控、传感器等多种感知网络,实现对城市感知网络的统一监控和管理,并在此基础上进行城市运营感知数据的统一分析与优化,从而实现对城市运营的智能管理,提供更有效的城市服务。《全球趋势 2030》报告给出的"智慧城市"定义则是:智慧城市就是利用先进的信息技术,以最小的资源耗费和环境退化代价,能够实现城市经济效率最大化和最美好的生活品质而建立的城市环境。

而根据亿欧智库作者乔浩然的研究,智慧城市可从城市发展层面、技术层面及社会层面三种不同维度对中国智慧城市概念进行深度理解。①

(1)在城市发展层面,智慧城市是融城市运行管理、产业发展、公共服务、行政效能为一体的城市全面发展战略,是现代城市发展的高端

---

① 参见乔浩然《2020 中国智慧城市发展研究报告》,见亿欧智库网(https://www.iyiou.com/analysis/202009171008287)。

形态。

（2）在技术层面，智慧城市是运用物联网、云计算、大数据、地理空间信息等新一代信息技术，促进城市规划、建设、管理和服务智慧化的新理念和新模式。以 IBM、中国联通等公司为代表，它们强调智慧城市建设中的核心系统数据与信息技术支撑。

（3）在社会层面，智慧城市则是一个由新技术支持的涵盖市民、企业和政府的新城市生态系统，是对城市地理、资源、生态、环境、人口、经济等复杂系统的数字网络化管理，其具备服务与决策功能的信息体系。

从以上三个层面我们可以看到，首先，智慧城市需要新一代信息技术如物联网、云计算、大数据和地理空间信息等的支撑，没有新一代信息技术的发展，也就没有智慧城市的基础。其次，智慧城市是运行这些新信息技术而进行的原有城市管理、产业发展、公共服务和行政效能的数字化网络管理，且具备决策功能。

现行智慧城市的建设一般会经历三个阶段。首先是智慧城市概念导入的分散建设阶段，其次是智慧城市试点探索的规范发展阶段，最后是以人为本、成效导向、统筹集约、协同创新的新型智慧城市发展阶段。三个阶段中，概念导入阶段为试点探索的规范发展阶段的基础，试点探索的规范发展阶段中好的建设经验（成效、集约与协同等）则可以成为后续新型智慧城市发展阶段的基础。

在智慧城市生态建设中，政府、企业是智慧城市的直接建设运营主体，而公众及学研智库两大主体作为间接协同部分参与治理。参与各方围绕社会治理精细化、公共服务便捷化及产业发展现代化等方面需求构建广泛协同的创新网络，是推动智慧城市演进和持续优化的内在力量。为推动城市建设的智慧化，需要激发政府各部门、企业、公众和学研机构的参与热情，以此形成合力；同时需要优化合作机制和保障措施，建立长效协同机制，为多元市场主体参与智慧城市建设创造良好环境。

20 世纪 90 年代，世界信息化时代开启，城市也逐渐从传统的二元空间向三元空间发展。这里所说的第一元空间是指物理空间（physical space），由城市所处环境和城市物质组成；第二元空间指人类社会空间（human society space），即人类决策与社会交往空间；第三元空间指赛博空间（cyberspace），即计算机和互联网组成的"网络信息"空间。城市智能化是世界各国城市发展的大势所趋，只是各国城市发展阶段不同、内容不同而已。

在中国，中国智能城市建设与推进战略研究项目组用"智能城市"（intelligent city，简称 iCity）来替代"智慧城市"（smart city）的表述，其原因是：首先，西方发达国家已完成城镇化、工业化和农业现代化，他们所指的智慧城市的主要任务局限于政府管理与服务的智能化，而且其城市管理者的行政职能与中国的市长相比要窄得多；其次，中国正处于工业化、信息化、城镇化和农业现代化"四化"同步发展阶段，遇到的困惑与问题在质和量上都有其独特性，所以中国城市智能化发展路径必然与欧美有所不同，仅从发达国家的角度解读智慧城市，将这一概念搬到中国，难以解决中国城市面临的诸多发展问题。① 目前，中国国内外提出的智慧城市建设，主要集中于第三元空间的营造，而中国城市智能化应该是"三元空间"彼此协调，使规划与产业、生活与社交、社会公共服务彼此交融、相互促进，应该是超越现有电子政务、数字城市、网络城市和智慧城市建设的理念。

智能城市是信息技术高度集成、信息资源深度整合、信息应用更加普及的数字化、网络化和智能化的城市。这样的城市必然有更强的能力，包括具有更强的集中智能发现问题、解决问题的能力，因而具有更强的创新发展能力。因此，智能城市是以智能技术、智能产业、智能人文、智能服务、智能管理、智能生活等为重要内容的城市发展的新形态、新模式。

（二）智能城市的特征

智能城市的特征包括现代性特征和技术特征。②

智能城市的现代性特征表现为五个方面。

（1）基础设施高端。需要高速、融合、无所不在的信息基础设施，具备精细、准确、可视、可靠的传感中枢。

（2）管理服务高效。有了这样一个科学、绿色、超脱、便捷的数字化世界，我们就可以实施虚拟化存储和个性化的服务，保障高效、安全的信息流通。从政府角度讲，就可以推进管理服务流程的重塑优化，决策运行

---

① 参见中国智能城市建设与推进战略研究项目组《中国智能城市时空信息基础设施发展战略研究》，浙江大学出版社2016年版，第2页。

② 参见中国智能城市建设与推进战略研究项目组《中国智能城市时空信息基础设施发展战略研究》，浙江大学出版社2016年版，第31～32页。

的智能化、协同化、精准化和高效化，我们的管理与服务就会变得非常高效。

（3）产业绿色增长。从企业的角度来讲，在实现智能产业的聚集发展的同时，要保证产业的绿色性。

（4）社会环境和谐。从资源环境角度看，势必要推行资源节约型和节能减排型的生产、管理、生活方式，实现城市发展与环境改善的同步。

（5）生活环境友好。从居民角度讲，秉持以"人"为核心的城市发展理念，围绕民生、卫生、交通、教育、电能、食品等民生系统，构建健康、节能、安全、便利、实惠的和谐家园，使人们的幸福指数得到显著提升。

智能城市的主要技术特征表现为六个方面。

（1）以人为本：以人的需求作为根本出发点，以个体推动社会进步，以人的发展为本，实现面向未来的数字包容，让城市中的人类生活得更美好。

（2）全面感知：利用泛在智能传感，对物理城市实现全面综合的感知和对城市的核心系统实时感测，实时智能地获取物理城市的各种信息。

（3）全面互联：通过物联网使城市的所有信息互联互通。

（4）深度整合：物联网与互联网系统连接和融合，将多源异构数据融合为具有一致性的数据。

（5）协同运作：利用城市智能信息系统设施，实现城市各个要素、各个单位和系统及其参与者的高效协同运行，达到城市综合智能运行状态。

（6）智能服务：泛在、实时、智能的信息服务。在城市智能信息设施基础上，利用云计算这种新服务模式，充分利用和调动现有一切信息资源，通过构架一个新型服务模式和一种新的能提供服务的系统结构，对海量感知数据进行并行处理、数据挖掘和知识发现，为人们提供各种不同层次、低成本、高效率的智能化服务。

总之，智能化是城市的转型升级之路，而新基建是实现城市智能化的重要基础，对城市的未来发展具有极其重要的作用。与此同时，由前述城市化内容可知，城镇化是现代化的必由之路，是发展中经济体最大的潜力所在。城市经过传统基础设施及未来的智能城市开发建设以后，其现代化进程不断推进，但由于城市化以前都是局限于行政范围的中心城市，且经济系统也以行政单元范围进行构建，而且区域往往以地方独立利益为核心，所以区域市场有可能存在不同程度的市场分割（如地方性增长主义倾向、区域条块分割体制等），各个区域隔阻甚至以邻为壑，阻碍了地区间产业分工协调和生产要素的自由流动。[1] 在此情况下，优化要素的空间组合配置也将显得极为必要。

三、都市圈

作为投资驱动阶段发展到较高程度的产物，都市圈提供了一个很好的解决方案。通过在更高水平上整合和优化各类资源，消除阻碍生产要素自由流动的行政壁垒和体制机制障碍，从而更好地解决城乡和地区内部的协同分工，进而提升产业资源和城市资源的配置效率。

根据中国国家发展和改革委员会印发的《关于培育发展现代化都市圈的指导意见》[2]，都市圈指的是城市群内部以超大特大城市或辐射带动功能强的大城市为中心、以1小时通勤圈为基本范围的城镇化空间形态。作为推进新型城镇化的重要手段，建设现代化都市圈一方面有利于优化人口和经济的空间结构，另一方面也有利于激活有效投资和潜在消费需求，从而增强经济内生发展动力。

首先，在激活有效投资方面，以粤港澳大湾区为例，湾区基础设施互联互通将是首要工作，重点共建"一中心三网"。"一中心"是指世界级国际航运物流中心，"三网"是指多向通道网、海空航线网、快速公交网，形成辐射国内外的综合交通体系。仅此一项就将形成万亿级基建投资[3]，从而成为拉动经济增长的新引擎。

其次，在潜在消费需求方面，基于大城市、都市圈、城市群打造新的"增长极"，人口流动极其便利，一方面居于较高的个人可支配收入水平，另一方面则居于更高的消费倾向，是消费内需的主要增长引擎（本章末尾附《广东省人民政府办公厅关于以新业态新模式引领新型消费加快发展的实施意见》，从中可以理解城市群和都市圈在刺激潜在消费需求方面的作用）。

---

[1] 参见王玉海、张鹏飞《双循环新格局的实现与增长极的跃变——兼议都市圈（城市群）发展的价值意义》，载《甘肃社会科学》2021年第1期，第36页。

[2] 参见中国发展改革委员会《国家发展改革委关于培育发展现代化都市圈的指导意见》，载《城市轨道交通》2019年3期，第10页。

[3] 参见《都市圈发展开启中国经济新引擎》，载《中国房地产报》2019年2月25日第1版。

四、湾区

(一) 湾区的概念

前文讲到粤港澳大湾区,笔者在此不得不提一下,湾区也是区域经济发展的高级经济形态,同时在空间结构上,前述的 PPC 模式也是典型的湾区经济。根据贺沛的研究,在全球经济格局中,入海口集中了全球约 60% 的经济总量,在距离海岸 100 公里的海岸带地区,集中了约 75% 的大城市、约 70% 的工业资本和人口。在全球排名前 50 的特大城市中,港口城市占了 90% 以上,如美国纽约、日本东京等。那么,什么是湾区?湾区经济有什么特点?要产生湾区和形成湾区经济需要什么条件?在这个过程中,作为生成性资源的基础设施又起着什么作用?

湾区是一个地理学概念,主要指一个海湾或者相连的若干个海湾、港湾、毗邻岛屿共同组成的区域。湾区由海岸线凹进陆地形成,是由沿海多个城市共享的水域区域,其与大陆相连,经济腹地广阔,正是由于这个原因,所以其发展前景巨大。然而,国际上所指的湾区一般是由沿海众多港口城市组成的区域,由此区域所衍生的经济效应,称为湾区经济。湾区经济作为开放经济中的一种,因集合了沿海、湾区和城市群三种要素,从而成为开放经济中的最高形态。[①]

(二) 湾区的特点

与其他的都市区相比,湾区通常具有三个方面的特点。

(1) 湾区一般具有多个大能级的港口城市,如东京湾就是由六个港口(横滨港、东京港、千叶港、川崎港、木更津港、横须贺港)形成的马蹄形港口群。

(2) 湾区一般是高新技术产业集群的集合地,是现在城市创新的动力源,如从美国西海岸旧金山湾区的圣何塞逐渐崛起而形成的"硅谷",就聚集了诸如苹果、思科、英特尔、惠普等高新技术企业,成为世界科技创新中心。

---

① 参见贺沛《PPC 开发模式与湾区经济》,见搜狐网(https://www.sohu.com/a/317950823_100138030)。

(3) 由于湾区所具有的天然滨海自然景观，自然环境优美、宜居、宜业、宜游，所以往往会吸引大量外来人口。而大量外来人口的流入，加大了湾区的开放，同时新的人才的流入会促进湾区的创新发展。

(三) 形成湾区经济需要的条件

发展湾区能有这么好的经济效应，为什么全球这么多湾区，只有部分湾区可以形成湾区经济？根据贺沛的研究，要形成湾区经济需要具备三个条件。

(1) 共享湾区：需要围绕共享湾区建设港口群，进而形成产业群和城市群，即前述所讲的 PPC 模式。要想成为共享湾区，需要具有两个方面的特点：一方面，湾区必须是优良湾区；另一方面，湾区经济要围绕其中一个湾区来展开。

(2) 对外开放：有了共享湾区后，需要实施对外开放。湾区经济的发展随着国际贸易的流行而发展起来，正是国际贸易的扩大带来了湾区经济的形成，并在这个过程中促进了人才的流入，从而使之具备发展科技创新的基础。

(3) 区域合作：一是湾区内部的合作，包括区域内港口、产业、交通、文化、政策等各方面的合作。二是湾区与其广大腹地的合作。如东京湾区，首先，在内部加强合作，借助港口发展贸易经济，从而推动其工业和城市扩张，并改善内部交通，强化轨道交通，从而加深了东京湾区城市之间的进一步合作；其次，通过东京湾区向周边腹地的辐射，强化产业链分工和合作，从而形成了由东京到横滨，宽 5～6 公里，长 60 余公里，工业产值占日本全国的 40% 的带状海湾地区。

(四) 湾区基础设施的作用

在湾区经济形成过程中，作为生成性资源的基础设施又起着什么作用呢？笔者认为可以从两个方面来认识其作用。

(1) 因为湾区具有避风、岸线长及周边腹地广的特点，直接连通海洋从而具有了通向世界的海上高速公路，如果在湾区打造良好的港口基础设施建设，打造世界级港口群，对于加强国际贸易、带动区域发展起着不可估量的作用。通过在湾区空间里布局更多的港口，进而降低城市之间的物流、运输成本，从而形成适宜居住的海陆交集的生态环境，更易形成生产

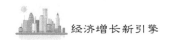

资料、资金、人才和科技等生成要素的集聚。

（2）随着国际贸易范围的扩大，湾区带来的集聚效应将更加明显，并同时通过打造湾区机场群、高速公路网及高铁网等，构筑完善的湾区快速交通网络系统，形成以湾区都市为核心的都市圈集群。

通过前面的分析，我们发现区域政府竞争是市场竞争的其中一个方面，但是在湾区经济中，区域竞争以后，区域合作也成为一种可能，而且这种合作还带来了区域双方的共赢，而这恰恰是区域经济步入更高层次阶段的结果，即合作共赢成为主流。

✵ 本章小结 ✵

区域经济进入投资驱动阶段，需要区域政府推进以基础设施开发建设为主体的投资新引擎。而要构建这种投资新引擎，政府或区域政府需从多个方面去努力，如推进实现劳动力、资本等要素的良好配置的供给侧结构性改革，加大基础设施建设，推进城乡一体化、基础设施现代化，推进智能城市开发建设，加大科技项目投入和提升金融配套能力等。城市经过基础设施及未来的智能城市开发建设以后，其现代化进程不断推进，但区域市场有可能存在不同程度的市场分割（如地方性增长主义倾向、区域条块分割体制等），各个区域隔阻甚至以邻为壑，因此需要优化要素的空间组合配置，实现区域经济发展的更高形态，城市群或城市圈就应运而生。与此同时，本章还着重介绍了与都市圈同为区域经济发展的高级经济形态的湾区经济，并详细论述其特点和形成条件，深入分析作为生成性资源的城市基础设施在都市圈和湾区经济发展中发挥的作用，总结出这是区域经过竞争之后实现合作与共赢的必然选择。

【附录】

广东省人民政府办公厅关于以新业态新模式
引领新型消费加快发展的实施意见

粤府办〔2021〕34号

各地级以上市人民政府，省政府各部门、各直属机构：

为深入贯彻落实《国务院办公厅关于以新业态新模式引领新型消费加

快发展的意见》(国办发〔2020〕32号)要求,顺应消费升级趋势,培育壮大新型消费,经省人民政府同意,现结合我省实际提出如下实施意见。

一、推动线上线下消费有机融合

(一)培育壮大新型零售。拓展无接触式消费体验,鼓励办公楼宇、住宅小区、商业街区、旅游景区、高速公路服务区布局建设智慧超市、智慧商店、智慧餐厅、智慧驿站、智慧书店。开展便利店品牌化连锁化三年行动。指导地市和行业协会每年举办不少于50场线上线下深度融合的促销活动,并组织省相关电商平台及企业积极参与。(省工业和信息化厅、交通运输厅、商务厅、文化和旅游厅、政务服务数据管理局按职责分工负责)

(二)构建智慧餐饮新生态。推动"餐饮公域+私域外卖"融合发展,加快团体预约式外卖平台建设,逐步形成全域外卖生态。支持餐饮数字化接口开放标准与平台建设,培育智慧示范餐厅标杆企业。鼓励餐饮行业供应链共享平台建设,推动广东餐饮联合采购、央厨联盟、仓配共享、前置云仓等供应链信息化平台孵化,支持开展餐饮采购线下展览和线上交易,以"粤菜师傅"工程产业化发展为抓手,打通农餐对接渠道,建立订单农业机制。加快广东餐饮产业集约化发展,通过产业资源整合、智能科技赋能、文化创意孵化等措施,推动我省由餐饮消费大省向餐饮供应链产业大省转变。鼓励餐饮消费券多样化置换融资平台建设。鼓励建设粤菜博物馆,运用数字化、智能化方式弘扬粤菜文化。(省工业和信息化厅、人力资源社会保障厅、农业农村厅、商务厅、文化和旅游厅、政务服务数据管理局按职责分工负责)

(三)积极发展"互联网+医疗"。出台省互联网医疗服务监管平台接入管理办法,构建远程医疗服务体系,支持实体医疗机构从业医务人员在互联网医院和诊疗平台多点执业。出台电子处方流转指导性文件,支持医院、药品生产流通企业、药店和符合条件的第三方机构共同参与处方流转、药品物流配送。制定药品第三方现代物流标准,支持符合条件的药品三方物流企业从事药品三方物流业务,打通药品线上线下流通渠道。推动智慧医疗、智慧服务、智慧管理三位一体的智慧医院建设,构建线上线下一体化的现代医院服务模式。建立全省统一的医保数据管理标准,构建数据共享交换体系。支持医保定点机构实现医保线上支付,推进医保智能监管体系建设。研究探索利用互联网开展国际诊疗服务。(省卫生健康委、医保局、政务服务数据管理局、药监局按职责分工负责)

（四）深入发展"互联网＋文化旅游"。制订全省公共数字文化建设三年计划，推动公共数字文化融合创新发展。推动网络文化产品内容和形式创新，鼓励支持国产原创网络动漫、音乐制作，增强优秀网络文化产品供给能力。加大公共文化消费扶持力度，鼓励公共场所引入电子图书馆、网络课堂、群众文艺、社区教育、非遗传习等公共文化服务。鼓励和引导A级旅游景区开展智慧化建设，支持有条件的单位积极运用5G、大数据、云计算、人工智能等新技术提供无接触式服务、智能导游导览等智慧化服务，完善分时预约、流量预警、科学分流等智慧化管理机制。（省文化和旅游厅牵头负责）

（五）有序发展"互联网＋教育"。加快教育网络设施建设，推动数字校园、智慧校园和智慧课室发展，形成开放协同的现代化校园生态。建设完善"粤教翔云"教育资源公共服务平台，实现省、市、县（市、区）教育资源互联互通。利用大数据、云计算、人工智能、区块链、5G通信等新技术加强课程质量监测，推进互联网环境下的课程和教学改革。（省教育厅牵头负责）

（六）大力发展"互联网＋体育"。支持举办国内首个2B＋2C的线上赛事活动"湾区运动汇"。鼓励体育企业利用大数据、云计算、人工智能、5G、区块链等新技术，发展数字体育、在线健身、线上培训等新业态。依托我省现有体育电视频道、新媒体、平面媒体和省体育总会资源，对接国际体育单项协会，争取国际知名赛事转播权在广东落地，打造具有影响力的体育传媒品牌。加快发展体育动漫、体育游戏、电子竞技、运动在线指导等体育新兴产业，重点培育一批体育与文化融合发展的骨干企业。（省体育局牵头负责）

二、加快新型消费基础设施和载体建设

（七）健全数字化商品流通体系。积极创建供应链创新与应用示范城市、示范企业。支持有关企业规范经营网络平台道路货运业务。加大新型寄递服务供给，发展仓配一体化、即时直递、大件快递、冷链快递、逆向快递等服务。推广使用冷藏冷冻食品质量安全追溯系统"冷库通"，实现对进口冷链食品从离开口岸到食品生产经营环节的全过程数字化闭环管理及全链条追溯。组建广东省农产品仓储保鲜冷链物流联盟。建设县级公共配送中心，在县域合理布设智能快件箱。通过产地仓、统仓共配等方式协助地方建设电商服务中心以及县乡村三级物流网络，为农产品、海产品上

行提供物流通道。推动农村客货邮融合发展,创建"一点多能、一网多用、功能集约、便利高效"的农村运输服务发展新模式。(省发展改革委、交通运输厅、农业农村厅、商务厅、市场监管局、政务服务数据管理局、供销社,海关总署广东分署、省邮政管理局按职责分工负责)

(八)支持商贸平台建设。鼓励各地市打造直播带货基地。推动电商平台设立绿色产品销售专区。加快推进跨境电商综试区线上综合服务平台和线下产业园区建设。推进跨境电商海外仓建设,鼓励海外仓企业在"一带一路"沿线国家和地区布局。举办中国(广东)-RCEP[①]成员国跨境电商合作交流会,指导相关地市和行业协会开展10场以上大型跨境电商对接交流活动。开展"粤贸全国""粤贸全球"品牌工程,每年举办线上线下展会100场,用好"粤省事""粤商通"等"粤系列"平台,提升服务水平,推进贸易数字化。推动广交会线上线下融合,进一步提升展会能级。(省商务厅、工业和信息化厅、政务服务数据管理局按职责分工负责)

(九)加强信息基础设施建设。加快5G网络建设,支持基础电信企业以5G SA(独立组网)为目标,加快建成5G SA核心网,扩大700MHz频段广电5G网络在广州、深圳等地的试验和建设规模。加快推动城市信息模型(CIM[②])基础平台建设,支持城市规划建设管理多场景应用,促进城市基础设施数字化和城市建设数据汇集。加快全省地理信息三维数据库建设,为智慧自然资源、智慧城市建设提供数字化、智慧化的信息基础设施和应用支撑。建立完善智慧城市领域标准体系,推动智慧城市领域标准化工作。(省委网信办,省发展改革委、教育厅、工业和信息化厅、自然资源厅、住房城乡建设厅、市场监管局、政务服务数据管理局,省通信管理局按职责分工负责)

(十)支持新装备新设备应用。有序推动无人配送、无人驾驶相关应用标准的制定工作。推动大数据、人工智能、无人化装备等领域应用的先行先试,支持城市场景、海岛场景、支线物流场景无人机创新应用及无人机起降场地建设,打造无人机投递示范区。将智能快件箱、快递末端综合

---

① RCEP,全称为Regional Comprehensive Economic Partnership,译为《区域全面经济伙伴关系协定》。该协定是亚太地区规模最大、最重要的自由贸易协定,2012由东盟十国发起,由包括中国、日本、韩国、澳大利亚、新西兰、印度和东盟十国16方共同参加,通过消减关税与非免税壁垒,建立16国统一市场。。

② CIM,全称为City Information Modeling。

服务场所等设施纳入城乡公共服务设施建设规划，制定快递末端综合服务场所建设标准，推动新建（在建）和老旧小区、园区、楼宇加强相关配套建设，原则上新建居住社区要建设使用面积不小于15平方米的邮政快递末端综合服务站，既有居住社区要因地制宜建设智能快件箱（信包箱）、快递末端综合服务场所。（省委网信办、省发展改革委、自然资源厅、住房城乡建设厅、交通运输厅、市场监管局、广电局、政务服务数据管理局，省通信管理局、邮政管理局按职责分工负责）

（十一）推动车联网和充电桩（站）建设。开展车联网电信业务商用试验，加快全省优势地区车联网先导区建设，支持车联网（智能网联汽车）产业发展和规模部署。指导各地评估网约车政策落实情况，加快网约车合规化进程。开展巡网融合出租汽车改革试点。适应新能源汽车和寄递物流配送车辆需求，优化社区、街区、商业网点、旅游景区、度假区等周边地面及地下空间利用，完善充电电源配置和布局，加大充电桩（站）建设力度。（省发展改革委、工业和信息化厅、自然资源厅、住房城乡建设厅、交通运输厅，省通信管理局、南方电网公司按职责分工负责）

（十二）提升新型消费网络节点布局建设水平。结合城市群、都市圈发展规划，统筹布局建设多层级消费中心，支持广州、深圳市建设国际消费中心城市，支持珠海、汕头、佛山、东莞、湛江市建设区域消费中心市，鼓励发展首店首发经济、夜间经济等。积极发展"智慧街区""智慧商圈"，完善社区便民消费服务圈。鼓励有条件的地市因地制宜打造文旅、商务、康养等产业融合发展的新型消费集聚区。（省发展改革委、工业和信息化厅、财政厅、住房城乡建设厅、农业农村厅、商务厅、文化和旅游厅、卫生健康委、市场监管局按职责分工负责）

三、加大新型消费政策支持

（十三）加强财税金融支持。积极扶持新型零售业、服务业的中小微型市场主体做大做优做强。继续抓好高新技术企业、技术先进型服务企业、研发费加计扣除等税收优惠政策落实。研究推行政府购买优质在线教育服务，并将相关服务纳入地方政府购买服务指导性目录。引导银行机构创新开发各类线上信贷产品。持续推进港澳版云闪付App、微信及支付宝香港钱包、澳门通及中银澳门跨境钱包等移动支付工具在粤港澳大湾区互通使用，推动日韩短期入境游客境内移动支付便利化试点在广州落地实施。组织支付服务市场主体大力推进消费电子支付市场建设，减免商户交

易手续费和支付终端费。（省发展改革委、财政厅、地方金融监管局，省税务局、人民银行广州分行、广东银保监局按职责分工负责）

（十四）鼓励社会资本参与。鼓励新型消费领域企业通过发行新股、公司债券、可转债及新三板挂牌等方式融资，不断提升企业治理和发展水平。支持我省消费龙头企业申请消费金融牌照。引导商业银行、网络小额贷款公司等与互联网机构规范合作，针对家电、农机具等耐用消费品开展"三农"领域消费金融业务。发挥省中小企业融资平台、广东股权交易中心等既有要素平台资源优势，探索设立有利于推动新型消费的专属业务板块。推动私募股权投资基金和创业投资企业在支持新型消费发展方面发挥更大作用。（省发展改革委、地方金融监管局，人民银行广州分行、广东银保监局、广东证监局按职责分工负责）

（十五）加强面向新业态新模式人才培养。结合新业态模式发展需求，加强我省职业院校（含技工院校）电子商务等相关专业建设。鼓励职业院校与企业共建实训基地，开展新业态技能人才评价工作，为新业态经济发展提供技能人才支持。允许企业结合生产经营需要，依据国家职业分类大典和新发布的职业（工种），自主确定评价职业（工种）范围。对于职业分类大典未列入但实际存在的技能岗位，按照相邻相近原则对应职业分类大典内职业（工种）实施评价。（省教育厅、人力资源社会保障厅按职责分工负责）

（十六）完善劳动就业保障。研究制定灵活就业人员参加失业保险办法，探索将灵活就业人员纳入失业保险参保范围。大力组织网络招聘活动，提供线上供求对接匹配服务。建立重点用工企业和服务专员工作对接机制，支持企业间开展共享用工。实施灵活就业特定人员单项参加工伤保险办法，按国家部署开展新业态从业人员职业伤害保障试点，妥善化解职业伤害风险。（省人力资源社会保障厅牵头负责）

四、提升新型消费发展环境

（十七）优化行政审批。加快推行新型消费领域涉企经营许可事项告知承诺制。电子商务经营者申请登记为个体工商户的，允许其将电子商务平台提供的网络经营场所作为经营场所进行登记。（省市场监管局牵头负责）

（十八）强化监管服务。建立健全以信用为基础的消费领域新型监管机制，推动各部门对消费领域失信行为依法依规实施惩戒。依托"信用广东"网站和国家企业信用信息公示系统（广东）公示消费领域信用信息。

制定出台诚信消费商圈培育实施方案，培育全省首批诚信消费市场主体，积极争取国家信用消费试点城市落户广东，打造以信用为基础的商贸流通新秩序。探索发展消费大数据服务。加大平台经济反垄断力度。完善不正当竞争行为网络监测机制，组织开展反不正当竞争执法重点行动。加快推动《广东省知识产权保护条例》出台，压实电子商务平台经营者知识产权保护责任。探索制订数据流通规则制度，打通传输应用堵点，提升消费数据共享商用水平。（省委网信办、省发展改革委、工业和信息化厅、商务厅、市场监管局、政务服务数据管理局按职责分工负责）

（十九）完善新型消费标准体系。开展电子文件、数据安全、机器代人辅助施工等重点通用标准研制，推动建筑产业互联网及智能建造相关标准研制，完善新型基础设施等新一代信息技术标准体系。制定自助售货、网络零售平台管理、零售直播等标准。加快制定并推动实施大数据、云计算、人工智能、区块链等领域相关标准，加强规范新技术金融应用。支持行业组织和企业开展直播电商等新业态、新模式的标准规范研究。开展《粤菜围餐服务规范》《粤式菜系餐厅星级评价规范》《粤菜食材通用要求》等地方标准编制工作。（省委网信办，省工业和信息化厅、住房城乡建设厅、商务厅、市场监管局，人民银行广州分行按职责分工负责）

（二十）加强新型消费统计监测。加强新型消费相关数据的共享。加强对我省限额以上单位网络零售额及重点网络零售企业的统计监测。继续推进服务消费试算。积极开展重点零售企业监测工作，深化与网上交易平台等第三方机构合作。（省统计局牵头负责）

各地各部门要按照党中央、国务院的决策部署和省委、省政府的工作要求，进一步统一思想认识，强化组织保障，务实推进各项工作。任务牵头部门要建立工作台账，压实压细责任分工，各职责部门要密切配合形成合力，确保各项任务及时落地见效，推动我省新型消费健康有序发展，促进消费扩容提质。

广东省人民政府办公厅

2021 年 10 月 17 日

（资料来源：广东省人民政府门户网站。）

思考讨论题

1. 本章投资驱动型增长跟以往的产业资源投资增长相比，区别在哪里？
2. 为了构建全球投资新引擎，区域政府应该采取哪些措施？
3. 推动供给侧结构性改革包含哪两大方面？与传统的经济学理论相比，如何看待供给侧改革？
4. 加大城市基础设施建设主要包括哪几大方面？
5. 如何理解湾区经济？其一般有什么特点？湾区经济的产生和形成应该具备哪些相应条件？

第五章　创新新引擎

经过投资驱动阶段的发展之后，城乡一体化和区域智能管理已经形成，同时，城市群框架体系出现，都市圈也已经形成。进一步地，国内国际产业集群和消费中心城市经济产生了，社会治理现代化逐渐完成，城市经济繁荣。经过了这一个发展阶段后，区域经济规模效应显现，然而，在发展过程中，能源与环境资源消耗巨大，资源的承载力不足以支撑经济以此种方式继续发展，同时城市的治理效能也急需提升。在此种情况下，需要区域政府通过理念创新、技术创新、组织创新和制度创新的手段不断革新能源生产方式，逐步发展既有节能效果又符合低碳转型发展方向的用能新技术，处理好在此阶段所产生的逆生性资源等问题，通过对其不断调控与遏制，从而不断催生新的经济增长领域，如发展数字经济、VR 虚拟经济等，不断改变经济增长方式，实现经济的高质量发展。

人们对创新概念的理解最早主要是从技术与经济相结合的角度，探讨技术创新在经济发展过程中的作用，但系统阐述创新概念的第一人是约瑟夫·阿洛伊斯·熊彼特（Joseph Alois Schumpeter）。在熊彼特的研究中，创新（innovation）和发明（invention）、创造（creation）是不完全一样的。根据他的观点，发明是一种可以取得专利的、新的人造装置或工序，是一种知识生产活动；而创新则是一种经济行为，是为了获得更高的经济和社会效益而创造并执行一种新方案的过程和行为。[①] 也就说，发明也只有当它被运用于经济活动时，这个时候才能被称为"创新"。所以"创新"不单单是一个技术概念，还是一个经济概念。

无论是区域还是国家，乃至世界，当其进入经济发展模式的转换时期，经济形式从通过企业竞争配置产业资源发展到通过区域政府竞争配置

[①] 参见陈云贤、邱建伟《论政府超前引领：对世界区域经济发展的理论与探索》，北京大学出版社 2013 年版，第 67 页。

城市资源，经济增长引擎从单一的市场机制发展到"有为政府+有效市场"机制，这些全球经济发展的新情况必然导致一系列新问题，比如如何维护全球经济治理体系的公平、公正原则，如何保护发展中国家在全球经济秩序中的利益，如何维持或提升经济体系的开放程度以抵制保护主义，如何制定规范、应对经济新领域（如网络领域）的挑战。为了应对这些挑战，对现存的协调、治理全球经济秩序的公共机制或公共物品（包括思想性公共物品、物质性公共物品、组织性公共物品和制度性公共物品）就需要予以创新和完善。

第一节 理念创新

理念创新要求区域政府在行使公权力、管理区域的过程中，对产业发展、城市建设和社会民生进步过程中不断出现的新情况、新问题进行前瞻性的理论分析和思考，对区域的经济社会现象做出有预见性的判断，对历史经验和现实探索进行新的理论升华和总结，从而指导区域经济制度、组织形式和技术手段的创新与发展。如在不同的经济增长阶段，区域政府需要不断革新有为政府理念、政务公开理念、管理效能理念等，才能发挥区域政府的超前引领作用，推动区域政府的管理体制、管理行为、管理方法和管理技术创新，从而为区域发展提供正确的引导和巨大的动力。

一、理念创新的内容

理念创新主要包括四个方面的内容。

（1）市场应是有效市场。现代市场纵向体系是由六个子系统组成的完整体系。一些国家过分强调市场要素与市场组织的竞争，而忽视法制监管体系的建设、市场环境体系和市场基础设施体系的健全，这都将偏离公开、公平、公正的市场原则。

（2）政府应是有为政府。各国政府不仅应对可经营性资源即产业资源的配置实施规划、引导、扶持、调节、监督和管理，而且应对非经营性资源即社会公共物品基本托底，确保公平公正、有效提升，还应对准经营性资源即城市资源的配置进行调节并参与竞争。

（3）世界各国追求的成熟市场经济模式应是"强式有为政府+强式

有效市场",即在市场经济体系通过企业竞争配置产业资源,通过政府竞争配置城市资源。各国政府应在全球经济增长中发挥重要作用。

(4) 在前面的基础上,政府还应具有超前理念,要打破传统思维定式,就要不断突破政府现有自身局限,敢于挑战和创新,借助投资、价格、税收、法律等手段,同时熟练掌握区域政府技术创新、组织创新、制度创新等新方式方法,充分发挥区域政府对经济的导向、调节、预警作用等,从而完善区域资源的有效配置,进而促进区域经济科学、可持续发展。

根据传统西方经济学市场理论,首先,政府、市场、社会三者都是各自独立的,从始至今都把政府置身于市场之外;其次,政府的职能只涉及提供公共事务的职能,而这严重影响了世界各国有为政府职能作用的发挥。根据前述现代市场经济理论,横向上来说,现代市场经济包括产业经济、城市经济和民生经济,纵向上来说,它包括了市场要素体系、市场组织体系、市场法制体系、市场监管体系、市场环境体系和市场基础设施,而且其纵向的要素体系是一个渐进的历史过程,有序并相互统一,但现代市场经济纵向体系六个方面的功能也是脆弱的:一是市场主体认识上的不完整;二是政策上的不及时;三是全球化的冲击。所以,现代市场体系的健全及六个方面功能的有效发挥是一个漫长的过程。

现代市场经济纵向体系的六个方面职能,正在或即将作用于现代市场横向体系的各个领域。也就是说,在历史进程中逐渐完整的现代市场体系,不仅会在作为各国经济基础的产业经济中发挥作用,而且伴随着各类生产性资源的开发和利用,也会逐渐在城市经济、国际经济(包括深海经济和太空经济)中发挥作用。不同领域、不同类型的商品经济、要素经济和项目经济,产生了不同的参与主体,它们需要现代市场经济纵向体系六个方面的功能不断提升、完善。而这又需要当代经济理论,尤其是现代市场理论的不断提升与完善。

二、有为政府的理念

在新的"有为政府 + 有效市场"机制里,政府在其中发挥的作用与可经营性资源、非经营性资源和准经营性资源相对应地可划分为三种有为政府类型。

(1) 只关注非经营性资源(即与社会民生相关的社会公益资源)的

调配及相关政策配套的"弱式有为政府"。

（2）只关注非经营性资源和可经营性资源的调配及相关政策配套的"半强式有为政府"。

（3）不仅关注非经营性资源和可经营性资源的调配及相关政策配套，而且参与、推动准经营性资源的调配和政策配套的"强式有为政府"。政府已经超越了亚当·斯密所指的"守夜人"角色，而且可以通过对准经营性资源和可经营性资源的调配和政策配套，在新时代的市场经济环境里发挥更大的作用，促进经济的可持续增长。

三、中国为其他发展中国家提供经验和借鉴（理念性公共产品）

回顾中国改革开放以来取得的伟大奇迹，中国所发生的几次重大的经济制度改革之前，都有一次重大的政府执政理念的革新，也就是说，每一次制度上的超前引领都是由理念的超前引领所带动和促进的。

（一）"实践是检验真理的唯一标准"理念引领改革开放

1978年12月，党的十一届三中全会果断及时地停止使用"以阶级斗争为纲"的口号和理论，号召把全国工作重点转移到经济建设上来，才有了实行改革开放的伟大国策，"解放思想，实事求是，团结一致向前看"的基本指导方针。基于此，家庭联产承包责任制、经济特区、外资引进等经济政策逐步出台，中国改革开放的伟大号角正式吹响，引领中国走向伟大复兴的征程。

然而，事实上，在中国政府做出这一历史性的制度改革之前，国内关于理念上的争论和革新早已经开始，其中以实践与真理标准的大讨论体现得尤为明显。在党的十一届三中全会之前，中国在一段时间内奉行着"两个凡是"思想（"凡是毛主席作出的决策，我们都坚决维护，凡是毛主席的指示，我们都始终不渝地遵循"），但是邓小平从全球经济社会的客观实践出发，向"两个凡是"的思想提出了挑战。1978年5月，《光明日报》刊登了"实践是检验真理的唯一标准"的特约评论员文章。随后，新华社、《人民日报》《解放军报》都进行了转载。正是这篇文章，引发了全国范围的关于真理标准问题的大讨论，促成了全国思想的大解放。判断真理的标准是实践，而不是"两个凡是"。这样的思想大解放，为中国迈向改革开放的新时期做了充分的思想准备。

从实践是检验真理的唯一标准出发，人们会很轻松地认识到，不能再喊"以阶级斗争为纲"的口号，因为当时中国同发达国家的经济、科技差距已经非常巨大，如果不把全党、全国工作的中心转移到经济建设上来，那么这个差距将变得越来越大，这又如何能体现社会主义优于资本主义？实践证明，通过改革废除束缚广大群众积极性、主动性的传统管理体制，解放广大群众思想，实行改革开放，引进国外资金、先进技术和管理经验等来发展自己，才能使中国的现代化建设走出一条符合客观经济规律的路子，中国才有希望，社会主义才有希望。

这就是理念的超前引领。

（二）"发展才是硬道理"理念推动市场经济体制建立

虽然从1978年改革开放以来，中国已经从阶级斗争转移到了经济建设上来，然而，每在发展的过程中经济出现波动的时候，仍然有不少人以意识形态的标尺去丈量和批评，并附有指责。而这已经成为阻碍中国经济持续增长的最大的思想限制。在中国提出构建社会主义市场经济体制之前，中国就在关于姓"社"还是姓"资"的问题上争论不休、摇摆不定。这使得国内民众产生思想上的混乱，进而影响很多改革开放措施的执行，尤其是伴随苏联解体和东欧剧变等不利的外部环境因素的影响，中国国民经济发展速度出现较大的下跌趋势，1989年和1990年中国GDP增长速度仅为4%左右，是中国实行改革开放政策以来的最低点。

正是在这种背景下，作为中国改革开放伟大设计师的邓小平同志在1992年1—2月南下武昌、深圳、珠海、上海等地视察，发表了一系列重要讲话，即"南方谈话"，鲜明地提出了"发展才是硬道理"的著名论断。他说："改革开放迈不开步子，不敢闯，说来说去就是怕资本主义的东西多了，走了资本主义道路。要害是姓'资'还是姓'社'的问题。判断的标准，应该主要看是否有利于发展社会主义社会的生产力，是否有利于增强社会主义国家的综合国力，是否有利于提高人民的生活水平。"[①]正是"发展才是硬道理"的著名论断和"三个有利于"的重要思想理念，使得人们多年的思想禁锢被冲破了，转向了更具实践意义的经济发展道

[①] 参见郑保卫《东方风来满眼春》，载《中华新闻报》2008年12月19日第1版。

路，解决了困惑中国多年的改革难题，为中国思想大解放指明了路径。

正是因为这次思想大解放，中国改变了以上单纯建立有计划的商品经济的提法，正式提出了建立和发展社会主义市场经济，从而使改革掀起了新的高潮，这是对中国未来发展道路的一种全新理论探索，是中国政府理念创新的突出表现方式，对中国20世纪90年代的经济改革与社会进步起到了关键的推动作用，使得中国重新进入了发展的快车道，创造了中国奇迹。

（三）"服务型政府"理念开启行政管理体制改革

随着市场经济的发展，尤其是国有经济布局的战略性调整和国有资产管理体制改革，政府的公共管理职能和国有资产出资人职能分开，政府与国有企业在市场中的角色混淆现象得到改变；非公有制经济的发展迫使政府转变管理经济方式；现代产权制度的建立也使政企不分、政社不分、政事不分的现象有一定改观。但是，很多政府仍然运用行政手段来管理经济活动和社会事务，扮演了生产者、监督者的角色，导致政企不分、政事不分，严重扭曲了市场配置资源的基础性作用。

市场经济的完善，要求政府把微观主体的经济活动交给市场调节。在市场经济条件下，政府的职责在于纠正"市场失灵"，弥补"市场缺陷"，为社会提供市场不能够有效提供的公共产品和公共服务，制定公平的"市场游戏规则"，并加以监管，为市场主体服务，创造良好的发展环境，制定完善的公共服务体系，把政府职能集中到宏观调控、市场监管、社会管理和公共服务上来。

正是在这种背景下，2005年3月，国务院总理温家宝在政府工作报告中明确提出建设服务型政府的要求。在此之后，很多地方政府进行了行政体制改革，打造服务型政府，取得了良好成效。其中，佛山市顺德区在2009年9月正式启动"大部制"改革，将原有41个党政机构合并为16个，精简了接近三分之二，顺德也因此成为中国党政机构最精简的县区。改革力度之大，创新之多，确实属国内罕见。顺德大部制改革以后，取得了很好的成效，对广东乃至全国经济社会发展的科学转型，对推动县级政府机构改革、建设公共服务型政府，具有很好的借鉴意义。

一个国家找到适合本国国情的发展道路并不容易。近代以来，许多发展中国家艰辛探索，希望实现国富民强，但能真正找到适合自身的道路、实现良好发展的国家并不多。一些国家盲目照搬或被迫引入西方模式，不仅没有实现经济发展、政治稳定，反而陷入社会动乱、经济危机、治理瘫痪，甚至发生无休止的内战。如运用了"华盛顿共识"① 的拉美国家和俄罗斯等国改革效果欠佳，而中国没有正式出台一个保护产权的制度，同时也没有进行类似西方的民主化改革，却获得了持续的高经济增长，创造了中国经济奇迹。②

在几十年艰辛探索中，中国始终坚定不移走自己的路，在不断探索中形成了自己的发展道路。中国发展的成功，提振了发展中国家实现国富民强的信心，拓展了发展中国家走向现代化的途径，为世界上那些既希望加快发展又希望保持自身独立的国家和民族走符合本国国情的道路提供了经验和借鉴。

照搬没有出路，模仿容易迷失。中国发展带来的最大启示，就是一个国家走什么样的发展道路，既要借鉴别国经验，更要立足本国实际，依据自己的历史传承、文化传统、经济社会发展水平，并由这个国家的人民来决定。世界上没有放之四海而皆准的发展道路和发展模式，也没有一成不变的发展道路和发展模式。各国可以相互学习借鉴发展经验，但现代化不等于西方化，不能生搬硬套，更不能由一家说了算。发展道路合不合适，关键要看这条道路能不能解决本国所面临的历史性课题和现实性问题，能不能改善民生、增进福祉，能不能得到人民的赞成和拥护。而这就是中国发展向全世界所提供的重要发展经验，是中国向世界提供的一种思想性公共产品，这为其他国家的发展起着相对重要的引领和指示作用。

选择什么样的发展道路，是每个主权国家的权利。任何国家都不能将自己的模式强加于人，更无权强行颠覆他国政权和政治制度。中国尊重其他国家选择的不同发展道路，中国不"输入"外国模式，也不"输出"中国模式，更不会要求别国"复制"中国的做法。中国将通过深化自身实践，不断探索现代化建设规律、国家治理规律、人类社会发展规律，与各国加强治国理政交流，共享发展经验，共同实现良政善治。

---

① 以哈耶克、弗里德曼为首的新自由主义政策学派主张的典型表现形式，旨在解决拉美国家经济衰退问题，包括十条政策措施，其核心是"主张政府的角色最小化，快速私有化和金融自由化"，具体参见陈云贤《国家金融学》，北京大学出版社2021年版，第96页。

② 参见杨其静、聂辉华《保护市场的联邦主义及其批判》，载《经济研究》2008年第3期，第101页。

四、城市经济部分新理念的介绍

现代化城市作为人类聚集的主要场所和经济发展的主体为世界现代文明和各国经济增长做出了巨大贡献,特别是在第二次世界大战以后,现代化大工业城市迅速建立,城市朝着大规模、多功能、群体化方向发展,城市经济区、城市圈、城市带、新兴城市纷纷出现,城市成为各国经济竞争的主要场所,城市居民对生活环境与质量的要求被压抑。但是,随着全球化时代的到来,国际社会将进入一个高度开放时期,人们对于居住地的要求越来越高,选择余地也越来越大,城市之间的竞争将在大于经济领域的更大空间展开,城市发展的人文意识、生态意识、信息意识被强化,人类长期以来积累的城市发展的经验和观念有待变革和发展。城市管理者和研究人员已经在关注两个方面的问题。

(一) 城市的可居住性

传统观念认为,城市是各国经济中心和提供服务的主要场所,城市的经济效益和人口规模在很长一段时间内被当作衡量城市发展的硬指标。近年来流行的重新设计城市的做法也不过是把城市的人文价值体现在将城市作为旅游胜地的开发上,显然这是不全面的。

那么,如何衡量城市的价值?指标是什么?在第二次联合国人类住区会议上,城市研究者认识到,未来以城市为主的人类住区应该满足人类基本人权和有创造力地挖掘人的潜力,他们提出了"建立21世纪健康城市的口号"。在美国1993年"适宜居住的十佳城市"评选中,美国东北部和西海岸的众多大城市无一入选。现代大都市如何满足人类从情感到物质多方面的需要引起人们广泛关注,把城市作为"适宜居住的地方"而不是"适宜参观的地方"的呼声日益高涨。

(二) 对城市部分资源的再认识

在悲观论者谈论资源枯竭的今天,城市管理者和研究者已经在挖掘城市的两大宝藏——知识与垃圾。

在知识经济一体化的新世纪,城市历史与文化遗产、教育科技文化知识与理念、一切为公众与社会需要的知识都可以转化成商品或商业活动,从而推动城市新的支柱产业——文化知识产业的发展。

长期以来，城市生产与生活中产生的垃圾是影响城市生态平衡的首要问题。但是，环境学家一直在强调这样的观点：混合在一起被人们称为"垃圾"的固体废弃物，分选开来就是资源，而且从理论上讲，垃圾里的所有物质都是资源。最近10多年来，欧美国家的一些发达城市一直在积极开发新的垃圾处理技术，并对垃圾的分类收集、处理制定相关法律，对进入填埋场的不同垃圾征收不同的填埋税；日本城市垃圾处理也进入一个回收型的新时期。目前，东京、柏林、巴黎、维也纳、纽约等城市，都有相应的专业组织、专业法规、专业市场与产业体系。垃圾不仅可以再生用来发电、做染料、化肥等，就连处置垃圾的填埋场也是资源，如中国香港船湾填埋场，封场后建成高尔夫练习场，每月门票收入达200万港币，获得了良好的经济效益和社会效益。城市垃圾资源化，不仅可以解决城市环境保护问题、就业问题，而且将成为城市发展新的经济增长点，培育新的支柱产业——环保产业。环保产业的出现可以在城市经济增长与生态保护方面取得一致进展，从而为城市可持续发展问题提供新思路、新办法。①

毫无疑问，全球化将带领城市进入一个充满活力、在竞争中快速发展的新时期。按理说，城市本来就是一个天然开放的大系统，它的对外辐射力和吸引力不应受到地域的限制，但是只有考虑到城市是在工业化基础上产生并与世界工业化发展同步这一事实，我们才能更好地理解世界工业化水平突破一国限制、呈现全球经济一体化势头对城市国际化发展进程的重大意义。

第二节　技术创新

当前科技发展的最典型路径是信息化与工业化、城镇化、农业现代化融合，促进基础设施现代化，用中国的流行表达即"互联网＋"。政府通过建设结合了有形要素与无形要素的智能城市，向社会提供智能化的公共交通、城管、教育、医疗、文化、商务、政务、环保、能源和治安服务，为社会经济和民生事业提供安全、高效、便捷、绿色、和谐的发展环境。这不仅能造福民众，还将推动城市乃至国家加快工业化转轨、城市化转型

---

① 参见段霞《世界城市发展战略研究：以北京为例》，中国经济出版社2013年版，第6页。

和国际化提升,进而促进新兴国家的崛起。

区域政府技术创新,从政府角度来看,主要是指创新政策的制定和政策工具的支持,要求区域政府在集中区域资源的过程中发挥积极作用。区域政府应直接或间接参与重大科技专项研究项目,助力区域技术创新能力建设,推动技术进步,增进区域的技术发明。其具体举措主要包括两个方面:一是为区域企业提高技术创新能力创造一个有利的外部环境,如加强专利体系和产品标准化体系建设等;二是直接采取政策措施激励区域技术创新,如设立科技基金,对关键科技领域进行研发资助,搭建产学研一体化平台,设立科技孵化器、科技园区和科技走廊等,推动区域科技发展。

当今社会,科学技术是第一生产力,技术创新已经上升到国家战略层面。西方发达国家的政府在确保和鼓励新技术创新方面,都发挥了越来越重要的作用。欧洲和美国政府都大力支持极端技术研究工作,以保证将创新及时转换给商业产品。美国社会学教授马修·凯勒(Matthew koehler)通过对1971年至2006年美国关于获奖创新的数据资料的分析研究发现,在创新过程中,公共机构/政府机构和公共资金发挥着越来越大的作用,进而得出惊人结论,美国科技创新自1970年后主要源自政府推动。①

(一)美国政府大力推动机构和个人进行研发创新

科技创新是美国能够保持世界第一地位的主要原因。2005年美国的"科学创新的未来"组织发表的一份报告称,近半个世纪以来,美国超过一半的经济增长来自科学创新的直接成果。

要创新必须有投入,而美国在科研创新上的投入十分惊人。据统计,2000年美国的研究与开发投资达2640亿美元,占世界研究与开发投资的45%。根据陈云贤等的观点,美国能成为世界上科技创新最成功的国家,归纳起来主要有四个方面的原因。②

(1)有效的政府宏观调控和引领。长期以来,美国政府形成了一套与其"三权分立"的政体相适应的科技管理机制,即行政、立法、司法三个系统都不同程度地参与国家科技政策的制定和科技工作的管理。在这三个

---

① 参见[美]弗雷德·布洛克、[美]马修·凯勒、宋美盈《1970年后美国科技创新主要源自政府推动》,载《国外理论动态》2010年第5期,第63页。

② 参见陈云贤、邱建伟《论政府超前引领:对世界区域经济发展的理论与探索》,北京大学出版社2013年版,第102~105页。

系统中，行政系统参与最多。而这其中表现尤为明显的是联邦政府牵头组织的重大科技项目，如"二战"期间著名的研制原子弹的"曼哈顿"计划，以及随后的"阿波罗"登月计划、"星球大战"计划、"纳米技术国家计划"等。而美国联邦政府一直将企业不大喜欢从事的基础研究作为美国科技投资的重点，研发投入一直保持在相当高的水平，远超过其他国家。基础研究的投入主要是投入到联邦实验室以及投入到哈佛大学、耶鲁大学、宾夕法尼亚大学等美国著名的研究型大学。一些跨国公司也能从联邦政府申请到科研资金。与此同时，联邦政府还通过高技术产品采购积极引导和鼓励企业开发运用高新技术。立法系统则主要通过对全国科学技术的立法权、大型科研项目的拨款权、政府各部门科研经费的审批权来保障科技的发展。美国国会参议两院都有负责科技事务的委员会，有权单独委托有关科研部门组成"特别咨询小组"，对任何科研项目进行质询、评估、认证。

（2）重视和保障科技人才，创造良好创新环境。科技人才在美国有较好的保障。一方面，美国科研人员的待遇普遍丰厚，如作为科技创新主力军的常青藤大学的教授，其中大部分人的年薪收入超过20万美元，部分教授收入甚至超过80万美元，超过校长。高收入让他们安心从事教学和科研。另一方面，大学实行教授治校，有关教学和科研方面的事情都是由教授安排制定，终身教授制度更使得这些科技人才享有职业上的安全感，从而使得他们在科研上突破思想，敢于实践，而这显然有利于创新思维的发展。

（3）对创新主体的宽容和创新成果的危机意识。创新是一项高风险的活动，创新往往伴随着高的失败率，而这也意味着在科技领域会有大量的"不成功者"。创新往往也不是一蹴而就的，需要大量的时间。而美国对于创新者，一方面宽容对待他们，另一方面不会取消拨款，给予创新人员充足的经费支出，一如既往地支持研究人员的工作。而联邦政府之所以这么做，主要是因为尊重创新规律，满足科学家们的好奇心，从而催生更多的创新型成功人士。美国很少陶醉在以往已经取得的成就中，其对于创新成果总有一种紧迫感和危机感。如1999年美国非营利机构竞争力委员会发表题为《美国繁荣面临的挑战》的报告指出，"如果美国现行的国家政策和投资选择依然如故，美国会丧失其作为头号创新国的地位"。正是由于这种不断进取的状态，才能造就美国创新一直保持繁荣。

（4）力促科技创新和成果转换。企业也是创新的一大主体，而高效技术的研发具有高风险和高挑战性等特点，所以加大对科技创新温床的众多小企业的扶持就显得极为必要。1982年，美国政府就正式启动了小企业创新研究（Small Business Innovation Research Program，SBIR）项目，以政府资金推进民间科技创新，并较好地推动了科技成果的转化。

综上所述，正是由于美国政府的大力推动适宜的创新政策，美国在半个多世纪以来保持了全球科技领先的巨大优势。

（二）新加坡以政府投资研发基础设施吸引企业开展研发活动

新加坡在打造其研发经济之初，其所制定的政策就是政府先投入资金建造研发设施，吸引相关人才，营造科研氛围，进而吸引私企注资，形成有规模的研发经济体。2008年，新加坡的研发支出占总开支的比例从2007年的66.8%提高到71.8%，即新加坡政府每投入1元的研发资金，就可以带动2.5元的私营企业资金。由此可以看出，新加坡的私营企业已经把对研发领域的投资当作自己企业发展的源动力。

以上两个案例都是政府技术创新的体现，一方面说明了区域政府技术创新是必要的、可行且重要的，另一方面也间接说明，一直标榜自身为自由主义市场经济的美国，实际上政府在其中所起的作用也是完全不能忽视的，如果按照中观经济学成熟市场"双强机制"理论的观点，美国则是属于"强式有效市场＋半强式有为政府"的组合。

第三节　组织创新

就组织管理而言，小到一座城市，大到一个国家乃至世界，都有相通之处。传统的城市建设和组织结构犹如"摊大饼"，即使有了一环、二环、三环、四环甚至五环道路，但红绿灯失效、公路堵塞、交通不畅、空气污染、效率低下等问题仍然容易发生。现代城市的发展需要科学规划的组团式布局，这就像网络发展会重塑空间秩序、全球供应链的发展能"抹掉国界"一样，组团式的城市发展架构能有效解决传统"摊大饼"式城市管理带来的系列问题。世界经济秩序的组织管理如城市架构一样，也需要由刚开始的"摊大饼"模式向组团式布局改革并不断创新发展,但这需要相应的新规则和必要的基础设施投资,才能形成合理布局,促进世界和谐、可持续发展。

区域政府组织创新,要求区域政府在组织结构、组织方式和组织管理等方面进行创新,从而提升区域产业发展、城市建设、社会民生的组织保障机制,促进区域经济发展和社会进步。在组织结构上,尽量使行政组织扁平化,尽量减少行政中间环节和障碍,确保行政信息的流通通畅。在组织方式上,根据实际需求和未来发展要求,遵循效率原则、激励原则、竞争原则等系列原则,进行深度机构整合,不能搞简单合删。在组织管理上,充分发挥政府人员的积极性和创造性,发挥政府的整体优势和力量,使整个组织统一认识、目标明确、各尽所能。[1] 其中,管理创新是组织创新的重要内容,它不仅要求区域政府在具体的行动之前把握好方向、对行动的可行性及结果作出预测,而且要求区域政府从宏观上对区域经济发展的战略目标、实现路径、资源的调配方式以及保障和监督措施等进行科学规划与调节。

随着时代的进步,新的组织管理形式不断涌现,这些新的组织管理形式无疑为区域政府更好地履行政府职能、提高政府工作效率提供了保障,如以下三种组织创新方式。[2]

(1) 扁平化管理。扁平化管理,即减少区域政府管理层次,适度扩大单层次管理机构管理幅度,从而提升管理效率。如中国实施省直管县的改革(1992年,中国浙江对13个经济发展较快的县市进行扩权,将原来属于地级市管理的权限下放到各个县行政区,内容含人事、财政、计划、项目审批等),即在组织纵向的等级上,打破了原来的省、市、县三级行政管理体制,变成为省、市(县)的二级体制,这样有助于县一级政府更加方便地调动经济资源和行政资源方面,从而提升其运作效率。

(2) 矩阵制结构管理。矩阵制管理主要为了改进以往的组织管理直线职能制横向联系差,缺乏弹性而形成的一种组织形式。其主要的特点就是围绕某项专门任务而成立的跨职能部门机构,解决内部职能部门的协调问题。如浙江省杭州市富阳区以"专委会"的形式,实现"对上依旧、对

---

[1] 参见杨代贵《中国政府的创新与发展》,载《东南亚纵横》2003年第2期,第68页。
[2] 参见陈云贤、顾文静《中观经济学》,中国财政经济出版社2017年版,第202~203页。

下从新"(在组织架构上保持原来部门的上下应对,但对下却是以专委会一块牌子运作),每一个专委会都包含若干职能部门,把所辖各个部门的权力进行重新整合,从而解决部门之间难以协调的问题。

(3)大部制改革。佛山市顺德区是这一组织创新方面的典型。大部制首先精简机构,其次合并党政部门,党委部门全部与政府机构合署办公,区委办与区政府办合署办公。对于大部制来说,它便于协调和相对集中管理,从而实现行政效率的提高。

第四节 制度创新

作为新制度经济学派的代表人物道格拉斯·诺斯(1993年诺贝尔经济学奖获得者)认为,制度是一系列被制定出来的规则、守法程序和行为的道德伦理规范,它旨在约束追求主体福利或效用最大化利益的个人行为。

制度有狭义和广义之分。狭义的制度往往指的是规章制度,是各种行政法规、章程、制度、公约的总称。广义上来说,制度的范畴则比较广泛,既包括规则和秩序,也包括组织本身;既有政治、经济、文化、技术等方面的制度,也有道德、意识形态等方面的制度。

制度的根本作用在于通过对个人与组织行为的激励与约束,从而形成一定的社会秩序。制度对于一个国家的经济发展起着至关重要的作用。社会易变而制度不易变,因此,社会变革发展,就必须先对已有的制度进行改革,即制度创新。而本书所讲的制度创新,主要是指规则等的创新。

一、制度创新的分类

制度创新可以分为两种:一种是诱致性制度创新,另一种是强制性制度创新。

(一)诱致性制度创新

诱致性制度创新是对现行制度安排的变更或替代,或者是对新制度的创造,它由一个人或一群人,在响应获利机会时自发倡导、组织和实行。诱致性制度创新具有自发性、局部性、不规范性,制度化水平不高。

（二）强制性制度创新

强制性制度创新是通过政府的强制力短期内快速完成现行制度安排的变革或替代，或者是新制度安排的创造，主体是政府，具有强制性、规范性和制度水平高的特点。

从主体作用角度讲，制度创新的主体可以分为个人、团队和政府。因此，制度创新也可以分为个人推动的制度创新、团队推动的制度创新、政府推动的制度创新。

从以上分析可以看出，诱致性制度创新主要由个人或团队推动制度创新，但是由于诱致性制度创新制度变迁会碰到外部效果，因此，该类制度供给会不足。因此，强制性制度变迁会替代诱致性制度变迁。政府可以凭借其强制力、意识形态等优势减少或遏制"搭便车"现象，从而降低制度变迁的成本。

除国家外，区域政府是制度创新的重要主体，其动力主要来源于通过制度创新获得一定时期内制度创新的垄断利益，从而满足地区之间竞争的需要。

二、制度创新的先发优势和实践

对于市场经济制度尚不完善的国家和地区，制度的创新则显得尤为重要。由于制度变革存在路径依赖、连锁效应和时滞，地区之间的制度差异长期存在，率先进行创新的国家和地区就可能获得先发优势。

（一）新加坡的制度创新实践

亚洲"四小龙"之一的新加坡，原先是一个只有400多平方公里（填海后有700多平方公里）、500万人口的小国。1965年新加坡刚刚建国时，资源极度匮乏、工业基础落后、失业率极高，大部分人都认为新加坡能够发展的只有国际旅游，但当时以李光耀为首的新加坡政府却不这么认为。新加坡政府在诸多不利条件下，大胆提出了开放国门招商引资，加快工业化建设的决策。在后续发展中，新加坡经历了20世纪60年代的劳动密集型产业、20世纪70年代的技术密集型产业、20世纪80年代的资本密集型产业、20世纪90年代的科技密集型产业以及1997年至今的知识密集型产业5次成功的经济转型，形成了独特的新加坡模式。如今，新加坡人均 GDP 与 1970 年相比增长了接近 64 倍，接近 6 万美元（2020 年为 5.98 万美元），在亚洲位列第一，成为全球最发达的国家之一。

新加坡为什么能实现 5 次之多的成功经济转型？这其中最主要的原因是新加坡政府的制度创新起引领作用。新加坡政府通过研制新加坡经济发展局面，准确地定位国情，通过海外各地的 23 个海外办事局开拓宏观视野，并能适时地提出新的经济发展战略，制定完善的制度、务实的微观举措，从而使得新加坡在每一次成功的经济转型后重新跨上一个个新的台阶，实现一次次新的飞跃，进而形成一种可持续发展的良性模式。

新加坡经济发展局成立于 1961 年，是策划和实施经济战略的主要政府机构，目前在世界各地一共有 23 个海外办事局。经济发展局的职能主要是从企业的角度来思考问题和解决问题。例如，在新加坡经济起步初期，企业需要快速建设厂房，需要税率优惠等，新加坡政府就会在这些方面及时为企业提供帮助；企业在迅速发展后需要高素质人才，政府就及时推出各种教育培育计划。另外，在经济转型过程中，企业对高端人才的需求显得格外突出，新加坡政府就会为相关的企业牵线搭桥，从而加快产业转型的速度。如在生物医药行业，政府帮助引入了欧美的高端专家，并邀请他们在新加坡长驻，以带队研发；在清洁能源领域，新加坡政府引入德国的高端专家，以帮助企业进行研发和创新工作；等等。

（二）中国的制度创新实践

改革开放以来，中国从过去的计划经济体制向市场经济体制过渡，其核心就是市场逐渐成为调配资源的主体。在这一过程中，政府内部实施自上而下的分权，地方政府因此获得相对独立的财政收支权力，不同地域的地方政府之间为了获得更大的资源支配权，展开了深入而广泛的横向竞争。地区政府之间竞争的现象可以归纳为政府间的制度竞争，制度层面上的竞争是地方竞争深化的结果，其实质就是制度创新的竞争。

中国的制度变迁是一种渐进式的路径。一些地方政府为了追求更高的财政利益和经济发展水平，率先主动支持有利于本地区经济发展的诱致性制度创新。从全国来看，这一方面以东部地区的区域政府为先，他们在中央政府宏观改革政策的鼓励下，大胆突破原有地区旧体制的束缚并在制度创新方面不断取得进展，因而这些地区的经济在改革开放之初就得到快速发展，并最终形成了制度竞争优势。

在中国，其制度创新的思路是"由点及面，逐步推进"，特别是对那些涉及全局性的制度变迁，中央政府往往会在某一个地区率先推行，如建立经济特区。在试点区域制度创新取得成功后，各个区域政府通过移植和模仿其他区域的制度创新成果，使得中国转型经济制度在全国各地区迅速扩散开来，如近期中国支持浙江高质量发展建设共同富裕示范区。这种试点区域制度创新模式不仅试错成本小，还因为区域政府自身推动制度创新的强大动力和竞争性，缩短了制度变迁的时滞，推动了各个地区的制度创新和变迁。

三、推进制度性公共物品即规则的创新

区域政府制度创新，要求区域政府通过创设新的、更有激励作用的制度和规范体系，改善资源配置效率，实现区域经济和社会的持续发展。它的核心内容是区域政府根据区域产业发展、城市建设和社会民生的进步进程，配合区域的理念、技术和组织创新，推动区域社会、经济和管理制度等的革新。制度创新的实质是支配人们的经济社会行为和互动的规则的变更，是经济组织与外部环境相互关系的变更，其目标是更好地激发人们的积极性和创造性，促进区域资源的优化配置和社会财富的不断增长，最终推动区域经济和社会的进步。制度创新同时又能够推动区域创新型政府的建设，从而促进区域政府发挥超前引领作用。

国家的建设有概念规划、城乡规划和土地规划这三位一体的规划系统作为引领，在这一框架下形成战略规划、布局定位、标准制定、政策评估、法制保障等既体系严谨又层次细分的具体方针。全球经济治理有《联合国宪章》、联合国贸易和发展会议（United Nations Conference on Trade and Development，UNCTAD）、经济合作与发展组织（Organization for Economic Co-operation and Development，DECD）、世界贸易组织（World Trade Organization，WTO）等的规章机制作为框架，世界各国围绕着"让全球化带来更多机遇"和"让经济增长成果普惠共享"而努力。可见，规则在全球经济发展中的重要性。面对当前的新形势，我们需要创新经济增长理念和相关制度性规则，促进各国财政、货币的结构性改革，保持经济发展、劳动就业和社会政策的一致与相互配合。只有需求管理和供给侧改革并重，短期政策与中长期政策结合，社会经济发展与环境保护共进，共商、共建、共享全球经济治理格局，全球经济才能健康、可持续增长。

在实践中,首先,区域政府的理念、技术、组织和制度创新需要载体。这载体主要就是各区域政府在竞争中使用的政策工具,即财政、金融、环境、效率和法制手段。这些政策工具的创新就是区域政府理念、技术、组织和制度创新的具体化和实质化。竞争政策工具创新力度的大小和推动速度的快慢,将直接影响区域经济现代化的进程。其次,区域政府的理念、技术、组织和制度创新在实质上是相互结合在一起的,相互作用,相互影响。只不过在不同的经济体制、不同的社会发展阶段和不同的资源禀赋的条件下,其起主导作用的创新可能会大有不同,如在要素驱动主导发展阶段,市场经济制度尚不完善,可能理念创新起主导作用;而在城市经济主导阶段,则可能是技术创新起主导作用。要实现技术创新,往往先要有理念创新,也需要组织创新和制度创新,才能更好地发挥区域技术创新的作用。只有把区域政府的理念、技术、组织和制度创新完全结合起来,才有可能更好地发挥区域政府创新的作用。

本章末尾附有《广东省人民政府印发关于进一步促进科技创新若干政策措施的通知》,文中所附政策措施就是区域政府理念、技术、组织和制度创新的具体化和实质化。可以分析其中十二大政策,指出各大政策措施所属的创新类别,如理念创新、技术创新等,通过这种具体化和实质化的政策措施,更加深入理解区域政府的理念、技术、组织和制度创新的内涵,从而为区域政府实现政策措施提供参考和支持。

✸ 本章小结 ✸

经过了投资驱动发展阶段后,区域经济规模效应显现,然而在发展过程中能源与环境资源消耗巨大,资源的承载力不足以支撑经济以此种方式继续发展,同时城市的治理效能也急需提升。在此情况下,需要区域政府凭借理念创新、技术创新、组织创新和制度创新的手段不断革新能源生产方式、逐步发展既有节能效果又符合低碳转型发展方向的用能新技术,处理好此阶段产生的逆生性资源等问题。本章沿着区域政府进行理念创新、技术创新、组织创新和制度创新的脉络,阐述了区域政府理念创新、技术创新、组织创新和制度创新的内涵、特点及案例,通过思考优秀区域发展的经验,总结区域政府创新的新内涵,构建区域创新发展新体系。区域政府通过各种创新发展,进而解决经济发展过程所出现的逆生性资源问题,

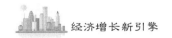

通过对其的不断调控与遏制,从而不断推生新的经济增长领域,如发展数字经济、VR虚拟经济等,不断改变经济增长方式,从而实现区域经济的高质量发展。

【附录】

广东省人民政府印发关于进一步促进科技创新若干政策措施的通知

粤府〔2019〕1号

各地级以上市人民政府,各县(市、区)人民政府,省政府各部门、各直属机构:

现将《关于进一步促进科技创新的若干政策措施》印发给你们,请认真组织实施。实施过程中遇到的问题,请径向省科技厅反映。

创新是引领发展的第一动力,是推动高质量发展的战略支撑。各地、各部门要深入贯彻落实习近平总书记视察广东重要讲话精神,继续发扬改革创新的优良传统,解放思想、真抓实干、锐意进取,全面深化科技体制机制改革,建立健全容错免责机制,强化协调联动和宣传引导,有效激发全社会创新创业活力,为奋力实现"四个走在全国前列"、当好"两个重要窗口"提供重要支撑。

广东省人民政府
2018年12月24日

关于进一步促进科技创新的若干政策措施

为深入贯彻习近平新时代中国特色社会主义思想和党的十九大精神,深入贯彻习近平总书记视察广东重要讲话精神,深入实施创新驱动发展战略,大力推进以科技创新为核心的全面创新,不断提升我省自主创新能力,充分发挥科技创新对经济社会发展的支撑引领作用,特制定以下政策措施。

一、推进粤港澳大湾区国际科技创新中心建设。构建更加灵活高效的粤港澳科技合作机制,启动实施粤港澳大湾区科技创新行动计划,共建重大创新平台和成果转化基地,共同开展基础研究和关键核心技术攻关;围绕创建综合性国家科学中心，完善重大科技基础设施共建机制，协同落实国家战略布局和支持政策，建设世界一流重大科技基础设施集群，省市在建设规划、用地审批、资金安排、人才政策等方面给予重点支持。推动重大科技基础设施、国家重点实验室、省实验室开放共享，建设面向港澳开放的散裂中子源谱仪，保障对港澳的专用机时和服务。支持港澳及世界知名高校、科研机构、企业来粤设立分支机构并享受相关优惠政策，促使重大科技成果落地转化。支持我省高校、科研机构、企业在国际创新人才密集区和"一带一路"沿线国家设立离岸科技孵化基地或研发机构，集聚全球高端创新资源。试行高校、科研机构和企业科技人员按需办理往来港澳有效期3年的多次商务签注，企业商务签注备案不受纳税额限制；允许持优粤卡A卡的港澳和外籍高层次人才，申办1副港澳出入内地商务车辆牌证。支持各市至少建设1家港澳青年创新创业基地，基地可直接认定为省级科技企业孵化器并享受相关优惠政策。减轻在粤工作的港澳人才和外籍高层次人才内地工资薪金所得税税负，珠三角九市可按内地与境外个人所得税税负差额给予补贴。

二、鼓励港澳高校和科研机构承担省科技计划项目。省科技计划项目向港澳开放，支持港澳高校、科研机构牵头或独立申报省科技计划项目。建立省财政科研资金跨境使用机制，允许项目资金直接拨付至港澳两地牵头或参与单位。完善符合港澳实际的财政科研资金管理机制，保障资金高效、规范使用。建立资金拨付绿色通道，省科技行政部门凭立项文件、立项合同到税务部门进行对外支付税务备案，即时办结后到相关银行办理拨款手续。港澳项目承担单位应提供人民币银行账户，港澳银行收取的管理费可从科研资金中列支。港澳项目承担单位获得的科技成果与知识产权原则上归其所有，依合同约定使用管理，并优先在我省产业化。鼓励有条件的地级以上市向港澳开放科技计划项目。

三、推进创新人才高地建设。调整优化省重大人才工程，加强省重大人才工程与重大科技计划、各级人才计划衔接协同；对于引进人才与本土人才，一视同仁。率先实施更优人才永久居留政策，在珠三角九市先行先试技术移民制度，缩短外籍人才申请永久居留的审批期限。优化人才签证制度，外籍高层次人才、急需紧缺人才可凭科技（外专）部门签发的确认函，直接向我国驻外签证机关申请办理有效期最高10年、每次停留时间最高180日的R字签证，上述人才的配偶及未成年子女亦可办理有效期相同、多次入境的相应种类签证；简化外籍人才短期（90日以内）来粤工作的签证办理程序，外籍人才凭科技（外专）部门签发的邀请函，可直接向我国驻外签证机关申请F字签证，入境后免办工作许可和居留许可；对需紧急入境但未能在我国驻外签证机关办理R字或F字签证的外籍人才，可凭科技（外专）部门签发的确认函或邀请函，直接在我省口岸签证机关申请R字或F字临时签证入境（30日以内），入境后如需延长停留时间按规定办理。对已获得来华工作许可和居留许可的外籍高层次人才，其外籍团队成员及科研助手可办理相应期限的工作许可和居留许可。试行港澳人才享受我省企业职工基本养老保险延缴政策，对达到法定退休年龄、累计缴费不足15年的可以延缴，对男性满65周岁、女性满60周岁时缴费年限仍不足15年的可予趸缴。对在粤工作、不能享受社会保险待遇的外籍人才，允许用人单位使用财政资金为其购买任期内商业养老保险和商业医疗保险。强化企业家在科技创新中的重要作用，实施企业家职称评审直通车制度，科技型企业家可直接申报高级（含正高级）专业技术职称。支持各地级以上市按照职住平衡、就近建设、定向供应的原则，在高校、科研机构、高新技术产业开发区（以下简称高新区）等人才密集区建设产权型或租赁型人才住房。

四、加快建设省实验室和新型研发机构。对标国家实验室，在重点领域建设10个左右省实验室。支持省实验室实行新型管理体制和运营机制，赋予其人财物自主权，可自主评审正高级职称，自主决策孵化企业投资，自主设立的科技项目视同省科技计划项目，重点引进的人才团队纳入省重大人才工程。支持省实验室与高校联合共建博士点、硕士点，培养高水平创新人才。支持国内外知名高校、科研机构、世界500强企业、中央企业等来粤设立研发总部或区域研发中心，在新一代通信与网络、量子科学、脑科学、人工智能等前沿科学领域布局建设高水平研究院，并直接认定为省新型研发机构，评估优秀的省财政最高给予1000万元奖补。符合条件的省实验室及所属科研机构、高水平研究院，经批准可作为省或市登记设立的事业单位，不纳入机构编制管理。对省市参与建设的事业单位性质新型研发机构，省或市可授予其自主审批下属创投公司最高3000万元的投资决策权。试点实施事业单位性质的新型研发机构运营管理机制改革，允许新型研发机构设立多元投资的混合制运营公司，其管理层和核心骨干可以货币出资方式持有50%以上股份，并经理事会批准授权，由运营公司负责新型研发机构经营管理;在实现国有资产保值增值的前提下,盈余的国有资产增值部分可按不低于50%的比例留归运营公司。稳步推进省属公益类科研机构改革,开展中长期绩效综合评价,对评价优秀的实行基本科研业务费制度。

五、加快高新区改革创新发展。推进国家级高新区地市全覆盖,并在三年内布局新建40个以上省级高新区。设立高新区和高新技术企业发展资金,提升高新区产业集聚和公共服务能力,培育一批高新技术企业和高成长性科技型中小企业。支持国家级高新区和发展水平高的省级高新区整合或托管区位相邻、产业相近、分布零散的产业园区。向国家和省级高新区下放更多的省级和市级经济管理权限。各地级以上市根据精简、效能原则,设立专业化、专职化的高新区管理机构,高新区内设机构可在核定的数额内根据需要动态调整并按程序报批。深化高新区干部人事制度改革,高新区管理机构主要领导由所在地党政领导成员兼任,所在地科技行政部门负责同志兼任高新区管理机构的领导班子成员,赋予高新区核定编制内选人用人自主权。理顺高新区财政管理体制,赋予国家级高新区和具备条件的省级高新区一级财政管理权限。鼓励各地级以上市按高新区上缴的财政贡献和土地出让收入,对高新区给予一定奖补。

六、加大企业创新普惠性支持。进一步降低企业研发成本,在全面执行国家研发费用税前加计扣除75%政策基础上,鼓励有条件的地级以上市对评价入库的科技型中小企业增按25%研发费用税前加计扣除标准给予奖补。调整优化企业研发财政补助政策,持续激励企业加大研发投入,并适当向粤东西北地区企业倾斜。鼓励有条件的地级以上市对设立时间不超过5年、经评价入库的科技型中小企业,按其形成的财政贡献给予一定奖励。对当年通过高新技术企业认定、入库培育、新建研发机构的企业,省市财政给予一定奖励。鼓励各地级以上市建立高成长性科技型企业种子库,提供分类施策和一企一策靶向服务,支持企业在境内外上市。改革省科技创新券使用管理,扩大创新券规模和适用范围,实现全国使用、广东兑付,重点支持科技型中小企业和创业者购买创新创业服务。支持企业联合高校、科研机构创建国家级和省级技术创新中心、产业创新中心和制造业创新中心。探索建立符合国际规则的创新产品政府首购制度,加大对首次投放国内市场、具有核心知识产权但暂不具备市场竞争力的重大创新产品采购力度。政府机关、事业单位和团体组织使用财政性资金采购同类型产品时，应合理设置首创性、先进性等评审因素和权重，不得对创新产品提出市场占有率、使用业绩等要求。国有企业利用国有资金采购创新产品的，应参照上述规定执行。实施重大创新产品示范应用工程，为重点领域研发计划等形成的重大创新产品提供应用场景。

七、打通科技成果转化"最后一公里"。构建国家重大科技项目接续支持机制，吸引一批国家项目在粤开展延展性研究和产业化应用，促使更多已结题、未转化的国家项目落地。提高科技成果转化积极性，高校独资设立的资产管理公司可将高校委托或划拨的科技成果自主作价投资，对科技人员实施股权激励，所持企业国有股份收益分配及退出由高校自主审批，收益可部分留归公司使用。高校资产管理公司开展科技成果作价投资，经履行勤勉尽责义务仍发生投资亏损的，由高校及其主管部门审核后，不纳入国有资产对外投资保值增值考核范围，免责办理亏损资产核销手续。高校、科研机构开展技术开发、技术咨询、技术服务等活动取得的净收入视同科技成果转化收入，可留归自主使用。试点开展科技成果权属改革，高校、科研机构以市场委托方式取得的横向项目，可约定其成果权属归科技人员所有；对利用财政资金形成的新增职务科技成果，按照有利于提高成果转化效率的原则，高校、科研机构可与科技人员共同申请知识产权，赋予科技人员成果所有权。支持专业化技术转移服务机构建设，省财政按其上年度促成高校、科研机构与企业签订的、除关联交易之外的登记技术合同交易额，以及引进境外技术交易额的一定比例给予奖补，重点用于引进培育技术经纪人或奖励机构人员绩效支出。

八、促进科技金融深度融合。建立企业创新融资需求与金融机构、创投机构信息对接机制，向金融机构、创投机构开放高新技术企业、科技型中小企业和承担省重点领域研发计划项目企业融资需求相关信息。鼓励银行开展科技信贷特色服务，创新外部投贷联动服务模式，加大对科技型中小企业的信贷支持力度，省财政按其实际投放金额予以一定奖补。省财政与有条件的地级以上市联动设立当地科技风险准备金池，对金融机构开展科技型中小企业贷款和知识产权质押投融资业务发生的损失，给予一定比例的风险补偿，促进解决民营科技型中小企业融资难、融资贵问题。鼓励有条件的地级以上市对新注册登记的私募股权和创业投资管理企业，从其形成财政贡献之日起，给予最多5年适当奖补；对新注册成立的创业投资企业、创业投资管理企业分别按实缴注册资金额、实际管理资金额的一定比例给予奖补，重点用于奖励其高管及骨干人员。发挥省创新创业基金引导作用，重点投向初创科技型企业，引导更多社会资金助推创新创业。改革省政策性引导基金的出资方式和管理模式，鼓励加大让利幅度，允许基金归属财政出资部分的收益全部让渡给社会资本出资方。对投资初创科技型企业的省内创业投资企业，省财政按其累计投资额的一定比例给予奖补。支持符合条件的创业投资企业及其股东、有限合伙人发行创投债，扩大创业投资企业资本规模。鼓励有条件的地级以上市大力发展金融科技产业，吸引金融科技企业和人才落户，对云计算、大数据、区块链、人工智能等新技术在金融领域的应用予以支持。

九、加强科研用地保障。优先保障重大科技项目用地，新增的非营利性科技项目用地计划指标由省统筹解决。国家下达的年度林地定额，优先用于重大科技基础设施、省实验室、省新型研发机构等重点科技创新项目建设，该类项目使用林地申请优先受理审核。对将"三旧"改造用地用于科技创新类项目的县（区），省按相关规定奖励新增建设用地计划指标。通过"三旧"改造建设重大科技基础设施、省实验室、高新技术企业，以及各市新型研发机构、科技企业孵化器和众创空间，在满足基础设施承载能力前提下，依法适当放宽地块容积率限制，缩短规划审批时间。对国家级、省级科技企业孵化器（含国家级科技企业孵化器培育单位）、大学科技园（含国家级大学科技园培育单位）和国家备案众创空间自用及提供给在孵对象使用的房产、土地，免征房产税和城镇土地使用税。在符合规划、不改变用途的前提下，国家级科技企业孵化器利用原有科研用地提高建筑密度和增加容积率的，可按一定优惠幅度征收土地价款差额。支持高校、科研机构围绕优势专业领域，利用自有物业、闲置楼宇建设众创空间、科技企业孵化器和加速器，选择若干高校、科研机构试点自主招租或授权运营机构公开招租，其租金收入财政全额返还，主要用于孵化器建设与运营、科技服务人员奖励等；其孵化服务收入全部归属为科技成果转化收入，留归高校、科研机构自主使用。支持广深科技创新走廊十大核心平台建设，简化"三旧"改造项目地块建设规划审批流程，按控制性详细规划法定程序编制并经所在市批准的"三旧"改造单元规划，可作为改造地块的控制性详细规划；符合产业准入条件的创新主体，在结构安全、外观良好、不影响周边建筑使用、不改变主体结构、不增加容积率的前提下，改变现有建筑使用功能用于创新活动的，无须进行规划报建。

十、提高区域创新发展平衡性协调性。着力构建以广州和深圳为主引擎、珠三角地区为核心、沿海经济带和北部生态区协调发展的区域创新格局,加强分类指导,实施差异化政策支持。在粤东西北地区采取省市共建等方式建设省实验室、省重点实验室,对创建国家级和新建省级高新区给予倾斜支持,布局新建一批农业高新技术产业示范区。对在粤东西北地区建设的高水平新型研发机构,省财政给予启动经费支持,经认定为省新型研发机构且评估优秀的,最高给予2000万元奖补。对在粤东西北地区设立分校、分院或分支机构的高校、科研机构、高水平医院、国家重点实验室,在规划用地、建设资金等方面优先予以保障。对整体搬迁至粤东西北地区的高新技术企业,执行国家税收优惠政策。实施乡村振兴科技计划,加快建设现代农业产业园,支持国家现代农业产业科技创新中心开展体制机制创新,先行先试创新政策;开展农村科技特派员行动,强化结果导向,重点考核派驻单位实现科技致富、农民增收目标情况,农村科技特派员承担重点派驻任务视同承担省级科技计划项目,纳入职称评价、职务晋升考核体系。鼓励省创新创业基金、农业供给侧结构性改革基金设立子基金,重点支持粤东西北地区科技型企业发展和现代农业产业科技创新中心建设。加大力度实施扬帆计划,加强粤东西北地区人才队伍建设。

十一、加强科研诚信和科研伦理建设。建立健全职责明确、高效协同的科研诚信管理体系,倡导良好学风,弘扬科学家精神,加强对科研人员的科研诚信和科研伦理教育。科研人员应当树立正确的学术价值观,克服浮躁、潜心科研、淡泊名利,恪守科研道德准则,不得挑战科研诚信与科研伦理底线。支持开展科研伦理和道德研究,不断完善相关规章制度,进一步强化科研伦理和道德的专家评估、审查、监督、调查处理和应急处置等工作。生命科学、医学、人工智能等前沿领域和对社会、环境具有潜在威胁的科研活动,应当在立项前实行科研伦理承诺制,对不签订科研伦理承诺书的项目不予立项。涉及人的生物医学科研和从事实验动物生产、使用的单位,应当按国家相关规定设立伦理委员会,增强科研伦理意识,履行管理主体责任,严格执行有关法律法规,遵循国际公认的科研伦理规范和生命伦理准则。加强科研诚信信息跨部门跨区域共享共用,对严重违背科研诚信和科研伦理要求的行为零容忍,实行终身追责、联合惩戒,涉嫌违法犯罪的及时移送司法机关依法处理。

十二、持续加大科技领域"放管服"改革力度。改革科研组织管理和项目形成机制,采用定向组织、并行支持、悬赏揭榜等新型科研组织模式,率先面向全国开放申报,常年受理、集中入库,吸引大机构、大团队落户。试行部分财政科研资金委托地市、高校、科研机构自主立项、自主管理。简化科研项目过程管理,减少项目实施周期内的各类评估、检查、抽查、审计等活动,对同一项目同一年度的监督、检查、评估等结果互通互认,避免重复多头检查。完善省财政科研项目资金管理办法,人力资源成本费不受比例限制,直接费用调剂权全部下放给项目承担单位。项目承担单位应当提高服务意识和水平,减少繁文缛节,便于科研人员按照规定报销科研经费;科研人员应当强化责任和诚信意识,严格按照资金开支范围和标准使用科研经费。高校、科研机构自主制订的横向项目经费管理办法,可作为评估、检查、审计等依据,实行有别于财政科研经费的分类管理方式;横向项目结余经费可全部奖励项目组成员,横向项目给予科技人员的报酬和奖励支出在核定的单位绩效工资总量外单列。高校、科研机构通过招投标或购买服务获取的财政性规划类、专题调研类、科技服务与管理类项目,可按横向项目管理。将更多省级科技创新行政管理职权事项下放或委托广州、深圳市,已经下放或委托给广州、深圳市的事项,逐步下放至其他具备条件的地市。

省有关部门及各地级以上市应于本通知下发之日起3个月内制定相关配套措施。鼓励驻粤中直高校、科研机构、央企及所属单位全面适用本政策。我省现有政策与本文件规定不一致的,按照本文件执行。

(资料来源:广东省人民政府门户网站。)

思考讨论题

1. 美国能成为世界上科技创新最成功的国家的原因有哪些?

2. 如何理解区域政府理念创新、技术创新、组织创新和制度创新?它们之间的相互关系可能是怎么样的?

3. 在实践中,如何理解区域政府的理念、技术、组织和制度创新载体?

第六章　规则新引擎

通过在创新发展阶段对逆生性资源的调控和遏制，以理念创新、技术创新、组织创新、制度创新和全方位创新构成创新发展新体系。集约型、碳中和、数字经济成为创新驱动阶段的主旋律，科技创新带动全面创新与经济社会深度融合，从而形成一国经济发展新的增长极。全球因为地域、文化、经济、政治、意识形态等差异，形成了各个不同的经济体。这些经济体的开放会增进相互之间的交流与合作，进而实现双方共赢。

然而，要实现这些经济体的相互交流与合作，首先必须有相互交流的规则和标准。只有建立起了这些规则和标准，相互之间的沟通和合作才能更加深入，同时好的经济发展经验可以为全球所共享，而不是敌对和对抗。然而，现实的社会各国之间经济、政治的关系都非常复杂。全球如果没有建立起共性的规则，别说进行深入交流，就连最基本的对话都没有办法保障。其次，有了这些相互交流的规则和标准之后，相互之间的沟通交流已无障碍，但要在行动上完全实现相互之间的更深入的交流合作，则还需要完善相互之间沟通交流、实现互联互通的基础设施等。一方面实现投资驱动对本国经济的引擎作用，另一方面减少国家之间交流合作的交易费用，从而在更高水平上整合和优化相互之间的资源，进而提高相互之间资源配置的效率。

因此，创新驱动发展阶段之后，各个国家或区域之间要加强相互协作，规则就成为最重要的一方面，好的规则能使双方建立信任，从而合作得更加深入，好的发展经验可以共享，从而实现双方互赢。但是，要制定全球适用的规则却是一件不容易的事情，因为这涉及了各国经济实力以及经济权力。如何建立一种好的世界规则，这正是本章需要重点探讨的内容。

第六章 规则新引擎

第一节 国际（或区域）规则概述

当前中国面临百年未有之大变局。因为中国的快速崛起，作为世界头号强国的美国认为中国对美国构成了威胁。因此，中美关系急剧恶化，美国政府不仅要和中国进行对立，而且宣称要拉上自己的盟友一起来对付中国，做着和中国全面冷战的准备。针对这样的情况，中国该怎么办？参照郑永年教授的研究，他认为，现今的中国正处于第三次开放（第一次开放发生在鸦片战争之后，是英国的军舰和西方列强用武力强行打开了中国的国门，是一次被迫的开放。20 世纪 70 年代末，中国实行了伟大的改革开放国策，这是中国第二次开放，是一次主动的开放）的前夜，而且第三次开放不仅仅是主动的开放，而且是在很多领域的单边开放。也就是说，即使美国的强硬派围堵中国，封锁中国，中国也要向以美国为首的西方国家开放。①

从历史上看，更开放的国家往往发展得更好，中美之间的竞争是看哪一个国家更开放，而不是竞争哪一个国家更封闭；一个国家如果变得封闭了，不管原来是多么强大，最终也会衰落。道理很简单，因为只有在开放状态下，全球市场才有可能存在，构成市场的生成要素才有可能流动到那些开放的经济体。而随着以美国为首的西方发达国家逆全球化趋势不断明显，此时，新的开放才是中国最好的出路，传统上关于投资贸易的数量和质量问题、技术升级和创新问题已经不是最重要的问题，最重要的问题已经变为方方面面的话语权和规则问题。

现今国际竞争的核心已经转变为对规则制定权的竞争，它是未来大国竞争的核心。这些年来，我们常常听到美国对中国没有遵守以美国为首的西方社会确立起来的规则的抱怨。对于当今的规则竞争，包括中国在内的发展中国家面临着以下四个方面重要的问题和挑战。

第一，对现存规则的改革。中国等一些发展中国家通过"接轨"而进入世界体系，世界体系不是抽象的，而是有各种规则的。不过，当今国际社会的规则（安全、经济、治理等）是由以美国为首的西方发达国家制定

---

① 参见郑永年《中国的第三次开放》，载《特区经济》2021 年第 2 期，第 19 页。

和主导的，自然而然考虑的主要是他们自身的利益，从而会在较大程度上损害或者不符合其他发展中国家的利益。随着发展中国家在世界经济中所占据的比重越来越大，话语权越来越强，发展中国家自然希望这种规则可以有所变化，从而更加符合发展中国家的利益，这其中当然包括中国。对一些能代表绝大多数国家利益的规则选择继续接受，对一些明显相对公平和合理的规则则希望改变，并继而创造一些新的规则，通过国际体系和规则的改革使世界体系更加公正公平，对发展中国家来说，显得合情合理。[①]

第二，把市场转化成为规则。西方主导世界规则和西方的市场密不可分，中国作为全球第二大经济体和最大的贸易国，以及包含中国在内的按购买力平价计算占据全球 GDP 超过 60% 的发展中国家却仍然没有规则制定权。如何把发展中国家市场的份额转化成为规则制定权？这是一个非常值得思考的问题。

第三，主动参与未来规则的制定。前文已经讲过，现行国家规则由以美国为首的西方发达国家制定和主导，代表的主要是他们自身的利益，中国不拒绝现行国际规则，但是同时也不会停留在简单地接受这些规则。中国对现行国际规则有三种做法：一是接轨；二是改革；三是补充。而作为中国提出的"一带一路"倡议、"亚洲基础设施投资银行""金砖国家银行"等都是对现行世界规则的改革，同时也是对现行世界规则的补充。这些规则是否有利于加入国家的经济发展，加入国家最具有发言权。中国在创造这些规则当中也积累了不少经验。中国下一步要思考的是如何吸引更多的国家加入，从而让更多的国家接受这些规则。作为大国，中国不能像从前的西方国家一样，把这些制定的规则强加给其他国家，而应该充分考虑到其他国家的利益和现实需要。

第四，规则的背后是标准，如何制定世界标准？在当今的世界，中国有强烈的意愿参与未来标准的制定，因为对于标准的制定更有利于中国本身技术的提升和产品质量的提高。统一国内的规则是中国内循环的核心，而外循环则是中国规则的国际化。[②]

结合国内双循环新发展格局来思考规则的竞争具有重大意义。参照郑

[①] 参见郑永年、刘景钊《逆全球化与不确定性：光明抑或黑暗——答〈探索与争鸣〉特约记者问》，载《探索与争鸣》2018 年第 3 期，第 50 页。

[②] 参见郑永年《中国的第三次开放》，载《特区经济》2021 年第 2 期，第 20 页。

永年教授①的观点，内循环的核心是统一国内的规则。中国是一个大国，地方差异很大，各地各方面的规则没有统一起来。即使是在同一省内，各地的贸易和投资规则也不同。没有形成统一的规则，也就是说，中国还没有一个统一的市场；而没有统一的市场，就很难把贸易总量转化成为规则。近代国家比传统国家更加强大，其中一个原因是前者具有统一的规则，而后者则没有统一的规则。欧盟之所以强大也正因为有一套统一的规则。因此，中国需要通过规则的统一化来促进内部大循环。统一的规则对市场经济和法治都至关重要。市场经济的本质就是法治，而规则的统一又是法治的前提条件。

外循环则是中国规则的国际化。如上所说，中国规则的国际化绝对不是意味着中国把自己的规则强加给其他国家，而是需要中国至少从以下三个方面着手：第一，在和现存国际规则接轨的同时改革现存不合理的国际规则；第二，制定内部规则的时候充分考虑到其他国家的利益和关切；第三，要有意识地把庞大的市场力量转化成规则。如果从规则和标准的制定来看下一阶段的开放，中国可以优化开放的格局。开放不再是传统的开放，而应当是更广、更深、更高层次的开放。通过连接内外循环，打通国际国内两个市场，在和国际接轨的同时实现中国规则的国际化。

从以上的分析可以总结得出，规则往往会具有四个方面的特点。

（1）规则具有代表性。其一，规则不管是对国内还是国外循环，它都一定代表了绝大多数国家或区域的想法或利益，从而产生一个统一的市场，进而绝大多数国家或区域则会因为这个规则而不断去努力，同时也正是因为代表了绝大多数国家的想法或利益，所以这些国家或区域所能创造的价值将高于按其他方式所能产生的价值。从规则的角度来讲，必须要有代表性，能代表大多数国家或区域的真实想法或利益。其二，规则往往也代表着先进生产力发展的方向（主要是讲经济规则），因为只有代表先进生产力发展方向的规则，这些规则规制的国家或区域才会努力维护它们，从而获得更好的经济生产力。一旦这些规则不能促进生产力的发展，那么它们就有可能会被修改或者摒弃。

（2）规则与现实是相互适应的，是动态的，会自发演进的。如果有一项规则对于绝大多数的国家或者区域都有利，那么这个规则就应该继续推

---

① 参见郑永年《中国的第三次开放》，载《特区经济》2021年第2期，第20页。

行下去,不能因为一两个实力强大的国家或区域的反对而畏缩不前。从规则的角度来讲,规则一定是代表了绝大多数国家或区域的利益才可能存在,体现了较高程度的公平公正性。同时,规则是动态的,以前适用的规则如果放到现在却不一定适合,而以前不适合的规则放到现在却有可能适合,即规则在一定条件下是动态变化的,是随着时代的发展而不断变化和演进的,没有永恒的规则,只有适合全球经济发展利益的规则。

(3) 规则的制定需要权力。规则制定权力不会无缘无故降落到一个国家或者区域,除这个国家或区域需要具备一定的实力基础之外,还需要这个国家或区域去努力争取。一个国家或区域具备制定规则的权力,那一定是在其他国家或者区域大部分支持的条件下才有可能实现。当这个国家或区域所制定的规则越来越不符合大多数国家或区域的利益的时候,那么这个国家或区域就将遭到抛弃,并进而丧失其制定规则的权力。如果有新的规则越来越能代表大多数国家或区域利益的时候,那么这个规则就可以存在。首先提出这个规则的国家或区域则有可能被其他国家或区域选出来,从而使其具备制定规则的权力。

(4) 制定规则是权利与义务的结合。当义务跟不上其权力发展的时候,权力往往也没有着力点,到那个时候,这种权力则有可能丧失。

新的国际秩序也是一种主权国家间权力关系的网络。如果这种秩序要存在下去,就必须运用权力;没有权力,就没有秩序。然而正如米歇尔·福柯(Michel Foucault)所言,权力的运用必然存在权力的机制。中国在识别国际秩序里主要的权力机制时并没有遇到困难,中国认为这些机制包括联合国、大国政治、主权、多边主义、全球化和地区主义。同时,这些国际秩序机制必须对所有国家平等开放。

令许多人吃惊的是,对于由"二战"中的胜利者所建立的世界秩序,中国看起来似乎是最有力的支持者之一。中国加入了基于联合国的国际社会,相信联合国尤其是其安理会是现存世界秩序的制度性支柱。对于中国来说,尽管联合国框架并不能带给世界一个理想的秩序,但它仍是世界能够拥有的最好的组织形式,是唯一一个能够限制大国权力的国际组织。中国还认为,联合国框架是一个对所有主权国家开放并保护他们利益的体系,对那些小国来说尤其如此。中国一直呼吁联合国代表更多的发展中国家的力量,因为只有这样,联合国框架才能为多极世界提供一个行得通的模式。中国致力于使这一秩序变得更加有效。对于参加联合国框架下所有形式的行动，中国变得更加主动。

对于联合国框架的绝对强调并不意味着中国不懂得大国政治。在联合国框架或双边基础上，中国与美国和其他大国都进行了积极的互动。尽管中国懂得所有主权国家都是平等的，但这并不意味着世界秩序不是等级制的，建立在大国基础上的秩序意味着它是一种等级秩序。不过，所有的大国都必须受到约束才能使这个秩序存在下去。中国因此试图建立一个平衡的、多极的世界秩序，这一秩序能够限制以超强的军事实力为基础的美国。中国并不认为为单个超级大国利益服务而设计的体系能够保持长久稳定。

规则往往代表着先进生产力发展的方向，那么要构建创新（innovative）、活力（invigorated）、联动（interconnected）、包容（inclusive）的"四 I"世界经济，寻找适合其发展的世界或区域规则就显得极为必要。而要寻找构建适合世界经济发展的世界规则，首要前提则是需要完善全球经济治理体系，即完善的全球经济治理体系需要相应的国际规则，如与各国非经营性资源相对应的是国际公共物品供给体系；与各国可经营性资源相对应的是国际产业资源配置体系；与各国准经营性资源相对应的是世界城市资源配置体系，它们各自遵循客观存在的规则运行。

第二节 国际（或区域）安全秩序规则

和平、稳定是世界各国的共识，是国际公共物品供给体系的基本保障。世界各国应共同努力，加强国际安全合作，捍卫《联合国宪章》的宗旨和原则，维护国际关系的基本准则，营造和平、稳定、公正、合理的国际安全秩序，构建健康有序的经济发展环境。

冲突对抗没有赢家，和平合作没有输家。国家和，则世界安；国家斗，则世界乱。这是《新时代的中国与世界》白皮书告知我们的基本规则。历史上追逐霸权、结盟对抗、以大欺小的国际关系，为世界带来混乱甚至战争。当今世界不仅面临发展困境，还面临严重的规则危机、信任危机、秩序危机。一些在长期国际实践中形成且被各国普遍认同和遵守的规则、规范和道德观念被抛弃和践踏，一些事关战略稳定和全球福祉的国际条约和协定得不到履行，甚至被撕毁和破坏。个别国家漠视国际公理，公然侵犯他国主权、干涉他国内政，动辄以大欺小、恃强凌弱。面对国际局势的动荡不安，各国应遵守规则、增进信任、维护秩序，构建新型国际关系，走对话不对抗、结伴不结盟的国与国交往新路，坚持以国际法和公认的国际关系基本准则为基础，通过对话解决争端、代替冲突，使地球村成为共谋发展的大舞台，而不是相互角力的竞技场。

《联合国宪章》是世界和平与发展的重要保障，是规范国家间关系的基石。就像《联合国宪章》序言中所讲的一样："我联合国人民同兹决心欲免后世再遭今代人类两度身历惨不堪言之战祸，重申基本人权，人格尊严与价值，以及男女与大小各国平等权利之信念，创造适当环境，俾克维持正义，尊重由条约与国际法其他渊源而起之义务，久而弗懈，促成大自由中之社会进步及较善之民生，并为达此目的力行容恕，彼此以善邻之道，和睦相处，集中力量，以维持国际和平及安全，接受原则，确立方法，以保证非为公共利益，不得使用武力，运用国际机构，以促成全球人民经济及社会之进展，用是发愤立志，务当同心协力，以竟厥功。爰由我各本国政府，经齐集金山市之代表各将所奉全权证书，互相校阅，均属妥善，议定本联合国宪章，并设立国际组织，定名联合国。""维持国际和平及安全"是联合国宪章的第一大宗旨，充分展示了和平与安全的秩序规则，从而为构建健康有序的经济环境提供了基础。（本章末尾附有《联合国宪章》的部分内容，包含和平安全领域、区域发展、经济领域等规则）

在安全领域，以核裁军为例，联合国制定了一系列的多边条约，目的是通过防止核扩散和禁止核试验，逐步推进全面禁止并彻底销毁核武器。这些条约包括《防止核武器扩散条约》，禁止在大气层等进行核试验的《部分禁止核试验条约》等。在人权方面，联合国制订了 9 项核心国际人权机制，包括经济社会发展权利和个人政治权利两大公约。在发展领域，联合国制订了千年发展目标和正在实施的可持续发展目标，关于气候变化、沙漠化和生物多样性的三项《里约公约》，还有《联合国海洋法公约》，以及关于贸易、国际邮政、国际电信、民用航空、海上运输等多边条约。联合国秘书长监督着大约 560 项多边条约。

联合国为国际治理提供了法律基础。如果没有这些法律和规范框架，就不可能有迄今 77 年的和平、安全和发展。每个全球公民都有确保联合国巩固、存续的义务。

如果没有联合国，就不会有千年发展议程和 2030 年可持续发展议程。

一个没有联合国的世界必将是一个只有丛林法则的世界,一个各个国家各自为政的世界,一个强权即公理的世界,一个单边主义横行的世界,一个中小国家没有话语权、投票权的世界。这样的世界将只能在危险的道路上奔向悬崖,最终走向毁灭。①

在此我们不得不提一下国际贸易规则体系中的"国家安全例外"(national security exceptions)规则,它指的是允许缔约方以维护国家安全为由免除贸易协定所规定义务的特殊制度安排,主要体现在三个层面:一是国际多边贸易规则中的"国家安全例外"及其适用;二是区域贸易协定中有关保护成员方安全利益的例外条款;三是各国贸易立法中关于以国家安全保护为由限制贸易与投资的规定和程序。促进国际贸易与保护国家安全利益是各国贸易战略的基本目标,但在贸易实践中,国家在管理和实现两大目标及其均衡方面面临困难。

贸易规则中的"国家安全例外"规则一般具有双重性,既是国家贸易利益保护的防火墙,同时也往往具有贸易保护主义的性质,在贸易政治盛行时期尤为如此。

美国减少向国际社会提供公共产品,对中国而言既是机遇也是挑战。毕竟中国从改革开放至今也才40多年,经济上大规模的"走出去",走向国际社会也只是进入21世纪以后的事情,军事上的"走出去"才刚刚起步,因而尚不具备强大的能力向地区和全球提供经济、安全等方面的足够的公共产品。

尽管如此,中国也在以实际行动维护世界和平。从1949年中华人民共和国成立以来,中国没有主动挑起过任何一场战争和冲突,也没有侵占过别国一寸土地。改革开放以来,中国主动裁减军队员额超过400万人。中国通过积极参与国际军控、裁军和防扩散进程(中国已签署或加入《不扩散核武器条约》等超过20个多边军控、裁军和防扩散条约),反对军备竞赛,维护全球战略平衡和稳定。中国是安理会常任理事国第一大出兵国、第二大维和预算摊款国和经常性预算会费国。加入联合国30多年来,中国先后派出军队参加25项联合国维和行动,累计派出维和官兵超过4万人次,忠实履行了维和使命,为维护世界和平、促进全球共同发展做出

---

① 参见沙祖康《世界和平与发展的重要基石》,载《经济日报》2020年10月6日第1版。

了积极贡献。① 2015 年，中国宣布设立为期 10 年、总额 10 亿美元的中国—联合国和平与发展基金，并于 2016 年正式投入运行。同时，关于领土问题和海洋划界争端，中国始终致力于通过谈判、协商等方式去处理，同 14 个邻国中的 12 个国家彻底解决陆地边界问题，这种成功解决陆地海洋划界的经验为和平解决国家间历史遗留问题及国际争端开辟了崭新道路。②

第三节 国际经济竞争规则

国际经济竞争规则——公平、效率，是世界各国产业资源配置体系中企业竞争的基本准则。这包含两方面的内容：一方面是在国内引导、规范企业竞争时应注意公平和效率；另一方面是在国际上各个国家在产业竞争时所注意的公平和效率。竞争产生效率，相较于效率，此处重点讲述公平。

本国竞争公平主要是使市场竞争的主体都有公平的地位和参与机会，比如"促进竞争并改善商业环境"指导原则，包括强化及落实竞争法律，减少开办企业和扩大经营的行政及法律障碍，促进公平的市场竞争，实施高效的破产程序，减少妨碍竞争的限制性规定，减少额外的监管合规负担，并对监管政策进行有效监督，加强法治，提高司法效率，打击腐败等。这些无不是各国在引导、规范企业竞争时需要遵循的公平与效率规则。而国际上的公平，则是各国应摒弃单纯的物质主义取向和竞争至上法则，确保资源禀赋和发展水平不同的国家能够获得平等的发展权利和机会，缩小彼此发展差距；国家间交往应遵循义利相兼、以义为先的义利观，实现自身获益与国际贡献的有机统一。③ 比如二十国集团制定了"促

---

① 参见中华人民共和国国务院新闻办公室《中国军队参加联合国维和行动 30 年》，载《人民日报》2020 年 9 月 19 日第 5 版。
② 参见中华人民共和国国务院新闻办公室《新时代的中国与世界白皮书：构建人类命运共同体 建设更加进步和繁荣的中国和世界》，见中华人民共和国国务院新闻办公室网（http：//www.scio.gov.cn/ztk/dtzt/39912/41838/index.htm）。
③ 参见中华人民共和国国务院新闻办公室《新时代的中国与世界白皮书：构建人类命运共同体 建设更加进步和繁荣的中国和世界》，见中华人民共和国国务院新闻办公室网（http：//www.scio.gov.cn/ztk/dtzt/39912/41838/index.htm）。

进贸易和投资开放"指导原则,包括减少关税和非关税贸易壁垒,减少对外国直接投资的壁垒和限制,实施贸易便利化措施以降低跨境交易成本,适当减少贸易和投资的边境限制,促进更广泛的跨境协调,通过多边、诸边和双边协议最小化对第三方的歧视性措施等。

经济全球化是世界经济发展的必然趋势,契合各国人民要发展、要合作的时代潮流。历史上的经济全球化,促成了贸易大繁荣、投资大便利、人员大流动、技术大发展,各国人民从中受益,为世界经济发展做出了重要贡献,同时也积存了不少问题和弊端,经济全球化出现"回头浪"。目前的经济全球化模式难以反映广大发展中国家的呼声、体现广大发展中国家的利益;"弱肉强食"的丛林法则和"你输我赢""赢者通吃"的零和博弈,造成富者愈富、贫者愈贫,发达国家与发展中国家以及发达国家内部的贫富差距越拉越大。根据瑞信研究院发布的 2020 年度《全球财富报告》,在 2019 年年底,世界各地的百万富翁(恰好占成年人口的 1%)的净资产之和占全球净资产的 43.4%。相比之下,54% 的财富低于 1 万美元的成年人所拥有的财富还不到全球财富的 2%。个别国家把内部治理问题归咎于经济全球化,归咎于其他国家,动辄采取单边主义、保护主义、霸凌主义,破坏全球价值链、供应链、消费链,导致现有国际贸易秩序紊乱甚至冲突,使全球经济落入"衰退陷阱"。

经济全球化出现一些问题并不可怕,不能因噎废食,动辄"退群""脱钩""筑墙",改革完善才有出路,必须在前进中解决问题。各国应携起手来,总结历史经验与教训,加强协调、完善治理,推动开放、包容、普惠、平衡、共赢的新型经济全球化。新型经济全球化,应由世界上各个国家共同参与、共同主导;应继续坚持和维护已经被实践充分证明是正确有效的贸易自由化、多边贸易体制等规则体制,并不断创新、完善和发展;应消除霸权主义与强权政治、丛林法则与零和博弈,秉持共商共建共享理念,真正实现民主、平等、公正、合理;应有利于建设开放型世界经济,有利于促进世界和平稳定,实现共同发展、共同繁荣、共同富裕。

按习近平总书记的话来说,就是"国家之间可以有竞争,但必须是积极和良性的,要守住道德底线和国际规范"①,这对全球稳定十分关键。

---

① 习近平:《习近平在第七十五届联合国大会一般性辩论上发表重要讲话》,载《人民日报》2020 年 9 月 23 日第 1 版。

同时要坚持以对话代替冲突、以合作超越零和博弈的正确做法，从而促使全球各国在经济、生态等各领域建立良好的合作关系。

第四节　国际共同治理规则

国际共同治理规则——合作、共赢。这是城市资源配置体系中政府间竞争所需要遵循的基本准则，城市资源存在有形和无形两类要素，其中，新型城镇化、智能城市开发，对以能源、交通、环保、信息和水利等为主体的基础设施现代化的投资，将是世界各国经济增长的新引擎，能带来资本扩大、就业增加、技术革新、市场深化、经济可持续增长、社会受益、环境改善、国力提升等效果。由于各国城市化进程、政策举措和制度安排不一，其投资驱动增长的效果与竞争力不一。但政府间的竞争应该是合作竞争，应该是可持续发展的竞争，应该是共同提升全球经济治理体系的竞争和共同创新经济增长方式的竞争。其基本原则应是合作共赢。

合作共赢，就是各国应摒弃一味谋求自身更大相对利益的理念，纠正"赢者通吃"的过时做法，坚持以双赢、多赢、共赢为目标，在追求本国利益时兼顾各国合理关切，在谋求本国发展时促进各国共同发展，在维护本国安全时尊重各国安全，变压力为动力、化危机为机遇、化冲突为合作。只有合作共赢、共同发展，全世界才能办大事、办好事、办长久之事。一些国家越来越富，另一些国家越来越穷，则世界不可能长久太平、持久繁荣。构建以合作共赢为核心的创新型、开放型、联动型和包容型世界经济体系，将促进增长方式的持续创新，提升全球经济治理水平，进而造福于各国，造福于世界。[1]

为顺应和平发展合作共赢的历史趋势，全球治理应该秉持共商共建共享原则，推动各国权利平等、机会平等、规则平等，使全球治理体系符合变化了的世界政治经济，满足应对全球性挑战的现实需要。

2020年新冠肺炎疫情就像一面镜子，折射各国命运紧密相连的时代

---

[1] 参见中华人民共和国国务院新闻办公室《新时代的中国与世界白皮书：构建人类命运共同体 建设更加进步和繁荣的中国和世界》，见中华人民共和国国务院新闻办公室网（http://www.scio.gov.cn/ztk/dtzt/39912/41838/index.htm）。

现实，凸显加强全球治理的重要性。联合国秘书长古特雷斯强调："新冠肺炎疫情已经敲响警钟，如果国际社会仍然以不团结和混乱的方式加以应对，未来可能出现更多灾难性挑战。"①

也正如习总书记所讲的那样，"单边主义没有出路，要坚持共商共建共享，由各国共同维护普遍安全，共同分享发展成果，共同掌握世界命运"②。

第五节　构造创新、活力、联动、包容"四I"世界经济

通过不断构建完善以上适合全世界经济发展的三大国家（或）区域规则，进而构建创新（innovative）、活力（invigorated）、联动（interconnected）、包容（inclusive）的"四I"世界经济，进而造福于全球，构建全人类命运共同体。

（一）全球创新经济

各国在推动自身经济创新发展的同时，通过加强与各国的交流和合作，不断革新理念和技术，从而开辟新的经济增长源泉，壮大经济新动能。这在未来以深海经济和太空经济等新的资源生成领域经济方面显得尤为必要。

（二）全球活力经济

通过国际经济竞争规则，全球各个经济体不断加强交流和合作，新的贸易开放格局不断形成，全球经济不断解放和发展社会生产力，进而不断解放和增强社会活力。

---

① 胡泽曦、刘玲玲、屈佩、赵益普：《顺应历史趋势，推动改革完善全球治理体系》，载《人民日报》2020年10月1日第3版。
② 习近平：《习近平在第七十五届联合国大会一般性辩论上发表重要讲话》，载《人民日报》2020年9月23日第1版。

(三) 全球联动经济

通过构建联系全球的三大国家（或）区域规则，全球形成一体，各国可以就各国宏观经济政策进行全球协调联动，通过各国之间优势互补，相互借力，放大正面外溢效应，减少负面外部影响，提升各国发展内外联动性，从而实现全球统一联动的经济体。

(四) 全球包容经济

全球包容性经济，顾名思义，就是全球经济开发合作是包容性的，其兼顾了当前利益和长远利益，兼顾各国自身利益和他国利益，既要做大"蛋糕"，又要分好"蛋糕"，从而推动世界经济实现再平衡，让全球经济发展成果惠及更多民众的全球经济新形式。[1] 如全球自由贸易协定的签订可以通过降低贸易壁垒和提升市场竞争优势两个方面推动全球经济的包容性增长，而且就中低收入国家、收入分配较为合理的国家以及制度质量较好的国家，自由贸易协定对其所带来的经济包容性增长促进作用会更加显著。[2]

❋ 本章小结 ❋

在全球，因为地域、文化、经济、政治、意识形态等差异，形成了各个不同的经济体，这些经济体的开放会增进相互之间的交流与合作，进而实现双方共赢。与此同时，各个区域在经历创新驱动发展阶段之后，加强各个国家或区域之间的相互协作，就成为区域经济往更高层次发展的必然选择，因此，规则就成为最重要的方面，好的规则能使双方建立互信，从而在合作方面会更加深入，好的发展经验可以共享，从而实现双方互赢。沿着这个思路，本章阐述了规则的含义、特点以及现有世界规则体系，并着重介绍了基于现有联合国体系制定的国际安全秩序规则、国际经济秩序

---

[1] 参见中华人民共和国国务院新闻办公室《新时代的中国与世界白皮书：构建人类命运共同体 建设更加进步和繁荣的中国和世界》，见中华人民共和国国务院新闻办公室网（http://www.scio.gov.cn/ztk/dtzt/39912/41838/index.htm）。

[2] 参见马野青、倪一宁、李洲《自由贸易协定推动了全球经济包容性增长吗》，载《上海经济研究》2021年第10期，第114页。

规则、国际共同治理规则等，通过不断构建完善以上适合全世界经济发展的三大国家（或）区域规则，进而构建全球创新经济、全球活力经济、全球联动经济和全球包容经济的"四Ⅰ"世界经济，从而造福于全球，构建全人类命运共同体。

【附录】

《联合国宪章》宗旨及部分章节内容
（含宗旨及原则、主权平等原则、和平与安全原则、
区域办法规定和国际经济及社会合作原则等）

WE THE PEOPLES OF THE UNITED NATIONS DETERMINED

To save succeeding generations from the scourge of war, which twice in our lifetime has brought untold sorrow to mankind, and to reaffirm faith in fundamental human rights, in the dignity and worth of the human person, in the equal rights of men and women and of nations large and small, and to establish conditions under which justice and respect for the obligations arising from treaties and other sources of international law can be maintained, and to promote social progress and better standards of life in larger freedom.

AND FOR THESE ENDS

To practice tolerance and live together in peace with one another as good neighbours, and to unite our strength to maintain international peace and security, and to ensure, by the acceptance of principles and the institution of methods, that armed force shall not be used, save in the common interest, and to employ international machinery for the promotion of the economic and social advancement of all peoples.

HAVE RESOLVED TO COMBINE OUR EFFORTS TO ACCOMPLISH THESE AIMS

Accordingly, our respective Governments, through representatives assembled in the city of San Francisco, who have exhibited their full powers found to be in good and due form, have agreed to the present Charter of the

United Nations and do hereby establish an international organization to be known as the United Nations.

我联合国人民同兹决心欲免后世再遭今代人类两度身历惨不堪言之战祸，重申基本人权，人格尊严与价值，以及男女与大小各国平等权利之信念，创造适当环境，俾克维持正义，尊重由条约与国际法其他渊源而起之义务，久而弗懈，促成大自由中之社会进步及较善之民生，并为达此目的力行容恕，彼此以善邻之道，和睦相处，集中力量，以维持国际和平及安全，接受原则，确立方法，以保证非为公共利益，不得使用武力，运用国际机构，以促成全球人民经济及社会之进展，用是发愤立志，务当同心协力，以竟厥功。

爰由我各本国政府，经齐集金山市之代表各将所奉全权证书，互相校阅，均属妥善，议定本联合国宪章，并设立国际组织，定名联合国。

CHAPTER I: PURPOSES AND PRINCIPLES

Article 1 The Purposes of the United Nations are:

1. To maintain international peace and security, and to that end: to take effective collective measures for the prevention and removal of threats to the peace, and for the suppression of acts of aggression or other breaches of the peace, and to bring about by peaceful means, and in conformity with the principles of justice and international law, adjustment or settlement of international disputes or situations which might lead to a breach of the peace;

2. To develop friendly relations among nations based on respect for the principle of equal rights and self-determination of peoples, and to take other appropriate measures to strengthen universal peace;

3. To achieve international co-operation in solving international problems of an economic, social, cultural, or humanitarian character, and in promoting and encouraging respect for human rights and for fundamental freedoms for all without distinction as to race, sex, language, or religion; and

4. To be a centre for harmonizing the actions of nations in the attainment of these common ends.

第一章 宗旨及原则

第一条 联合国之宗旨为：

一、维持国际和平及安全；并为此目的：采取有效集体办法，以防止且消除对于和平之威胁，制止侵略行为或其他和平之破坏；并以和平方法且依正义及国际法之原则，调整或解决足以破坏和平之国际争端或情势。

二、发展国际间以尊重人民平等权利及自决原则为根据之友好关系，并采取其他适当办法，以增强普遍和平。

三、促成国际合作，以解决国际间属于经济、社会、文化及人类福利性质之国际问题，且不分种族、性别、语言或宗教，增进并激励对于全体人类之人权及基本自由之尊重。

四、构成一协调各国行动之中心，以达成上述共同目的。

Article 2 The Organization and its Members, in pursuit of the Purposes stated in Article 1, shall act in accordance with the following Principles.

1. The Organization is based on the principle of the sovereign equality of all its Members.

2. All Members, in order to ensure to all of them the rights and benefits resulting from membership, shall fulfill in good faith the obligations assumed by them in accordance with the present Charter.

3. All Members shall settle their international disputes by peaceful means in such a manner that international peace and security, and justice, are not endangered.

4. All Members shall refrain in their interhational relations from the threat or use of force against the territorial integrity or political independence of any state, or in any other manner inconsistent with the Purposes of the United Nations.

5. All Members shall give the United Nations every assistance in any action it takes in accordance with the present Charter, and shall refrain from giving assistance to any state against which the United Nations is taking preventive or enforcement action.

6. The Organization shall ensure that states which are not Members of the United Nations act in accordance with these Principles so far as may be necessary

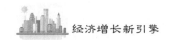

for the maintenance of international peace and security.

7. Nothing contained in the present Charter shall authorize the United Nations to intervene in matters which are essentially within the domestic jurisdiction of any state or shall require the Members to submit such matters to settlement under the present Charter; but this principle shall not prejudice the application of enforcement measures under Chapter Vll.

第二条 为求实现第一条所述各宗旨起见，本组织及其会员国应遵行下列原则：

一、本组织系基于所有会员国主权平等之原则。

二、各会员国应一秉善意，履行其依本宪章所担负之义务，以保证全体会员国由加入本组织而发生之权益。

三、各会员国应以和平方法解决其国际争端，避免危及国际和平、安全及正义。

四、各会员国在其国际关系上不得使用威胁或武力，或以与联合国宗旨不符之任何其他方法，侵害任何会员国或国家之领土完整或政治独立。

五、各会员国对于联合国依本宪章规定而采取之行动，应尽力予以协助，联合国对于任何国家正在采取防止或执行行动时，各会员国对该国不得给予协助。

六、本组织在维持国际和平及安全之必要范围内，应保证非联合国会员国遵行上述原则。

七、本宪章不得认为授权联合国干涉在本质上属于任何国家国内管辖之事件，且并不要求会员国将该项事件依本宪章提请解决；但此项原则不妨碍第七章内执行办法之适用。

....

CHAPTER VI: PACIFIC SETTLEMENT OF DISPUTES

Article 33

1. The parties to any dispute, the continuance of which is likely to endanger the maintenance of international peace and security, shall, first of all, seek a solution by negotiation, enquiry, mediation, conciliation, arbitration, judicial

settlement, resort to regional agencies or arrangements, or other peaceful means of their own choice.

2. The Security Council shall, when it deems necessary, call upon the parties to settle their dispute by such means.

第六章 争端之和平解决

第三十三条

一、任何争端之当事国,于争端之继续存在足以危及国际和平与安全之维持时,应尽先以谈判、调查、调停、和解、公断、司法解决、区域机关或区域办法之利用,或各该国自行选择之其他和平方法,求得解决。

二、安全理事会认为必要时,应促请各当事国以此项方法,解决其争端。

…………

CHAPTER VIII: REGIONAL ARRANGEMENTS

Article 52

1. Nothing in the present Charter precludes the existence of regional arrangements or agencies for dealing with such matters relating to the maintenance of international peace and security as are appropriate for regional action provided that such arrangements or agencies and their activities are consistent with the Purposes and Principles of the United Nations.

2. The Members of the United Nations entering into such arrangements or constituting such agencies pacific settlement of local disputes through such regional arrangements or by such regional agencies before.

3. The Security Council shall encourage the development of pacific settlement of local disputes through such regional arrangements or by such regional agencies either on the initiative of the states concerned or by reference from the Security Council.

第八章 区域办法

第五十二条

一、本宪章不得认为排除区域办法或区域机关、用以应付关于维持国际和平及安全而宜于区域行动之事件者；但以此项办法或机关及其工作与联合国之宗旨及原则符合者为限。

二、缔结此项办法或设立此项机关之联合国会员国，将地方争端提交安全理事会以前，应依该项区域办法，或由该项区域机关，力求和平解决。

三、安全理事会对于依区域办法或由区域机关而求地方争端之和平解决，不论其系由关系国主动，或由安全理事会提交者，应鼓励其发展。

…………

Article 54

The Security Council shall at all times be kept fully informed of activities undertaken or in contemplation under regional arrangements or by regional agencies for the maintenance of international peace and security.

第五十四条

关于为维持国际和平及安全起见，依区域办法或由区域机关所已采取或正在考虑之行动，不论何时应向安全理事会充分报告之。

CHAPTER IX: INTERNATIONAL ECONOMIC AND SOCIAL CO-OPERATION

Article 55

With a view to the creation of conditions of stability and well-being which are necessary for peaceful and friendly relations among nations based on respect for the principle of equal rights and self-determination of peoples, the United Nations shall promote:

a. higher standards of living, full employment, and conditions of economic and social progress and development;

b. solutions of international economic, social, health, and related problems; and international cultural and educational cooperation; and

c. universal respect for, and observance of, human rights and fundamental freedoms for all without distinction as to race, sex, language, or religion.

第九章 国际经济及社会合作

第五十五条

为造成国际间以尊重人民平等权利及自决原则为根据之和平友好关系所必要之安定及福利条件起见,联合国应促进:

较高之生活程度,全民就业,及经济与社会进展。

国际间经济、社会、卫生及有关问题之解决;国际间文化及教育合作。

全体人类之人权及基本自由之普遍尊重与遵守,不分种族、性别、语言或宗教。

…………

Article 57

1. The various specialized agencies, established by intergovernmental agreement and having wide international responsibilities, as defined in their basic instruments, in economic, social, cultural, educational, health, and related fields, shall be brought into relationship with the United Nations in accordance with the provisions of Article 63.

2. Such agencies thus brought into relationship with the United Nations are hereinafter referred to as specialized agencies.

第五十七条

一、由各国政府间协定所成立之各种专责机关,依其组织约章之规定,于经济、社会、文化、教育、卫生及其他有关部门负有广大国际责任者,应依第六十三条之规定使与联合国发生关系。

二、上述与联合国发生关系之各专责机关,以下简称专责机关。

…………

Article 59

The Organization shall, where appropriate, initiate negotiations among the states concerned for the creation of any new specialized agencies required for the accomplishment of the purposes set forth in Article 55.

第五十九条

本组织应于适当情形下,发动各关系国间之谈判,以创设为达成第五十五条规定宗旨所必要之新专责机关。

…………

CHAPTER X: THE ECONOMIC AND SOCIAL COUNCIL

FUNCTIONS AND POWERS

Article 62

1. The Economic and Social Council may make or initiate studies and reports with respect to international economic, social, cultural, educational, health, and related matters and may make recommendations with respect to any such matters to the General Assembly to the Members of the United Nations, and to the specialized agencies concerned.

2. It may make recommendations for the purpose of promoting respect for, and observance of, human rights and fundamental freedoms for all.

3. It may prepare draft conventions for submission to the General Assembly, with respect to matters falling within its competence.

4. It may call, in accordance with the rules prescribed by the United Nations, international conferences on matters falling within its competence.

第十章 经济及社会理事会组织

职权

第六十二条

一、经济及社会理事会得作成或发动关于国际经济、社会、文化、教育、卫生及其他有关事项之研究及报告；并得向大会、联合国会员国及关系专责机关提出关于此种事项之建议案。

二、本理事会为增进全体人类之人权及基本自由之尊重及维护起见，得作成建议案。

三、本理事会得拟具关于其职权范围内事项之协约草案，提交大会。

四、本理事会得依联合国所定之规则召集本理事会职务范围以内事项之国际会议。

……

Article 63

1. The Economic and Social Council may enter into agreements with any of the agencies referred to in Article 57, defining the terms on which the agency concerned shall be brought into relationship with the United Nations. Such agreements shall be subject to approval by the General Assembly.

2. It may co-ordinate the activities of the specialized agencies through consultation with and recommendations to such agencies and through recommendations to the General Assembly and to the Members of the United Nations.

第六十三条

一、经济及社会理事会得与第五十七条所指之任何专责机关订立协定，订明关系专责机关与联合国发生关系之条件。该项协定须经大会之核准。

二、本理事会，为调整各种专责机关之工作，得与此种机关会商并得向其提出建议，并得向大会及联合国会员国建议。

……

Article 71

The Economic and Social Council may make suitable arrangements for consultation with non-governmental organizations which are concerned with matters within its competence. Such arrangements may be made with international organizations and, where appropriate, with national organizations after consultation with the Member of the United Nations concerned.

第七十一条

经济及社会理事会得采取适当办法,与各种非政府组织会商有关于本理事会职权范围内之事件。此项办法得与国际组织商定之,关于适当情形下,经与关系联合国会员国会商后,得与该国国内组织商定之。

Article 72

1. The Economic and Social Council shall adopt its own rules of procedure, including the method of selecting its President.

2. The Economic and Social Council shall meet as required in accordance with its rules, which shall include provision for the convening of meetings on the request of a majority of its members.

第七十二条

一、经济及社会理事会应自行制定其议事规则,包括其推选主席之方法。

二、经济及社会理事会应依其规则举行必要之会议。此项规则应包括因理事国过半数之请求而召集会议之条款。

(资料来源:联合国官网。)

思考讨论题

1. 在规则竞争方面,中国面临哪些问题和挑战?
2. 规则的主要特点有哪些?如何理解这些特点?
3. 国际(或区域)安全秩序规则的核心是什么?你是怎么理解的?
4. 国际经济竞争规则的核心是什么?如何辩证理解这两者的关系?
5. 国际共同治理规则的核心是什么?怎么理解?

第七章 人类命运共同体

人类生于地球、长于地球,如果每个人能把全球每个民族、每个国家的前途命运紧紧联系在一起,荣辱与共,把这个星球建成一个和睦的大家庭,把全球各国人民对美好生活的向往变成现实,实现人类命运共同体,那这将是一件多么伟大的事情。而要实现这一伟大历史进程,从现实来看是有可能的。

在经过全球规则驱动发展阶段之后,思想性公共产品、物质性公共产品、组织性公共产品和制度性公共产品已经形成,区域发展逐渐由以竞争为主导转向竞争与合作再进入合作共赢阶段,区域多极化、经济一体化格局也已经形成,全球经济效率达到一个极高的水平。同时,全球基础设施互为一体,新型基础设施将全球连接成一个大家庭,全球形成共识并共建美好家园,实现了人类与自然的和谐共生,同时形成了更高水平的全球经济治理体系——人类命运共同体。

第一节 人类命运共同体概述

一、人类命运共同体

现今,面对世界百年未有之大变局,习近平总书记以其深邃的历史视野和世界眼光,在深刻把握中国和世界发展大势的基础上,开创性地提出了人类命运共同体理念,满含着其对人类发展重大问题的睿智思考和独特创见。人类命运共同体,顾名思义,就是"每个民族、每个国家的前途命运都紧紧联系在一起,应该风雨同舟,荣辱与共,努力把我们生于斯、长于斯的这个星球建成一个和睦的大家庭,把世界各国人民对美好生活的向往变成现实"①。人类命运共同体理念，是新时代中国共产党人为科学回答21世纪建设一个什么样的世界、如何建设这个世界所提供的中国智慧和中国方案，成为中国引领时代潮流和人类文明未来进步方向的鲜明旗帜。

构建人类命运共同体，其核心要义是基于经济全球化、人类在灾难与进步面前命运与共的客观现实，是基于"宇宙只有一个地球，人类共有一个家园"，是基于"地球是人类唯一赖以生存的家园，珍爱和呵护地球是人类的唯一选择"，其具有客观必然性和现实紧迫性，反映了人类社会前行的最基本的精神诉求、理论遵循和主流向往。

参照中国政法大学蔡拓教授的观点，人类命运共同体的理念存在国家与人类两个层次。② 在以全球人类为主体层面，人类命运共同体强调的主体应是全人类，而不是单个国家，强调全人类的利益、责任与价值共享；在以国家为主体层面，人类命运共同体则强调利益共享，责任共担，但对价值共享则不倡导，忽视甚至回避。人类命运共同体的构建需要在实践的过程中寻找到国家与人类两个层次的结合点，协调和处理好其政策层面和理念倡导层面的差异性。

随着世界全球化的不断推进，全世界人民的联系已经越来越紧密，世界人民的命运已经紧紧联系在一起，也正是因为现在全世界变成"地球村"，党的十八大报告首次正式提出"人类命运共同体"的概念，即："合作共赢，就是要倡导人类命运共同体意识，在追求本国利益时兼顾他国合理关切，在谋求本国发展中促进各国共同发展，建立更加平等均衡的新型全球发展伙伴关系，同舟共济，权责共担，增进人类共同利益。"此后，习近平总书记成为这一理念的坚实推动者。2017年1月18日，国家主席习近平在瑞士日内瓦万国宫出席"共商共筑人类命运共同体"高级别会议，并发表题为《共同构建人类命运共同体》的主旨演讲。党的十九大报告也提出要"坚持推动构建人类命运共同体，统筹国内国际两个大局，始终不渝走和平发展道路，奉行互利共赢的开放战略，坚持正确义利观，树立共同、综合、合作、可持续的新安全观，谋求开放创新、包容互惠的

---

① 习近平：《携手建设更加美好的世界——在中国共产党与世界政党高层对话会上的主旨讲话》，载《人民日报》2017年12月2日第2版。

② 参见蔡拓《世界主义与人类命运共同体的比较分析》，载《国际政治研究》2018年第6期，第21页。

发展前景,促进和而不同、兼收并蓄的文明交流,构筑尊崇自然、绿色发展的生态体系,始终做世界和平的建设者、全球发展的贡献者、国际秩序的维护者"①。同时呼吁各国人民"同心协力,构建人类命运共同体,建设持久和平、普遍安全、共同繁荣、开放包容、清洁美丽的世界。要相互尊重、平等协商,坚决摒弃冷战思维和强权政治,走对话而不对抗、结伴而不结盟的国与国交往新路。要坚持以对话解决争端、以协商化解分歧,统筹应对传统和非传统安全威胁,反对一切形式的恐怖主义。要同舟共济,促进贸易和投资自由化便利化,推动经济全球化朝着更加开放、包容、普惠、平衡、共赢的方向发展。要尊重世界文明多样性,以文明交流超越文明隔阂、文明互鉴超越文明冲突、文明共存超越文明优越。要坚持环境友好,合作应对气候变化,保护好人类赖以生存的地球家园"②。

构建人类命运共同体理念这一思想,内涵丰富,且体系完整。在安全上,倡导坚持以对话解决争端、以协商化解分歧,统筹应对传统和非传统安全威胁,反对一切形式的恐怖主义,是国际(或区域)安全秩序规则的集体体现;在经济上,倡导同舟共济,促进贸易和投资自由化便利化,推动经济全球化朝着更加开放、包容、普惠、平衡、共赢的方向发展,是国际(或区域)经济竞争规则的集体体现;在生态上,倡导坚持环境友好,合作应对气候变化,保护好人类赖以生存的地球家园,是国际(或区域)共同治理规则的集体体现。③

然而,当今世界,随着全球化进程的深入,影响全球的生态问题变得日益严重,如全球气候变暖和臭氧层破坏等,已经越来越影响到我们赖以生存的地球大家园。对全球气候变暖和臭氧层破坏等经济发展中的全球逆生性资源,如果仅仅依靠单一国家去解决一方面不太可能,同时也不太现实,另一方面在全球人类命运休戚与共的情况下,解决这些问题又变得越来越重要和紧迫。

---

① 习近平:《共同构建人类命运共同体——在联合国日内瓦总部的演讲》,载《人民日报》2017年1月20日第2版。
② 习近平:《共同构建人类命运共同体——在联合国日内瓦总部的演讲》,载《人民日报》2017年1月20日第2版。
③ 参见中华人民共和国国务院新闻办公室《新时代的中国与世界白皮书:构建人类命运共同体 建设更加进步和繁荣的中国和世界》,见中华人民共和国国务院新闻办公室网(http://www.scio.gov.cn/ztk/dtzt/39912/41838/index.htm)。

在这种情况下，要解决以上提到的全球问题，就涉及"全球公共物品"的供给问题，正是因为全球公共物品的正外部性（所有国家都能够从任何一个问题的解决中获得收益），所以往往单个国家是不太愿意也没有能力去解决。因此，全球要构建人类命运共同体理念，首要的就是思考怎么解决"全球公共物品"的供给问题。

公共物品具有两个特性，即非竞争性和非排他性。所谓非竞争性，是指一个人在消费某物品的同时，并不妨碍另一个人消费。换句话说，这样的物品一旦被提供，增加一个人的消费并不会给其他任何人带来损耗，如城市的免费大公园、宽阔的城市道路设施。所谓非排他性，是指不需要支付费用也能够从某物品的消费中得到好处，或者要让某个不付费者不消费某物品是困难的，或者即便能够做到也会成本高昂，如城市的公共路灯。

具有上面两个特征的公共物品一般被称为纯粹公共物品，最典型的例子是国防。任何人在享受国防保护的同时，并不妨碍其他人也同时受到国防保护；而且要排除某个不付费者从中受益也几乎不可能。而与公共产品对应的则是私人物品，是在消费上同时具有竞争性和排他性的物品。例如手机，我在使用的时候，你就不能使用；如果这个手机是我的，你就没有权利使用；你如果要使用就必须付费或征得我同意，而且这种排他性很容易达成。①

根据群体受益范围的不同，公共产品可以分为集体公共物品、地方公共物品、国家公共物品、区域公共物品和全球公共物品。按照定义，集体公共物品，就是指由某个集体提供、受益范围为该集体成员的公共物品。地方公共物品以及国家公共物品等都可以以此类推。现今学术文献谈论公共物品时，大多数指的是国家公共物品，如国防。在现今全球化背景下，各个国家和地区交往日益频繁，从而出现了超越国家层面的区域公共物品和全球公共物品。例如，对跨国家河流污染的治理就是国家之间的公共物品。借此，我们引出全球公共物品的定义，即在世界、全球层次上提供的公共物品，各个国家都可以从中获益。②

---

① 参见李增刚《全球公共产品：定义、分类及其供给》，载《经济评论》2006 年第 1 期，第 131 页。

② 参见李增刚《全球公共产品：定义、分类及其供给》，载《经济评论》2006 年第 1 期，第 133 页。

二、全球公共物品

根据前面的知识我们知道，公共物品主要由政府提供，如国防，但是在全球范围内不存在一个世界政府（凌驾于各国之上）或一个与民族国家政府具有同等权威或合法性的政府，所以全球公共物品只能依靠其他方式提供。参照李增刚的研究，超国家层次上的公共物品供给主要通过霸权国家、国际组织或国际协定等各种合作方式得以提供。[①]

第一，全球公共物品由霸权国家提供。在全球历史上，全球公共物品提供的历史实际上也不长，也就是200多年，且主要由霸权国家提供，例如19世纪后期和20世纪初期的英国、20世纪40年代至60年代的美国，都曾经供给了大量的全球公共产品。它们发挥着类似世界政府的作用。这些霸权国家之所以愿意提供公共物品，其中最主要的原因就是：其一，它们从公共产品的提供中获得的利益份额较大，且从公共产品供给中获得的收益大于其所花费的成本，此时，即使全球其他的国家"搭便车"，它们也照样提供。其二，这些霸权国家实力较强，可以通过威逼利诱等手段促使其他国家一起提供。其三，这些霸权国家通过提供给公共产品，从而间接地实现对部分其他国家的控制，进而在世界范围内攫取资源。尽管如此，霸权国家在全球的地位和实力并不能够一直保持不变。随着它们实力和地位的下降，它们从公共物品所获得的利益份额也可能会下降，对其他国家的控制、监督能力也可能会逐渐减弱。在这种情况下，它们对全球公共产品的供给也会逐渐减少，正如当今的美国，一方面不愿供给，另一方面也无力供给。

第二，全球公共物品由国际组织提供。在全球范围内，联合国、世界银行、国际货币基金组织等国际组织在全球公共产品的供给中也都起着极其重要的作用，这些组织可以促进国家间的合作，共同为全球或国际公共产品的供给融资。例如，联合国促进和维护世界和平；世界银行减少全球贫困和疾病传播；国际货币基金组织减少金融波动、促进金融稳定等。但是，国际组织的合法性和权威性有限，因为它们是基于国家间的合作维系的，不具有必然性。它们不能征税，不能侵犯国家主权，其经费主要依靠

[①] 参见李增刚《全球公共产品：定义，分类及其供给》，载《经济评论》2006年第1期，第137页。

民族国家缴纳的会费和各种捐献。国际组织即便有提供全球或国际公共产品的动力，但也可能会面临资金不足所造成的能力不足的问题。

上述两种主要的全球公共物品的提供方式中，第一种主要强调霸权国家的作用，第二种方式则是通过国际合作的方式解决公共物品供给的问题。因为全球公共物品有益于世界各国，所以加强国家间合作则是必不可少的一环。此外，站在全球的角度来看，国家在全球公共物品的供给过程中是最具有行动能力的行为体，但是同时也是倾向于"搭便车"的自私者。其是否有足够的意愿和动力（或受到足够的压力和激励）为人类共同体的整体利益提供公共物品，将直接影响全球秩序的运转情况。①

以当今全球最紧迫的全球气候变暖为例。在 2018 年，联合国政府间气候变化专门委员会就发布了《全球 1.5℃升温特别报告》，呼吁各国采取行动，为把全球气候升温控制在 1.5℃，到 2030 年，全球人为二氧化碳净排放量必须比 2010 年的水平减少约 45%，到 2050 年左右实现"零排放"，即碳中和。

在此呼吁下，全球国家或地区都相继发布了碳中和时间表，具体参见表 7-1，现有大部分发达国家的碳达峰都已在 2010 年以前完成，碳中和时间大部分为 2050 年。如美国，其碳达峰时间为 2007 年（6015.538 百万吨），其提出的碳中和时间为 2050 年，相隔 43 年。而现实情况是，根据美国能源信息署的数据，美国在 2000 年（5888.592 百万吨）就已经基本碳达峰，但是一直没有选择降低碳排放，实际间隔约 50 年，参见表 7-2。与美国一样，全球主要国家碳达峰与碳中和时间间隔基本都超过了 40 年，而作为全球最大发展中国家的中国，自习近平总书记宣布中国二氧化碳排放力争于 2030 年达到峰值，争取 2060 年实现碳中和时，这一举动在全球获得了极大的赞扬。如世界资源研究所气候和经济副总裁海伦·蒙特福德（Helen Mountford）的申明就指出，中国将争取 2060 年实现碳中和，为其他主要二氧化碳排放国树立气候目标树立了榜样。确实，中国计划从碳达峰到碳中和的时间间隔只有 30 年，是现有大国中时间间隔最短的，同时也是减碳排放压力最大的国家，而这恰恰充分体现了中国作为一个发展中大国对全世界的担当和责任，体现了中国在推动构建人类命运共同体方面所付出的巨大努力。

---

① 参见杨昊《全球秩序：概念、内涵与模式》，载《国际观察》2014 年第 2 期，第 24 页。

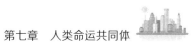

表7-1 全球国家或地区碳达峰及碳中和时间

国家或地区	碳达峰时间	碳中和时间
美国	2007年	2050年
德国	1990年前	2045年
欧盟	1990年	2050年
瑞典	1993年	2045年
加拿大	2007年	2050年
韩国	2013年	2050年
日本	2013年	2050年
澳大利亚	2006年	2050年
南非	/	2050年
巴西	2004年	2050年
瑞士	2000年	2050年
中国	2030年	2060年
俄罗斯	/	2060年
印度	/	2070年

[数据来源：世界资源研究所（World Resources Institute，WRI）及笔者整理。]

表7-2 美国1995—2020年总的能源CO_2排放量

年份	总的能源CO_2排放量/百万吨
1995	5324.311
1996	5518.030
1997	5589.322
1998	5636.733
1999	5700.253
2000	5888.592
2001	5777.788
2002	5820.025
2003	5886.417
2004	5993.719

续表7-2

年份	总的能源 CO_2 排放量/百万吨
2005	6006.994
2006	5929.329
2007	6015.538
2008	5823.127
2009	5403.665
2010	5593.662
2011	5454.696
2012	5236.323
2013	5358.87
2014	5413.879
2015	5262.076
2016	5169.497
2017	5131.081
2018	5277.193
2019	5144.361
2020	4575.246

（数据来源：美国能源信息署。）

关于推进碳达峰碳中和工作，中国不光在国际社会上进行承诺，同时在国内也是切切实实在履行承诺的。2021年10月24日，中共中央、国务院印发《关于完整准确全面贯彻新发展理念做好碳达峰碳中和工作的意见》，该意见为中国做好碳达峰碳中和工作提供了明确的顶层思路、清晰的发展目标和具体的任务安排，尤其是在关于加强国际交流与合作方面，该意见提出中国要积极参与应对气候变化国际谈判，加强国际交流合作，主动参与全球气候和环境治理，同时积极参与国际规则和标准制定，推动建立公平合理、合作共赢的全球气候治理体系。这些想法的提出一方面体现了本书所提到的对逆生性资源的遏制除开展创新活动之外，更需要规则的合作，另一方面进一步深刻地体现了中国对人类命运共同体理念的实践。

三、全球公共物品的分类

自从 2008 年国际金融危机以来,随着现今全球霸主国家——美国的实力和地位的下降(美国的 GDP 占全球 GDP 的份额逐步下滑),它从全球公共物品所获得的利益份额也在逐步下降(如美元在全球的储备货币份额),同时它对其他国家的控制、监督能力也在逐渐减弱。在这种情况下,美国对全球公共产品的供给也在逐步减少,它一方面不愿供给,另一方面也无力供给,如前任美国总统特朗普在任期内退出《巴黎协定》《跨太平洋伙伴关系协定》、联合国教科文组织等。正是基于这一时代背景,全球公共物品供给体系出现了重要的新变化:随着新兴国家整体性的崛起,全球公共物品的提供方正在逐渐发生变化,新兴市场国家正在发挥越来越积极的作用。① 因此,全球公共物品也就具有了新的内涵。根据本书前述章节所讲内容,笔者认为可以将全球公共物品以中观经济学视角分为四类公共物品,即思想性公共物品、物质性公共物品、组织性公共物品及制度性公共物品,这一分类不仅丰富了全球公共物品的内涵,而且给予了全球公共物品新的视角,对于未来全球公共物品的理论完善具有重要的作用。

第二节 思想性公共物品

理念引领行动,方向决定出路。思想是行动的遵循,根据前述理念创新内容,关于思想性公共物品的概念我们就可以相对容易理解,如前面章节所述对市场机制运作体系的重新认识,即市场竞争不仅存在于产业经济的企业竞争中,而且存在于城市经济的区域竞争中,成熟的市场经济应该是有为政府与有效市场相融合的经济体系等。

除此之外,人类命运共同体的理念所形成的思想性公共物品博大精深,首先从构建人类命运共同体的基本原则出发,我们可以构筑思想性公共产品。

(1) 联合国宪章明确的七项原则(参照第六章所附联合国章程):①

---

① 参见涂永红、张文春《中国在"一带一路"建设中提供的全球公共物品》,载《理论视野》2015 年第 6 期,第 65 页。

所有会员国主权平等的原则；②各会员国应一秉善意，履行其依本宪章所担负之义务，以保证全体会员国由加入本组织而发生之权益；③各会员国应以和平方法解决其国际争端，避免危及国际和平、安全及正义；④各会员国在其国际关系上不得使用威胁或武力，或以与联合国宗旨不符之任何其他方法，侵害任何会员国或国家之领土完整或政治独立；⑤各会员国对于联合国依本宪章规定而采取之行动，应尽力予以协助，联合国对于任何国家正在采取防止或执行行动时，各会员国对该国不得给予协助；⑥本组织在维持国际和平及安全之必要范围内，应保证非联合国会员国遵行上述原则；⑦本宪章不得认为授权联合国干涉在本质上属于任何国家国内管辖之事件，且并不要求会员国将该项事件依本宪章提请解决。

（2）和平共处五项原则：①互相尊重主权和领土完整；②互不侵犯；③互不干涉内政；④平等互利；⑤和平共处。

其次，构建人类命运共同体的行动遵循，参照习近平总书记在联合国日内瓦总部的演讲，我们发现以下思想性公共产品。

（1）坚持对话协商的机制。要想建设一个持久和平的世界，就要坚持对话协商。第一次世界大战以来，我们就可以清晰地发现，国家和，则世界安；国家斗，则世界乱。"前事不忘，后事之师。"正是因为我们的先辈在第二次世界大战后建立了联合国，创建了基于对话协商的机制，才为世界赢得70余年的相对和平。未来，全球要继续总结、完善这种机制，从而更好地化解国与国之间的纷争和矛盾，进而消弭战乱和冲突，造福人类。

（2）坚持共建共享的安全机制。要建设一个普遍安全的世界，需要坚持共建共享。世上没有哪一个国家是绝对安全的，一国不能把别国的动荡作为自身安全的基础，而应该去帮一把，因为他国的威胁也可能成为本国的挑战。由此，各方应该树立共同、综合、合作、可持续的安全观，毕竟"单则易折，众则难摧"。

（3）坚持合作共赢的规则机制。要想建设一个共同繁荣的世界，就要坚持合作共赢。当今世界，发展是第一要务，这适用于所有国家。一国的发展不能以损害他国利益为基础，各国需要同舟共济，方能行稳致远。各国要构建开放型世界经济，需继续维护现有世界贸易组织的规则，同时进一步支持开放、透明、包容、非歧视性的多边贸易体制，从而建设一个共同繁荣的世界，而不是搞贸易保护主义、画地为牢，损人不利己。

第七章 人类命运共同体

主权平等作为联合国及所有机构、组织共同遵循的首要原则,也是数百年来国家与国家规范彼此关系最重要的准则。主权平等的真谛在于,全球国家不分大小、强弱、贫富,主权和尊严必须得到尊重,内政不容干涉,都有权自主选择社会制度和发展道路。新形势下,我们要坚持主权平等,推动各国权利平等、机会平等、规则平等。①

人类命运共同体理念在关于全球共同治理方面,同样意义深远。

"法者,治之端也。"各国在日内瓦以联合国宪章为基础所达成的一系列国际公约和法律文书,各国都有责任维护,依法行使权利,善意履行义务。法律的生命也在于公平正义,各国和国际司法机构应该确保国际法平等统一适用,不能搞双重标准,不能"合则用、不合则弃",真正做到"无偏无党,王道荡荡"。②

"海纳百川,有容乃大。"开放包容,进而推进国际关系民主化,不能搞"一国独霸"或"几方共治"。世界的命运应该由各国共同掌握,国际规则应该由各国共同书写,全球事务应该由各国共同治理,发展成果应该由各国共同分享。③

我们要从历史中汲取智慧。历史学家早就断言,经济快速发展使社会变革成为必需,经济发展易获支持,而社会变革常遭抵制。我们不能因此踟蹰不前,而要砥砺前行。我们也要从现实中寻找答案。2008年爆发的国际金融危机启示我们,引导经济全球化健康发展,需要加强协调、完善治理,推动建立开放、包容、普惠、平衡、共赢的经济全球化秩序,既要做大"蛋糕",更要分好"蛋糕",着力解决公平公正问题。④

中国正在经历从国际体系的获益者到建设者的角色转变,不仅国际社会期望中国承担区域和国际责任,中国实际上也正在承担越来越多的责任。

一方面,随着国力上升,中国应肩负起更大的国际责任,在扩大对外开放的同时,向地区和国际社会提供更多公共产品,尤其在推动和引导本地区乃至全球的经济发展上应发挥更大作用。如深入推进"一带一路"倡议国际经济合作,以及"亲、诚、惠、容"的周边外交理念,欢迎其他国

---

① 参见习近平《共同构建人类命运共同体》,载《人民日报》2017年01月20日第2版。
② 参见习近平《共同构建人类命运共同体》,载《人民日报》2017年01月20日第2版。
③ 参见习近平《共同构建人类命运共同体》,载《人民日报》2017年01月20日第2版。
④ 参见习近平《共同构建人类命运共同体》,载《人民日报》2017年01月20日第2版。

家搭乘中国发展的"快车""便车"等,同时也应逐步向国际社会提供更多安全领域的公共产品,包括反恐、护航、维持地区稳定等,这样才能更好地打造地区命运共同体和人类命运共同体。

另一方面,笔者认为,中国的发展也在给全世界提供最重要的理念性公共物品,即一个国家走什么样的发展道路,既要借鉴别国经验,更要立足本国实际,依据自己的历史传承、文化传统、经济社会发展水平,由这个国家的人民来决定。在中华人民共和国成立后的几十年中,中国始终坚持不移地走自己的路,在不断探索中形成了自己的发展道路,无论是推进改革开放的伟大国策,还是建设社会主义现代化经济体制等,无一不体现出对于国家命运和前途的艰辛探索。中国发展的成功,提振了全世界发展中国家实现国富民强的信心,拓展了发展中国家走向现代化的途径,为世界上那些既希望加快发展又希望保持自身独立的国家和民族,走符合本国国情的道路提供了经验和借鉴。照搬没有出路,模仿容易迷失。世界上没有放之四海而皆准的发展道路和模式,也没有一成不变的发展道路和模式。全世界各国可以借鉴以往西方发达国家的经验,但是借鉴不等于完全照搬,如拉美国家和俄罗斯等,盲目照搬或被迫引入西方发展模式,不仅没有实现经济发展、政治稳定,反而容易陷入社会动乱、经济危机、治理瘫痪,甚至发生无休止的内战。各国的发展道路合适不合适,关键要看这条道路能不能解决本国所面临的历史性课题和现实性问题,政府能否实现民生经济、城市经济和产业经济协调发展,从而改善民生、增进福祉,得到人民的赞同和拥护。①

第三节 物质性公共物品

信息化与工业化、城市化、农业现代化、国际化的结合,相关的软硬件基础设施建设推动了区域公共交通、城市管理、教育、医疗、文化、商务、能源、环保等物质条件的改善与提升。

---

① 参见中华人民共和国国务院新闻办公室《新时代的中国与世界白皮书:构建人类命运共同体 建设更加进步和繁荣的中国和世界》,见中华人民共和国国务院新闻办公室网(http://www.scio.gov.cn/ztk/dtzt/39912/41838/index.htm)。

物质性公共物品，即区域政府为社会提供的政策、手段、措施等公共产品，如"一带一路"倡议是中国为国际社会提供的"公共品"。自从2008年世界金融危机以来，包括西方在内的主要经济体结构性改革困难，进而寻求再工业化和产业回流，使得国际贸易投资萎靡不振，一些大国甚至大搞单边主义、保护主义、霸权主义、经贸规则"小圈子"主义等，使得原来低迷的世界经济更加缺少增长动力，世界经济面临巨大的困境。如果世界经济不能复苏，整个世界秩序都会出现问题。

在此背景下，中国创造性地提出了"一带一路"高质量发展倡议，得到全球越来越多国家的热烈响应。从亚欧大陆到非洲、美洲、大洋洲，共建"一带一路"为国际贸易和投资搭建了新平台，为增进各国民生福祉做出了新贡献，为世界经济增长提供了新的引擎。据世界银行研究报告，"一带一路"倡议将使相关国家760万人摆脱极端贫困、3200万人摆脱中度贫困，将使参与国贸易增长2.8%～9.7%、全球贸易增长1.7%～6.2%、全球收入增加0.7%～2.9%。"一带一路"倡议是名副其实的资源共享、共同繁荣、共同发展之路。[①]

互联互通作为共建"一带一路"的核心，包含了五个方面，即政策沟通、设施联通、贸易畅通、资金融通和民心相通，为促进各国经济共同增长提供了新的增长引擎。"一带一路"倡议之所以能成为世界各国经济共同发展的新引擎，根据本书论述，笔者认为其归纳起来主要有以下四个方面的原因。

（1）基础设施硬件的互联互通："一带一路"倡议以新亚欧大陆桥等经济走廊为引领，以中欧班列、陆海新通道等大通道和信息高速公路为骨架，以铁路、港口、管网等为依托，从而形成一个辐射带动更广区域、更多人口参与国际性产业链、供应链、价值链合作的互联互通网络[②]，这个互联互通网络比现有开放经济中的最高形态——湾区经济——网络更大，辐射范围更广，影响更深远，对经济的增长的促进作用更强，会极大地促进"一带一路"沿线国家的基础设施建设，从而促进沿线国家的经济

[①] 参见中华人民共和国国务院新闻办公室《新时代的中国与世界白皮书：构建人类命运共同体 建设更加进步和繁荣的中国和世界》，见中华人民共和国国务院新闻办公室网（http://www.scio.gov.cn/ztk/dtzt/39912/41838/index.htm）。

[②] 参见李馥伊、杨长涌《中国在"一带一路"建设中提供的全球公共物品》，载《经济日报》2021年11月9日第2版。

增长。

（2）基础设施软件的互联互通："一带一路"倡议将沿线国家"民心相通"作为根基，沿线国家可以开展深化形式多样的包括教育、科技、医疗卫生、体育、文化的相互交流，深化电子商务、数字经济、绿色发展等各领域各层次合作，而这些深层次的合作也必将促使"一带一路"沿线国家加强其软件基础设施建设，增强沿线国家交流互信，进而促进沿线国家的经济增长。

（3）创新的互联互通："一带一路"倡议将沿线国家"政策相通"作为关键点，沿线国家政府通过"一带一路"软硬件基础设施加强了相互之间的交流和互信，沿线国家政府通过借鉴优秀发展国家的理念、技术、组织及制度等，同时立足本国实际，依据本国的历史传承、文化传统、经济社会发展水平，从而走出符合本国国情的道路，而这必然会极大地促进沿线国家的经济增长，而且这个促进作用将会更持久，所以这是沿线国家政策着力实施的重点。同时，亚洲基础设施投资银行、新开发银行等国际金融合作机构的设立创新了国家间的"资金融通"渠道。

（4）规则的互联互通：要深化"一带一路"国家的交流与合作，规则就显得尤为重要。"一带一路"倡议要深化沿线国家的贸易、投资畅通规则和标准，大力促进贸易和投资的自由化、便利化，同时坚持国际标准，将"一带一路"贸易畅通与世贸组织规则更好地结合起来，加强贸易投资领域和经济技术合作和能力建设，从而促进"一带一路"沿线国家的高质量发展，有助于形成全球最高水平的全球经济形态和治理体系——人类命运共同体。

（本章末尾附《案例研究：中国"一带一路"建设可提供哪些全球公共物品》，供读者参考）

第四节 组织性公共物品

传统的城市建设如"摊大饼"，现代化的城市发展则要求组团式布局，因此，区域经济秩序的架构在从"摊大饼"模式走向组团式布局时，就实现了组织管理的改革创新。

当前的国际合作主要都是基于"二战"以后所建秩序建立的，如国际货币基金组织、世界银行、国际清算银行、联合国、各大洲的开发银行等,不过这些组织都是以美国为首的西方发达国家主导的,其治理结构、制度安排、业务校准基本上都是按照发达国家的制度和标准设计的,较少考虑发展中国家的特点和发展要求,在满足发展中国家的需求方面没有太多考量。

因此,中国发起成立亚洲基础设施投资银行、新开发银行等国际金融合作机构,为全球包容性发展贡献越来越大的力量。这是中国提供给世界的组织性公共物品。发起成立上海合作组织,为维护地区和世界和平稳定发挥了重要作用,这同样是中国提供给世界的组织性公共物品。①

同时,中国通过搭建多边对话和合作平台为世界提供组织性公共物品。中国坚定支持多边主义,主张国际上的事由各国商量着办,积极搭建政治、经济、安全、人文等领域多边对话和合作平台。创办"一带一路"国际合作高峰论坛、中国国际进口博览会、虹桥国际经济论坛、中非合作论坛、中阿合作论坛、中拉论坛、博鳌亚洲论坛、中国—东盟博览会、中国—阿拉伯国家博览会、中国—非洲经贸博览会、亚洲文明对话大会、世界互联网大会等多个全球和区域性多边平台,推动多边合作日益深入。主办亚信上海峰会、亚太经合组织领导人北京非正式会议、二十国集团领导人杭州峰会、金砖国家领导人厦门会晤、上海合作组织青岛峰会等,取得一系列开创性、引领性、机制性成果。②

第五节　制度性公共物品

一个国家崛起的核心就是制度崛起,而外部崛起只是内部崛起的延伸而已。制度是人类文明的积累。对任何国家尤其是对发展中国家来说,所有其他方面的进步必须以制度的进步来加以衡量。尽管制度是人确立的,

---

① 参见中华人民共和国国务院新闻办公室《新时代的中国与世界白皮书:构建人类命运共同体 建设更加进步和繁荣的中国和世界》,见中华人民共和国国务院新闻办公室网(http://www.scio.gov.cn/ztk/dtzt/39912/41838/index.htm)。

② 参见中华人民共和国国务院新闻办公室:《新时代的中国与世界白皮书:构建人类命运共同体 建设更加进步和繁荣的中国和世界》,见中华人民共和国国务院新闻办公室网(http://www.scio.gov.cn/ztk/dtzt/39912/41838/index.htm)。

但制度比人更可靠；历史地看，制度更是人们衡量政治人物、政治遗产最重要的衡量标准。

制度性公共物品是在"让区域带来更多发展机遇""让经济增长成果普惠共享"等原则指导下的一种制度安排，它会使区域内的劳动、就业、保障和社会政策等进一步完善，同时其成果具有共享性。制度性公共物品的突出表现形式则为国际制度。

在此我们不得不提一下制度经济学的核心概念即交易费用。以往的古典经济学都假设"交易费用为零"，然而，在现实中，要达成一项交易，都需要经历合约议定、合约讨价还价、合约的执行监督等过程，这些过程不仅会存在交易费用，而且存在无法达成的可能。正因为此，才会产生一些用于降低这些费用的不同制度安排。①

在国际社会中，国家间关系的交易一般被解释为权利让渡，在现有具有高度秩序的国际体系中，这种权利让渡是可能的，而且随着全球化，各国之间相互信赖和相互影响程度的不断加深，这种国家之间权利的让渡又不可避免。任何国家要实现自己的国家权利，就往往需要与其他国家展开交流，从而使其成为一种普遍的现象。②

但是由于国家在处理对外事务时不仅具有有限理性（bounded rationality，即在国际政治经济中，由于环境的复杂性和不确定性，同时由于人类的自身计算能力与认知能力的限制，国家决策者不可能知悉全部备选方案，不可能把所有的价值考虑纳入单一的综合性效用函数中去，也不太可能精确计算所有备选方案的实施后果），而且具有强烈的机会主义（opportunism，即国家在谋求自身利益时，既有可能采取正当手段，也有可能采取不正当手段）倾向，所以国家在相互之间权利让渡时为了获取对方及环境的信息和防止对方的机会主义行为，是需要付出成本或费用的，此费用即为交易费用在国家间关系的使用。类似地，包含三个方面，即为获取对方及环境的信息所支付的费用、进行缔约谈判并维护契约的费用、监督各缔约方实施协议和对违约方进行惩罚的费用，而作为制度性公共物

---

① 参见田野《交易费用理论视野下的国际制度需求分析》，载《欧洲》2002 年第 1 期，第 13～14 页。

② 参见田野《交易费用理论视野下的国际制度需求分析》，载《欧洲》2002 年第 1 期，第 15 页。

品的国际制度的优势就在于能降低其中的三大费用。①

✻ 本章小结 ✻

在全球经历规则驱动发展阶段之后，全球基础设施互为一体，新型基础设施将全球演变成一个大家庭，全球形成共识并共建美好家园，实现了人类与自然的和谐共生，同时形成了更高水平的全球经济治理体系——人类命运共同体。本章通过介绍人类命运共同体理念的内涵、提出背景、理念发展等，通过提炼本书前述六章所讲内容，在中观经济学理论体系视角下，将全球公共物品分为思想性公共物品、物质性公共物品、组织性公共物品及制度性公共物品，重点介绍了这几类公共物品的内涵、意义等，并总结这一分类。这不仅丰富了全球公共物品的内涵，而且给予了全球公共物品新的视角，对于未来全球公共物品的理论完善具有重要的作用。

【案例研究】
中国"一带一路"建设可提供哪些全球公共物品（摘选）

"一带一路"建设是21世纪中国最重要的国家倡议之一，也将是中国向世界提供的最大的合作共赢的公共物品之一。"一带一路"建设肩负着重大的历史使命，将在以下五个方面增加全球公共物品供给。

第一，产生国际合作新理念和新模式。中国的改革开放是当今世界最具影响力的制度创新之一。"一带一路"建设作为21世纪中国全方位对外开放的宏大倡议，实际上是中国在国际社会推动包容性发展理念的一大实践。实践出真知，"一带一路"建设正在以经济走廊理论、经济带理论、21世纪的国际合作理论等创新经济发展理论、区域合作理论、全球化理论，丰富人类发展的知识宝库，将给21世纪的国际合作带来共商、共建、共享和包容发展的新理念新模式。

第二，高效的设施互联互通。基础设施投资不仅对经济增长有明显的

---

① 参见田野《交易费用理论视野下的国际制度需求分析》，载《欧洲》2002年第1期，第16页。

拉动作用，而且充足、高效的基础设施还是国民经济持续发展的根本保障。"一带一路"倡议沿线国家的交通、通讯、能源等基础设施建设滞后，水平低下，已经成为其经济发展的严重桎梏。"一带一路"建设将重点落在基础设施建设和各国基础设施的互联互通上，中国运用自己发达的基础设施产能、技术优势，以及高储蓄的资金优势，动员国际社会资源，推动沿线国家增加基础设施供给，打通沿线国家开展国际贸易的各种道路、设施阻塞，提升整个区域的经济合作水平，为沿线国家未来的经济稳定增长夯实基础。

第三，提供新的国际货币。在纸币制度下，各主权国家发行和使用自己的货币，通过法律强制在国内进行支付。第二次世界大战以来，美元一直是主要的国际货币，迄今为止，美元仍然在国际储备货币中占有60%以上的份额。美国占全球经济总量的份额不足25%，在国际货币中的份额却超过60%。这种货币地位与实体经济地位的巨大偏差，使得美元容易脱离实体经济自我膨胀，产生巨大的金融危机，而且美元波动和美元危机有巨大的溢出效应，会危及其他国家。2008年，由美国次贷危机引发的全球金融危机，造成了其他国家超过4万亿美元的损失。因此，需要在国际金融领域增加全球公共物品，增加新的国际货币，以便在美元出现问题时为国际货币提供稳定的锚和避风港。

第四，建立新型国际金融组织。国际金融合作不管是在提供全球公共物品中还是在维护国家经济主权安全方面都发挥着重要作用。当前的国际金融合作平台主要是国际货币基金组织、世界银行、国际清算银行、各大洲的开发银行等国际金融组织，这些组织是由美国主导的，其治理结构、制度安排、业务标准基本上都是按照发达国家的制度和标准设计的，较少考虑发展中国家的特点和发展要求，在满足发展中国家对国际金融合作的需要方面乏善可陈。为了帮助发展中国家获得公平的发展环境和必要的金融支持，中国一直在努力推动国际金融体系改革，以期建立更加公正合的国际金融秩序。因此，中国倡导建立金砖国家开发银行，筹建亚洲基础设施投资银行，设立丝绸之路基金，用务实的态度、新的治理规则和标准，更多关注发展中国家的发展和金融需求，用实际行动参与全球金融治理，推动国际货币体系改革，增加国际金融领域的全球公共物品供给。

第五，为消除局部战争和恐怖主义提供新的手段。战争是造成世界难民增加的元凶，恐怖主义是当前威胁各国安全的重要因素。如何维持世界和平？如何消除战争和进行有效的反恐？这是全球共同面临的生死攸关的问题。以暴制暴、以战争消灭战争在短期内无疑是一种有效的手段，但是却无法消除战争与恐怖主义滋生的土壤。"一带一路"沿线国家经济发展水平参差不齐，例如，中亚内陆国家和地区在东亚经济圈和欧盟经济圈之间，成为发展的"佳地"，贫困与绝望为战争、极端主义和恐怖主义泛滥提供了温床；中南半岛的"金三角"因为交通等基础设施落后而更多地依靠毒品交易生存。在"一带一路"建设中，中国不仅欢迎沿线国家"搭便车""搭快车"，还致力于推动中亚、中南半岛国家共同发展。所以，"一带一路"建设是釜底抽薪之举，有利于铲除战争、极端主义和恐怖主义的根源，推动地区热点降温，加快区域一体化进程，推动建立持久和平、普遍安全、共同繁荣的和谐世界。

【附录】

推动共建丝绸之路经济带和
21世纪海上丝绸之路的愿景与行动

国家发展改革委　外交部　商务部

（经国务院授权发布）

2015年3月

前言

2000多年前，亚欧大陆上勤劳勇敢的人民，探索出多条连接亚欧非几大文明的贸易和人文交流通路，后人将其统称为"丝绸之路"。千百年来，"和平合作、开放包容、互学互鉴、互利共赢"的丝绸之路精神薪火相传，推进了人类文明进步，是促进沿线各国繁荣发展的重要纽带，是东西方交流合作的象征，是世界各国共有的历史文化遗产。

进入21世纪，在以和平、发展、合作、共赢为主题的新时代，面对复苏乏力的全球经济形势，纷繁复杂的国际和地区局面，传承和弘扬丝绸之路精神更显重要和珍贵。

2013年9月和10月，中国国家主席习近平在出访中亚和东南亚国家期间，先后提出共建"丝绸之路经济带"和"21世纪海上丝绸之路"（以下简称"一带一路"）的重大倡议，得到国际社会高度关注。中国国务院总理李克强参加2013年中国—东盟博览会时强调，铺就面向东盟的海上丝绸之路，打造带动腹地发展的战略支点。加快"一带一路"建设，有利于促进沿线各国经济繁荣与区域经济合作，加强不同文明交流互鉴，促进世界和平发展，是一项造福世界各国人民的伟大事业。

"一带一路"建设是一项系统工程，要坚持共商、共建、共享原则，积极推进沿线国家发展战略的相互对接。为推进实施"一带一路"重大倡议，让古丝绸之路焕发新的生机活力，以新的形式使亚欧非各国联系更加紧密，互利合作迈向新的历史高度，中国政府特制定并发布《推动共建丝绸之路经济带和21世纪海上丝绸之路的愿景与行动》。

一、时代背景

当今世界正发生复杂深刻的变化，国际金融危机深层次影响继续显现，世界经济缓慢复苏、发展分化，国际投资贸易格局和多边投资贸易规则酝酿深刻调整，各国面临的发展问题依然严峻。共建"一带一路"顺应世界多极化、经济全球化、文化多样化、社会信息化的潮流，秉持开放的区域合作精神，致力于维护全球自由贸易体系和开放型世界经济。共建"一带一路"旨在促进经济要素有序自由流动、资源高效配置和市场深度融合，推动沿线各国实现经济政策协调，开展更大范围、更高水平、更深层次的区域合作，共同打造开放、包容、均衡、普惠的区域经济合作架构。共建"一带一路"符合国际社会的根本利益，彰显人类社会共同理想和美好追求，是国际合作以及全球治理新模式的积极探索，将为世界和平发展增添新的正能量。

共建"一带一路"致力于亚欧非大陆及附近海洋的互联互通，建立和加强沿线各国互联互通伙伴关系，构建全方位、多层次、复合型的互联互通网络，实现沿线各国多元、自主、平衡、可持续的发展。"一带一路"的互联互通项目将推动沿线各国发展战略的对接与耦合，发掘区域内市场的潜力，促进投资和消费，创造需求和就业，增进沿线各国人民的人文交流与文明互鉴，让各国人民相逢相知、互信互敬，共享和谐、安宁、富裕的生活。

当前，中国经济和世界经济高度关联。中国将一以贯之地坚持对外开放的基本国策，构建全方位开放新格局，深度融入世界经济体系。推进"一带一路"建设既是中国扩大和深化对外开放的需要，也是加强和亚欧非及世界各国互利合作的需要，中国愿意在力所能及的范围内承担更多责任义务，为人类和平发展作出更大的贡献。

二、共建原则

恪守联合国宪章的宗旨和原则。遵守和平共处五项原则，即尊重各国主权和领土完整、互不侵犯、互不干涉内政、和平共处、平等互利。

坚持开放合作。"一带一路"相关的国家基于但不限于古代丝绸之路的范围，各国和国际、地区组织均可参与，让共建成果惠及更广泛的区域。

坚持和谐包容。倡导文明宽容，尊重各国发展道路和模式的选择，加强不同文明之间的对话，求同存异、兼容并蓄、和平共处、共生共荣。

坚持市场运作。遵循市场规律和国际通行规则，充分发挥市场在资源配置中的决定性作用和各类企业的主体作用，同时发挥好政府的作用。

坚持互利共赢。兼顾各方利益和关切，寻求利益契合点和合作最大公约数，体现各方智慧和创意，各施所长，各尽所能，把各方优势和潜力充分发挥出来。

三、框架思路

"一带一路"是促进共同发展、实现共同繁荣的合作共赢之路，是增进理解信任、加强全方位交流的和平友谊之路。中国政府倡议，秉持和平合作、开放包容、互学互鉴、互利共赢的理念，全方位推进务实合作，打造政治互信、经济融合、文化包容的利益共同体、命运共同体和责任共同体。

"一带一路"贯穿亚欧非大陆，一头是活跃的东亚经济圈，一头是发达的欧洲经济圈，中间广大腹地国家经济发展潜力巨大。丝绸之路经济带重点畅通中国经中亚、俄罗斯至欧洲（波罗的海）；中国经中亚、西亚至波斯湾、地中海；中国至东南亚、南亚、印度洋。21世纪海上丝绸之路重点方向是从中国沿海港口过南海到印度洋，延伸至欧洲；从中国沿海港口过南海到南太平洋。

根据"一带一路"走向，陆上依托国际大通道，以沿线中心城市为支撑，以重点经贸产业园区为合作平台，共同打造新亚欧大陆桥、中蒙俄、中国—中亚—西亚、中国—中南半岛等国际经济合作走廊；海上以重点港口为节点，共同建设通畅安全高效的运输大通道。中巴、孟中印缅两个经济走廊与推进"一带一路"建设关联紧密，要进一步推动合作，取得更大进展。

"一带一路"建设是沿线各国开放合作的宏大经济愿景，需各国携手努力,朝着互利互惠、共同安全的目标相向而行。努力实现区域基础设施更加完善,安全高效的陆海空通道网络基本形成,互联互通达到新水平;投资贸易便利化水平进一步提升,高标准自由贸易区网络基本形成,经济联系更加紧密,政治互信更加深入;人文交流更加广泛深入,不同文明互鉴共荣,各国人民相知相交、和平友好。

四、合作重点

沿线各国资源禀赋各异,经济互补性较强,彼此合作潜力和空间很大。以政策沟通、设施联通、贸易畅通、资金融通、民心相通为主要内容,重点在以下方面加强合作。

政策沟通。加强政策沟通是"一带一路"建设的重要保障。加强政府间合作,积极构建多层次政府间宏观政策沟通交流机制,深化利益融合,促进政治互信,达成合作新共识。沿线各国可以就经济发展战略和对策进行充分交流对接,共同制定推进区域合作的规划和措施,协商解决合作中的问题,共同为务实合作及大型项目实施提供政策支持。

设施联通。基础设施互联互通是"一带一路"建设的优先领域。在尊重相关国家主权和安全关切的基础上,沿线国家宜加强基础设施建设规划、技术标准体系的对接,共同推进国际骨干通道建设,逐步形成连接亚洲各次区域以及亚欧非之间的基础设施网络。强化基础设施绿色低碳化建设和运营管理,在建设中充分考虑气候变化影响。

抓住交通基础设施的关键通道、关键节点和重点工程,优先打通缺失路段,畅通瓶颈路段,配套完善道路安全防护设施和交通管理设施设备,提升道路通达水平。推进建立统一的全程运输协调机制,促进国际通关、换装、多式联运有机衔接,逐步形成兼容规范的运输规则,实现国际运输便利化。推动口岸基础设施建设,畅通陆水联运通道,推进港口合作建设,增加海上航线和班次,加强海上物流信息化合作。拓展建立民航全面合作的平台和机制,加快提升航空基础设施水平。

加强能源基础设施互联互通合作,共同维护输油、输气管道等运输通道安全,推进跨境电力与输电通道建设,积极开展区域电网升级改造合作。

共同推进跨境光缆等通信干线网络建设,提高国际通信互联互通水平,畅通信息丝绸之路。加快推进双边跨境光缆等建设,规划建设洲际海底光缆项目,完善空中(卫星)信息通道,扩大信息交流与合作。

贸易畅通。投资贸易合作是"一带一路"建设的重点内容。宜着力研究解决投资贸易便利化问题，消除投资和贸易壁垒，构建区域内和各国良好的营商环境，积极同沿线国家和地区共同商建自由贸易区，激发释放合作潜力，做大做好合作"蛋糕"。

沿线国家宜加强信息互换、监管互认、执法互助的海关合作，以及检验检疫、认证认可、标准计量、统计信息等方面的双多边合作，推动世界贸易组织《贸易便利化协定》生效和实施。改善边境口岸通关设施条件，加快边境口岸"单一窗口"建设，降低通关成本，提升通关能力。加强供应链安全与便利化合作，推进跨境监管程序协调，推动检验检疫证书国际互联网核查，开展"经认证的经营者"（AEO）互认。降低非关税壁垒，共同提高技术性贸易措施透明度，提高贸易自由化便利化水平。

拓宽贸易领域，优化贸易结构，挖掘贸易新增长点，促进贸易平衡。创新贸易方式，发展跨境电子商务等新的商业业态。建立健全服务贸易促进体系，巩固和扩大传统贸易，大力发展现代服务贸易。把投资和贸易有机结合起来，以投资带动贸易发展。

加快投资便利化进程，消除投资壁垒。加强双边投资保护协定、避免双重征税协定磋商，保护投资者的合法权益。

拓展相互投资领域，开展农林牧渔业、农机及农产品生产加工等领域深度合作，积极推进海水养殖、远洋渔业、水产品加工、海水淡化、海洋生物制药、海洋工程技术、环保产业和海上旅游等领域合作。加大煤炭、油气、金属矿产等传统能源资源勘探开发合作，积极推动水电、核电、风电、太阳能等清洁、可再生能源合作，推进能源资源就地就近加工转化合作，形成能源资源合作上下游一体化产业链。加强能源资源深加工技术、装备与工程服务合作。

推动新兴产业合作，按照优势互补、互利共赢的原则，促进沿线国家加强在新一代信息技术、生物、新能源、新材料等新兴产业领域的深入合作，推动建立创业投资合作机制。

优化产业链分工布局，推动上下游产业链和关联产业协同发展，鼓励建立研发、生产和营销体系，提升区域产业配套能力和综合竞争力。扩大服务业相互开放，推动区域服务业加快发展。探索投资合作新模式，鼓励合作建设境外经贸合作区、跨境经济合作区等各类产业园区，促进产业集群发展。在投资贸易中突出生态文明理念，加强生态环境、生物多样性和

应对气候变化合作，共建绿色丝绸之路。

中国欢迎各国企业来华投资。鼓励本国企业参与沿线国家基础设施建设和产业投资。促进企业按属地化原则经营管理，积极帮助当地发展经济、增加就业、改善民生，主动承担社会责任，严格保护生物多样性和生态环境。

资金融通。资金融通是"一带一路"建设的重要支撑。深化金融合作，推进亚洲货币稳定体系、投融资体系和信用体系建设。扩大沿线国家双边本币互换、结算的范围和规模。推动亚洲债券市场的开放和发展。共同推进亚洲基础设施投资银行、金砖国家开发银行筹建，有关各方就建立上海合作组织融资机构开展磋商。加快丝路基金组建运营。深化中国—东盟银行联合体、上合组织银行联合体务实合作，以银团贷款、银行授信等方式开展多边金融合作。支持沿线国家政府和信用等级较高的企业以及金融机构在中国境内发行人民币债券。符合条件的中国境内金融机构和企业可以在境外发行人民币债券和外币债券，鼓励在沿线国家使用所筹资金。

加强金融监管合作，推动签署双边监管合作谅解备忘录，逐步在区域内建立高效监管协调机制。完善风险应对和危机处置制度安排，构建区域性金融风险预警系统，形成应对跨境风险和危机处置的交流合作机制。加强征信管理部门、征信机构和评级机构之间的跨境交流与合作。充分发挥丝路基金以及各国主权基金作用，引导商业性股权投资基金和社会资金共同参与"一带一路"重点项目建设。

民心相通。民心相通是"一带一路"建设的社会根基。传承和弘扬丝绸之路友好合作精神，广泛开展文化交流、学术往来、人才交流合作、媒体合作、青年和妇女交往、志愿者服务等，为深化双多边合作奠定坚实的民意基础。

扩大相互间留学生规模，开展合作办学，中国每年向沿线国家提供1万个政府奖学金名额。沿线国家间互办文化年、艺术节、电影节、电视周和图书展等活动，合作开展广播影视剧精品创作及翻译，联合申请世界文化遗产，共同开展世界遗产的联合保护工作。深化沿线国家间人才交流合作。

加强旅游合作，扩大旅游规模，互办旅游推广周、宣传月等活动，联合打造具有丝绸之路特色的国际精品旅游线路和旅游产品，提高沿线各国游客签证便利化水平。推动21世纪海上丝绸之路邮轮旅游合作。积极开展体育交流活动,支持沿线国家申办重大国际体育赛事。

强化与周边国家在传染病疫情信息沟通、防治技术交流、专业人才培养等方面的合作,提高合作处理突发公共卫生事件的能力。为有关国家提供医疗援助和应急医疗救助,在妇幼健康、残疾人康复以及艾滋病、结核、疟疾等主要传染病领域开展务实合作,扩大在传统医药领域的合作。

加强科技合作,共建联合实验室(研究中心)、国际技术转移中心、海上合作中心,促进科技人员交流,合作开展重大科技攻关,共同提升科技创新能力。

整合现有资源,积极开拓和推进与沿线国家在青年就业、创业培训、职业技能开发、社会保障管理服务、公共行政管理等共同关心领域的务实合作。

充分发挥政党、议会交往的桥梁作用,加强沿线国家之间立法机构、主要党派和政治组织的友好往来。开展城市交流合作,欢迎沿线国家重要城市之间互结友好城市,以人文交流为重点,突出务实合作,形成更多鲜活的合作范例。欢迎沿线国家智库之间开展联合研究、合作举办论坛等。

加强沿线国家民间组织的交流合作,重点面向基层民众,广泛开展教育医疗、减贫开发、生物多样性和生态环保等各类公益慈善活动,促进沿线贫困地区生产生活条件改善。加强文化传媒的国际交流合作,积极利用网络平台,运用新媒体工具,塑造和谐友好的文化生态和舆论环境。

五、合作机制

当前,世界经济融合加速发展,区域合作方兴未艾。积极利用现有双多边合作机制,推动"一带一路"建设,促进区域合作蓬勃发展。

加强双边合作,开展多层次、多渠道沟通磋商,推动双边关系全面发展。推动签署合作备忘录或合作规划,建设一批双边合作示范。建立完善双边联合工作机制,研究推进"一带一路"建设的实施方案、行动路线图。充分发挥现有联委会、混委会、协委会、指导委员会、管理委员会等双边机制作用,协调推动合作项目实施。

强化多边合作机制作用,发挥上海合作组织(SCO)、中国—东盟"10+1"、亚太经合组织(APEC)、亚欧会议(ASEM)、亚洲合作对话(ACD)、亚信会议(CICA)、中阿合作论坛、中国—海合会战略对话、大湄公河次区域(GMS)经济合作、中亚区域经济合作(CAREC)等现有多边合作机制作用,相关国家加强沟通,让更多国家和地区参与"一带一

路"建设。

继续发挥沿线各国区域、次区域相关国际论坛、展会以及博鳌亚洲论坛、中国—东盟博览会、中国—亚欧博览会、欧亚经济论坛、中国国际投资贸易洽谈会,以及中国—南亚博览会、中国—阿拉伯博览会、中国西部国际博览会、中国—俄罗斯博览会、前海合作论坛等平台的建设性作用。支持沿线国家地方、民间挖掘"一带一路"历史文化遗产,联合举办专项投资、贸易、文化交流活动,办好丝绸之路(敦煌)国际文化博览会、丝绸之路国际电影节和图书展。倡议建立"一带一路"国际高峰论坛。

六、中国各地方开放态势

推进"一带一路"建设,中国将充分发挥国内各地区比较优势,实行更加积极主动的开放战略,加强东中西互动合作,全面提升开放型经济水平。

西北、东北地区。发挥新疆独特的区位优势和向西开放重要窗口作用,深化与中亚、南亚、西亚等国家交流合作,形成丝绸之路经济带上重要的交通枢纽、商贸物流和文化科教中心,打造丝绸之路经济带核心区。发挥陕西、甘肃综合经济文化和宁夏、青海民族人文优势,打造西安内陆型改革开放新高地,加快兰州、西宁开发开放,推进宁夏内陆开放型经济试验区建设,形成面向中亚、南亚、西亚国家的通道、商贸物流枢纽、重要产业和人文交流基地。发挥内蒙古联通俄蒙的区位优势,完善黑龙江对俄铁路通道和区域铁路网,以及黑龙江、吉林、辽宁与俄远东地区陆海联运合作,推进构建北京—莫斯科欧亚高速运输走廊,建设向北开放的重要窗口。

西南地区。发挥广西与东盟国家陆海相邻的独特优势,加快北部湾经济区和珠江—西江经济带开放发展,构建面向东盟区域的国际通道,打造西南、中南地区开放发展新的战略支点,形成21世纪海上丝绸之路与丝绸之路经济带有机衔接的重要门户。发挥云南区位优势,推进与周边国家的国际运输通道建设,打造大湄公河次区域经济合作新高地,建设成为面向南亚、东南亚的辐射中心。推进西藏与尼泊尔等国家边境贸易和旅游文化合作。

沿海和港澳台地区。利用长三角、珠三角、海峡西岸、环渤海等经济区开放程度高、经济实力强、辐射带动作用大的优势,加快推进中国(上海)自由贸易试验区建设,支持福建建设21世纪海上丝绸之路核心区。

充分发挥深圳前海、广州南沙、珠海横琴、福建平潭等开放合作区作用，深化与港澳台合作，打造粤港澳大湾区。推进浙江海洋经济发展示范区、福建海峡蓝色经济试验区和舟山群岛新区建设，加大海南国际旅游岛开发开放力度。加强上海、天津、宁波—舟山、广州、深圳、湛江、汕头、青岛、烟台、大连、福州、厦门、泉州、海口、三亚等沿海城市港口建设，强化上海、广州等国际枢纽机场功能。以扩大开放倒逼深层次改革，创新开放型经济体制机制，加大科技创新力度，形成参与和引领国际合作竞争新优势，成为"一带一路"特别是21世纪海上丝绸之路建设的排头兵和主力军。发挥海外侨胞以及香港、澳门特别行政区独特优势作用，积极参与和助力"一带一路"建设。为台湾地区参与"一带一路"建设作出妥善安排。

内陆地区。利用内陆纵深广阔、人力资源丰富、产业基础较好优势，依托长江中游城市群、成渝城市群、中原城市群、呼包鄂榆城市群、哈长城市群等重点区域，推动区域互动合作和产业集聚发展，打造重庆西部开发开放重要支撑和成都、郑州、武汉、长沙、南昌、合肥等内陆开放型经济高地。加快推动长江中上游地区和俄罗斯伏尔加河沿岸联邦区的合作。建立中欧通道铁路运输、口岸通关协调机制，打造"中欧班列"品牌，建设沟通境内外、连接东中西的运输通道。支持郑州、西安等内陆城市建设航空港、国际陆港，加强内陆口岸与沿海、沿边口岸通关合作，开展跨境贸易电子商务服务试点。优化海关特殊监管区域布局，创新加工贸易模式，深化与沿线国家的产业合作。

七、中国积极行动

一年多来，中国政府积极推动"一带一路"建设，加强与沿线国家的沟通磋商，推动与沿线国家的务实合作，实施了一系列政策措施，努力收获早期成果。

高层引领推动。习近平主席、李克强总理等国家领导人先后出访20多个国家，出席加强互联互通伙伴关系对话会、中阿合作论坛第六届部长级会议，就双边关系和地区发展问题，多次与有关国家元首和政府首脑进行会晤，深入阐释"一带一路"的深刻内涵和积极意义，就共建"一带一路"达成广泛共识。

签署合作框架。与部分国家签署了共建"一带一路"合作备忘录，与一些毗邻国家签署了地区合作和边境合作的备忘录以及经贸合作中长期发

展规划。研究编制与一些毗邻国家的地区合作规划纲要。

推动项目建设。加强与沿线有关国家的沟通磋商,在基础设施互联互通、产业投资、资源开发、经贸合作、金融合作、人文交流、生态保护、海上合作等领域,推进了一批条件成熟的重点合作项目。

完善政策措施。中国政府统筹国内各种资源,强化政策支持。推动亚洲基础设施投资银行筹建,发起设立丝路基金,强化中国—欧亚经济合作基金投资功能。推动银行卡清算机构开展跨境清算业务和支付机构开展跨境支付业务。积极推进投资贸易便利化,推进区域通关一体化改革。

发挥平台作用。各地成功举办了一系列以"一带一路"为主题的国际峰会、论坛、研讨会、博览会,对增进理解、凝聚共识、深化合作发挥了重要作用。

八、共创美好未来

共建"一带一路"是中国的倡议,也是中国与沿线国家的共同愿望。站在新的起点上,中国愿与沿线国家一道,以共建"一带一路"为契机,平等协商,兼顾各方利益,反映各方诉求,携手推动更大范围、更高水平、更深层次的大开放、大交流、大融合。"一带一路"建设是开放的、包容的,欢迎世界各国和国际、地区组织积极参与。

共建"一带一路"的途径是以目标协调、政策沟通为主,不刻意追求一致性,可高度灵活,富有弹性,是多元开放的合作进程。中国愿与沿线国家一道,不断充实完善"一带一路"的合作内容和方式,共同制定时间表、路线图,积极对接沿线国家发展和区域合作规划。

中国愿与沿线国家一道,在既有双多边和区域次区域合作机制框架下,通过合作研究、论坛展会、人员培训、交流访问等多种形式,促进沿线国家对共建"一带一路"内涵、目标、任务等方面的进一步理解和认同。

中国愿与沿线国家一道,稳步推进示范项目建设,共同确定一批能够照顾双多边利益的项目,对各方认可、条件成熟的项目抓紧启动实施,争取早日开花结果。

"一带一路"是一条互尊互信之路,一条合作共赢之路,一条文明互鉴之路。只要沿线各国和衷共济、相向而行,就一定能够谱写建设丝绸之路经济带和21世纪海上丝绸之路的新篇章,让沿线各国人民共享"一带一路"共建成果。

第七章 人类命运共同体

（资料来源：新华社。）

思考讨论题

1. 人类命运共同体的内涵是什么？如何理解人类命运共同体？
2. 构建人类命运共同体的基础是什么？
3. 构建人类命运共同体思想包含哪些方面？
4. 全球公共产品的提供方式有哪些？
5. 全球公共产品可以分为哪几类？如何理解这些分类？

参 考 文 献

一、中文文献

［1］布洛克，凯勒，宋美盈.1970年后美国科技创新主要源自政府推动［J］.国外理论动态，2010（5）：63-72.

［2］白永秀，王颂吉，鲁能，等.国际视野下中国城乡发展一体化模式研究［M］.北京：中国经济出版社，2013.

［3］波特.国家竞争优势［M］.北京：华夏出版社，2002.

［4］蔡拓.世界主义与人类命运共同体的比较分析［J］.国际政治研究，2018，39（6）：9-24.

［5］陈云贤，顾文静.中观经济学［M］.北京：中国财政经济出版社，2017.

［6］陈云贤，邱建伟.论政府超前引领：对世界区域经济发展的理论与探索［M］.北京：北京大学出版社，2013.

［7］陈云贤.国家金融学［M］.北京：北京大学出版社，2018.

［8］陈云贤.市场竞争双重主体论：兼谈中观经济学的创立与发展［M］.北京：北京大学出版社，2020.

［9］陈云贤.中国特色社会主义市场经济：有为政府+有效市场［J］.经济研究，2019，54（1）：4-19.

［10］段霞.世界城市发展战略研究：以北京为例［M］.北京：中国经济出版社，2013.

［11］樊纲.经济学中的"长期"与"短期"问题：兼论经济学的学科分类［J］.经济研究，2001（6）：85-89.

［12］郭华伦.基础设施建设PPP运行模式选择研究［D］.武汉：武汉理工大学，2008.

［13］贺沛.PPC开发模式与湾区经济［EB/OL］.（2019-06-01）［2021-05-17］.https：//www.sohu.com/a/317950823_100138030.

[14] 贺沛. 从政企合一到政企合作：PPP 在我国开发区管理体制与基础设施建设中的应用与实践［EB/OL］.（2019-06-01）［2021-05-18］. https：//www.sohu.com/a/306025890_100138030.

[15] 胡泽曦，等. 顺应历史趋势，推动改革完善全球治理体系［N］. 人民日报，2020-10-01（3）.

[16] 黄新华. 深化供给侧结构性改革：改什么、怎么改［J］. 人民论坛·学术前沿，2019（20）：54-62.

[17] 蒋宏坤，韩俊. 城乡一体化的苏州实践与创新［M］. 北京：中国发展出版社，2013.

[18] 蒋时节. 基础设施投资与城市化进程［M］. 北京：中国建筑工业出版社，2010.

[19] 景春梅. 中国城市化进程中的政府行为研究［J］. 中国市场，2012（20）：65-71.

[20] 李馥伊，杨长涌. 携手构建人类命运共同体的伟大实践：论高质量共建"一带一路"［N］. 经济日报，2021-11-09（10）.

[21] 李刚，柳杰民，朱龙杰. GDP 缺陷与 GPI 核算［J］. 统计研究，2001（12）：31-35.

[22] 李建平，李闽榕，赵新力，等. 二十国集团（G20）经济热点分析报告（2016—2017）［M］. 北京：经济科学出版社，2016.

[23] 李萌. 巴总理吐槽美国基建［N］. 国防时报，2019-10-09（8）.

[24] 李欣广. 理性思维：国际贸易理论的探索与发展［M］. 北京：中国经济出版社，1997.

[25] 李增刚. 全球公共产品：定义，分类及其供给［J］. 经济评论，2006（1）：131-140，147.

[26] 厉无畏，王振. 中国开发区的理论与实践［M］. 上海：上海财经大学出版社，2004.

[27] 林伟. 美国、日本和巴西的城市化模式比较［D］. 开封：河南大学，2014.

[28] 路易斯. 增长引擎转速下降［M］//王宏昌. 诺贝尔经济学奖金获得者讲演集（1969-1981）. 北京：中国社会科学出版社，1986.

[29] 刘用明. 对外贸易与区域经济发展［D］. 成都：四川大学，2004.

[30] 马汉. 海权论［M］. 北京：中国言实出版社，2001.

[31] 马野青,倪一宁,李洲.自由贸易协定推动了全球经济包容性增长吗?[J].上海经济研究,2021(10):114-128.

[32] 牟元军.英国近代城市化的特点及启示[J].北京:今日科苑,2009(15):184.

[33] 倪鹏飞,卡米亚,郭靖,等.全球城市竞争力报告(2020—2021)全球城市价值链:穿透人类文明的时空[M].北京:社会科学文献出版社,2021.

[34] 齐爽.英国城市化发展研究[D].长春:吉林大学,2014.

[35] 沙祖康.世界和平与发展的重要基石[N].经济日报,2020-10-06(1).

[36] 邵晓慧.工业园区的主要作用[J].合作经济与科技,2006(5):55.

[37] 沈建国.世界城市化的基本规律[J].城市发展研究,2000(1):6-11.

[38] 萨缪尔森,诺德豪斯.经济学[M].北京:人民邮电出版社,2004.

[39] 斯密.国民财富的性质和原因的研究(上卷)[M].北京:商务印书馆,2014.

[40] 田野.交易费用理论视野下的国际制度需求分析[J].欧洲,2002(1):12-20,109.

[41] 涂永红,张文春.中国在"一带一路"建设中提供的全球公共物品[J].理论视野,2015(6):63-66.

[42] 王颖,管清友.碳交易计价结算货币:理论、现实与选择[J].当代亚太,2009(1):110-128,109.

[43] 王永进,张国峰.开发区生产率优势的来源:集聚效应还是选择效应?[J].经济研究,2016(51):58-71.

[44] 王玉海,张鹏飞.双循环新格局的实现与增长极的跃变:兼议都市圈(城市群)发展的价值意义[J].甘肃社会科学,2021(1):32-40.

[45] 王媛.我国刺激经济政策与罗斯福新政的比较[J].中国集体经济,2009(28):83-84.

[46] 韦柳融.加快推进新型基础设施发展[J].中国信息界,2021(3):40-43.

[47] 习近平.携手建设更加美好的世界[N].人民日报,2017-12-02

[48] 习近平. 共同构建人类命运共同体 [N]. 人民日报, 2017-01-20 (2).

[49] 习近平. 决胜全面建成小康社会 夺取新时代中国特色社会主义伟大胜利：在中国共产党第十九次全国代表大会上的报告 [J/OL]. (2017-10-18) [2021-08-01]. http://news.cnr.cn/native/gd/20171027/t20171027_524003098.shtml.

[50] 习近平. 习近平在第七十五届联合国大会一般性辩论上发表重要讲话 [N]. 人民日报, 2020-09-23 (1).

[51] 新玉言. 国外城镇化比较研究与经验启示 [M]. 北京：国家行政学院出版社, 2013.

[52] 邢自强. 打造国内国际双循环的两大支柱：新型城市化与人民币国际化 [N]. 21世纪经济报道, 2020-09-21 (4).

[53] 杨代贵. 中国政府的创新与发展 [J]. 东南亚纵横, 2003 (2)：66-69.

[54] 杨昊. 全球秩序：概念，内涵与模式 [J]. 国际观察, 2014 (2)：16-29.

[55] 杨其静, 聂辉华. 保护市场的联邦主义及其批判 [J]. 经济研究, 2008 (3)：99-114.

[56] 姚洋. "城市化2.0" 与中国经济新趋势 [J]. 财经界, 2021 (22)：85.

[57] 伊曼纽尔. 不平等交换：对帝国主义贸易的研究 [M]. 北京：中国对外经济贸易出版社, 1988.

[58] 郁鸿胜, 宗传宏, 李娜, 等. 中国经济引擎：长三角城市综合竞争力发展报告 [M]. 上海：上海人民出版社, 2012.

[59] 张军, 高远, 傅勇, 等. 中国为什么拥有了良好的基础设施？[J]. 经济研究, 2007 (3)：4-19.

[60] 张奇. 公私合作（PPP）项目决策与评估 [M]. 北京：经济科学出版社, 2016.

[61] 张文. 中国城市的起源 [J]. 地图, 2004 (2)：4-5.

[62] 郑永年, 刘景钊. 逆全球化与不确定性：光明抑或黑暗：答《探索与争鸣》特约记者问 [J]. 探索与争鸣, 2018 (3)：46-50, 109.

[63] 郑永年. 如何把"一带一路"做得更好更可持续 [J]. 特区经济, 2019 (5): 20-21.

[64] 郑永年. 中国的第三次开放 [J]. 特区经济, 2021 (2): 19-20.

[65] 中国发展改革委员会. 国家发展改革委关于培育发展现代化都市圈的指导意见 [J]. 城市轨道交通, 2019 (3): 10.

[66] 中国房地产报. 都市圈发展开启中国经济新引擎 [N]. 中国房地产报, 2019-02-25 (1).

[67] 中国智能城市建设与推进战略研究项目组. 中国智能城市时空信息基础设施发展战略研究 [M]. 杭州: 浙江大学出版社, 2016.

[68] 中华人民共和国国务院新闻办公室. 新时代的中国与世界白皮书: 构建人类命运共同体 建设更加进步和繁荣的中国和世界 [R/OL]. (2019-09-27) [2021-08-01]. http://www.scio.gov.cn/ztk/dtzt/39912/41838/index.htm.

[69] 中华人民共和国国务院新闻办公室. 中国军队参加联合国维和行动30年 [N]. 人民日报, 2020-09-19 (5).

[70] 周英. 城市化模式研究: 以河南为例的分析 [D]. 西北大学, 2006.

[71] 朱富强. 现代消费理论三大基本假设缺陷: 兼评现代主流经济学的逻辑前提 [J]. 东北财经大学学报, 2018 (4): 10-23.

[72] 朱铁臻. 中国城市化的历史进程和展望 [J]. 经济界, 1996 (5): 14-16.

[73] 邹延睿. 英国城市化对我国城镇化的启示 [J]. 法制与社会, 2011 (25): 219-220.

二、外文文献

[1] BUCOVETSKY S. Inequality in the local public sector [J]. Journal of political economy, 1982, 90 (1): 128-145.

[2] DOUGLAS H. Public-sector capital and the productivity puzzle [J]. Review of economics and statistics, 1994, 76 (1): 12-21.

[3] ETSURO S. Public capital and economic growth: a convergence approach [J]. Journal of economic growth, 2001, 6 (3): 205-227.

[4] JUSTMAN M, THISSE J, YPERSELE T V. Taking the bite out of fiscal competition [J]. Journal of urban economics, 2002, 52 (2):

294-315.

[5] WILSON J D. Theories of tax competition [J]. National tax journal, 1999, 52 (1): 269-304.

后　　记

　　以往从事经济学理论研究的专家，大部分是高校的教授、学者，像类似陈云贤教授这样具备丰富从政履历的学者极少。正是陈云贤教授在政府身居要职的优势，使得其能从自身工作实践经验出发，思考"政府"与"市场"这一经济学的"哥德巴赫猜想"难题，这使得其理论思想突破了原有经济学理论分析的框架，拓展了原有经济学理论分析的逻辑体系，具有重要的理论和现实意义。

　　中观经济学理论作为一门新生的学科，突破了以往大部分单纯地微观以企业为主、宏观以政府调控为主的双线单一分析模式，它找到了宏观经济与微观经济联系的桥梁，站在这一视角上看，它可以使现有经济理论更加系统化，不管是横向分析还是纵向分析都更具内涵。

　　本书从中观经济学理论出发，研究各国或区域的经济增长问题，在资源生成领域的基础之上，通过区域政府竞争的视角，分析研究政府在区域经济增长过程中如何发挥其主体作用，以提高各国或区域的资源配置效率。尽管如此，以上所有理论都是基于中国和其他发达国家的事件经验，且都以案例研究为主，后续随着中观经济学研究的深入，关于其理论的检验如区域政府配置资源的效率和政策效果等研究都可以通过实证的方法得以验证，从而为中观经济学理论进一步深化提供坚实基础。

　　最后，由于编者才疏学浅，书中疏漏之处在所难免，敬请广大专家和读者批评指正。

李建平
2022 年 2 月